Indígenas
e *criollos*

Programa de Pós-Graduação em História Social
Universidade de São Paulo
Faculdade de Filosofia, Letras e Ciências Humanas
Série Teses

UNIVERSIDADE DE SÃO PAULO
Reitor: Prof. Dr. João Grandino Rodas
Vice-Reitor: Prof. Dr. Franco Lajolo

FACULDADE DE FILOSOFIA, LETRAS E CIÊNCIAS HUMANAS
Diretora: Profa. Dra. Sandra Margarida Nitrini
Vice-Diretor: Prof. Dr. Modesto Florenzano

DEPARTAMENTO DE HISTÓRIA
Chefe: Profa. Dra. Marina de Mello e Souza
Vice-Chefe: Profa. Dra. Ana Paula Torres Megiani

PROGRAMA DE PÓS-GRADUAÇÃO EM HISTÓRIA SOCIAL
Coordenadora: Profa. Dra. Sara Albieri
Vice-Coordenador: Prof. Dr. Marcelo Cândido da Silva

Gabriel Passetti

Indígenas e *criollos*

Política, guerra e traição nas lutas no sul da Argentina (1852-1885)

Copyright © 2012 by Gabriel Passetti

Grafia atualizada segundo o Acordo Ortográfico da Língua Portuguesa de 1990, que entrou em vigor no Brasil em 2009.

Publishers: Joana Monteleone/ Haroldo Ceravolo Sereza/ Roberto Cosso
Editor assistente: Vitor Rodrigo Donofrio Arruda
Edição: Joana Monteleone
Projeto gráfico, capa e diagramação: Patrícia Jatobá U. de Oliveira
Assistente editorial: João Paulo Putini
Elaboração cartográfica: James Humberto Zomighani Júnior
Tratamento de imagens: Bernardo Passetti
Revisão: Samuel Vidilli

Imagens da capa: Quadrante superior: Cacique Valentín Saygueque
　　　　　　　　　Lado esquerdo (abaixo): Cacique Saygueque posa para foto
　　　　　　　　　Centro (acima): *La vuelta del malón*, óleo s/ tela de Angel Della Valle
　　　　　　　　　Centro (abaixo): O cacique Namuncurá (sentado), acompanhado de familiares
　　　　　　　　　Lado direito (abaixo): Pincén posa a Francisco "Perito" Moreno

CIP-BRASIL. CATALOGAÇÃO-NA-FONTE
SINDICATO NACIONAL DOS EDITORES DE LIVROS, RJ

P317i

Passetti, Gabriel
INDÍGENAS E CRIOLLOS: POLÍTICA, GUERRA E TRAIÇÃO
NAS LUTAS NO SUL DA ARGENTINA (1852-1885)
Gabriel Passetti.
São Paulo: Alameda, 2012.
322p.

　Inclui bibliografia
　ISBN 978-85-7939-123-1

　1. Indios da America do Sul – Argentina – Guerras – História. 2. Crioulos (Grupo étnico) – Argentina – Guerras – História. I. Título.

12-0347　　　　　CDD: 980.3
　　　　　　　　CDU: 94(8)

　　　　　　　　　　　　　032681

ALAMEDA CASA EDITORIAL
Rua Conselheiro Ramalho, 694 – Bela Vista
CEP 01325-000 – São Paulo – SP
Tel. (11) 3012-2400
www.alamedaeditorial.com.br

Sumário

Glossário 7

Prefácio 9

Introdução 15

Capítulo I – Guerras e resistências: a trajetória 31
da invasão espanhola no sul da América

Invasões espanholas e resistências 35
indígenas no Cone Sul

Lutas e resistências nos 42
pampas e na Araucania

Os araucanos e os pampeanos 46
A fronteira sul do Império Espanhol 49
Paz, adaptações e avanços estratégicos 54
no período colonial
Os indígenas e a Revolução de Maio 60
A pressão demográfica vinda do Chile 68
Juan Manuel de Rosas: o estanciero 73
governador de Buenos Aires

Capítulo II – Caciques e criollos: lutas políticas, disputas de 77
interesses e guerras entre 1852 e 1861

Confederação ou Buenos Aires: reconhecimento e 83
soberania ou submissão e civilização
Tratados de paz e cooperação após 1854: 93
auge dos caciques e de Urquiza
Calfucurá e a centralização político-militar indígena em 103
oposição a Buenos Aires
Buenos Aires e a via dos tratados 112
Polarização: inimigo do amigo é inimigo 119

Capítulo III – Novas relações, velhas tensões: 135
o apogeu militar indígena entre 1862 e 1872

Aproximação, dissimulação e invasão 141
A busca de novos mercados ao gado roubado 151
Desarticulação da defesa e aumento dos malones: 156
a Guerra do Paraguai
Lucio Mansilla, os Ranquel e o avanço da fronteira sul 174
Tensão e pacificação na fronteira de Buenos Aires 179
Lucio Mansilla e sua *Excursión a los Indios Ranqueles* 185
O Exército Argentino e a nova meta: de Assunção ao rio Negro 190
Calfucurá, Paghitruz Guor e a defesa de interesses comuns 204

Capítulo IV – A encruzilhada indígena: 211
submissão e etnocídio ou resistência e genocídio

Reflexos de San Carlos: novos tratados, novos avanços fronteiriços 216
Adolfo Alsina e a trincheira da separação entre a 228
civilização e a barbárie
O genocídio indígena. As Campanhas do Deserto (1877-1885) 241
Campanhas do Deserto: etnocídio ou genocídio? 279

Conclusão 283

Bibliografia 293

Lista de mapas 313

Agradecimentos 317

Glossário

Chusma: era a denominação empregada à população indígena não-guerreira, ou seja, mulheres, crianças, idosos e cativos.

Criollos: descendentes de espanhóis nascidos na América.

Estancia: grande propriedade rural.

Gado cimarrón: equinos e bovinos que viviam livres nos pampas.

Gaucho: população livre rural, geralmente mestiça.

Índios amigos: aliados de confiança e longa data, sedentarizados e sob comando militar *criollo*.

Índios aliados: aliados temporários que viviam ainda na *barbárie*.

Malón: invasões indígenas às unidades pecuaristas *criollas*.

Malonero: o indígena que participa do *malón*.

Rastrillada: caminhos, conectando pontos, regiões e povos através dos pampas.

Regalos: artigos (gado, roupas, álcool, tabaco, açúcar e erva-mate) enviados a caciques em decorrência de tratados de paz.

Vecinos: proprietários *criollos* de uma localidade com poderes econômicos e políticos.

Prefácio

Gabriel Passetti apresenta neste livro uma inovadora análise das relações políticas entre indígenas e *criollos*, no sul da Argentina, entre 1852 e 1885. Sabemos que a história dos conflitos entre brancos e indígenas remonta à chegada dos europeus na região. Durante os tempos coloniais, a fronteira, que separava o mundo "civilizado" do "bárbaro", foi lugar de trocas comerciais e culturais e também espaço de disputas violentas. No século XIX, com a necessidade de novas terras produtivas, o Estado argentino promoveu uma guerra contra os indígenas no sul do país. As chamadas Campanhas do Deserto, lideradas pelo general Julio Argentino Roca, provocou a derrota e o extermínio dos indígenas da região, pondo fim aos seculares embates e incorporando 15.000 léguas quadradas ao território nacional.

Não se configura como tarefa fácil trabalhar este tema, pois está atravessado por fortes polêmicas e controvérsias. Na Argentina, no século XIX e também no XX, alguns autores justificaram o extermínio indígena como sendo a única maneira de pôr fim à "barbárie imanente" que caracterizava a "raça". No final dos anos 1970, surgiu uma nova produção historiográfica, com David Viñas à frente, que se opôs à corrente militarista e nacionalista anterior e defendeu uma perspectiva crítica que denunciava a atuação manipuladora dos brancos e apresentava os indígenas como vítimas.

Passetti dialoga com a historiografia brasileira, internacional e, em especial, com a argentina. Mas ele não temeu correr riscos e ousou discordar de certas interpretações vigentes, escapando de uma visão acomodada que reproduzisse o já esperado. Sua análise renovada trata os indígenas como parte integrante da formação do Estado Nacional argentino, conferindo-lhes papel de protagonistas políticos dos processos de mudança. Desse modo, os índios não foram os "bárbaros violentos" que tinham que ser exterminados, nem as "vítimas passivas" que assistiram aos acontecimentos sem entendê-los ou deles participar.

Coerente com essa perspectiva, Passetti define os marcos cronológicos de sua pesquisa a partir da atuação dos indígenas. Assim, inicia seus estudos em 1852, quando o coronel e *cacique branco*, Manuel Baigorria, à frente dos índios Ranquel, anunciou sua adesão às tropas de Justo José de Urquiza que pretendia derrubar o então governador de Buenos Aires, Juan Manuel de Rosas. E termina em 1885, com a rendição às tropas nacionais do último cacique ainda livre, Saygueque.

Para realizar sua pesquisa, Passetti fez um extenso levantamento de fontes, a começar pelos costumeiros documentos oficiais de ordem legislativa, militar e administrativa emanados das várias instâncias do poder instituído. Do mesmo modo, leu as memórias, ensaios e relatos de políticos e militares argentinos. Esse material possibilitou o acompanhamento das mudanças do discurso oficial diante dos novos acontecimentos políticos – o período da chamada Confederação Argentina, a centralização do Estado, a Guerra do Paraguai. As idéias e perspectivas expostas nos documentos oficiais foram examinadas como expressão própria do período de sua produção e como forma de entendimento da realidade observada.

Entretanto, foi a análise das muitas cartas manuscritas de caciques indígenas dirigidas a militares, políticos e religiosos que permitiu a Passetti identificar os interesses e perspectivas desses grupos. Com elas, pode deslindar os avanços e recuos das negociações entre indígenas e *criollos* e demonstrar a efetiva participação indígena na composição dos grupos que disputavam o poder. Tais fontes foram lidas com a devida precaução, pois já haviam passado pela tradução dos brancos – os caciques não dominavam a escrita espanhola - e foram organizadas e arquivadas segundo a lógica do vencedor.

A partir dessas fontes documentais, Passetti desvenda as propostas dos caciques indígenas, mostrando que eles pretendiam garantir uma relação política com outros agentes do Estado argentino em formação e que defendiam a manutenção de sua autonomia territorial e cultural. Indica, ainda, que esses grupos assimilaram técnicas de trabalho e conquistas materiais provenientes da sociedade *criolla*. Demonstra, igualmente, que a decisão dos poderosos caciques Calfucurá e Paghitruz Guor de centralizar as forças indígenas foi o resultado de sua observação das estratégias políticas do mundo dos brancos. Nos trinta anos estudados, os indígenas conviveram, negociaram, comercializaram e fizeram alianças com e contra os *criollos*.

As mudanças ocorridas nas estratégias propostas pelos indígenas responderam às necessidades do momento e tiveram como finalidade resistir ao avanço dos *criollos*. Passetti torna clara sua capacidade de compreender o universo dos brancos e de atuar, inclusive, dentro dos parâmetros político-culturais por eles engendrados.

Para tomarmos um exemplo, os ocupantes originários dos pampas compreenderam o sentido dos projetos expansionistas provenientes de Buenos Aires e resistiram a eles, aliando-se a políticos provinciais que, naquele período, se posicionavam contra os portenhos. Os muitos tratados de paz assinados por ambas as partes eram o termômetro das negociações. Após uma negociação oral, os termos eram transcritos e assinados, evidenciando os jogos políticos de interesse e força de ambos os lados.

A guerra entre *criollos* e indígenas é entendida dentro da ampla moldura de construção do Estado nacional argentino. Seu desfecho está associado à vitória da centralização do poder em Buenos Aires e da conformação do Estado unificado a partir de 1862. Tais embates são semelhantes aos que aconteceram nos Estados Unidos durante a chamada "conquista do oeste", em que milhares de índios foram mortos pelo cavalaria norte-americana no processo de expansão dos seus limites territoriais.

A conclusão final do trabalho de Passetti é corajosa e polêmica. A viagem que realizou aos lugares em que se desenrolaram as batalhas das Campanhas do Deserto trouxe-lhe uma visão bastante realista do meio geográfico e do vazio que restou da vida indígena na região. Em sua perspectiva, houve um genocídio no sul da Argentina, no final do século XIX, pois o projeto oficial consistia em aniquilar e não em integrar os indígenas à sociedade argentina. Os homens foram mortos e as mulheres e crianças sobreviventes retiradas de seu território. As mulheres foram levadas para grandes cidades a fim de trabalharem como domésticas e as crianças entregues a famílias para serem educadas dentro dos padrões da "civilização". Esta conclusão é audaciosa e contraria a interpretação de outros estudiosos que classificam como etnocídio os episódios das Campanhas do Deserto.

Finalizo com um convite à leitura desta narrativa fluente e clara e, ao mesmo tempo, arguta e densa, em que não há lugar para respostas simples ou reducionistas. A fina análise do historiador Gabriel Passetti sobre o passado já longínquo nos traz ao presente e à reflexão sobre as discriminações e preconceitos étnicos que ainda teimam em permanecer nas sociedades do nosso continente.

Maria Ligia Coelho Prado
Profa. Titular de História da América
Universidade de São Paulo

"Preparando el malón", óleo s/ tela de Juan Manuel Blanes

Introdução

As relações políticas entre indígenas e *criollos*,[1] no sul da Argentina, no período de construção do Estado nacional, aconteceram nos limites — tanto da consolidação das fronteiras, quanto das tensões carregadas de interesses, alianças e lutas — marcados pela guerra e pela obsessão civilizatória.

Nas Américas, em diversos momentos e lugares, indígenas guerreiros, temidos e ferrenhos opositores à perda de territórios e poder, foram considerados bárbaros e por isso combatidos e exterminados. Esta foi uma prática generalizada que ocorreu também, por exemplo, na chamada "Conquista do Oeste", nos EUA, e na "Guerra aos Botocudos" do vale do rio Doce, autorizada por D. João VI em 1808. Na Argentina, a política de Estado de guerra contra os chamados bárbaros produziu um trágico desfecho.

A atuação dos indígenas do sul da Argentina foi marcada pela clara compreensão dos interesses e projetos político-econômicos das elites *criollas*. Sua participação ativa e decisiva se desdobrou em múltiplas interlocuções estabelecidas com os grupos em luta pelo domínio do Estado e na defesa de sua autonomia.

Esta história de guerras e extermínios, de habilidades para lidar com as novidades e situações por parte dos indígenas do sul da Argentina, está registrada em um conjunto de documentos manuscritos que configuram estes movimentos de resistências e alianças, composto por cartas indígenas a militares, políticos e religiosos. Aos costumeiros documentos de ordem legislativa e administrativa, acrescentam-se estas correspondências – que refletem as disputas e interesses políticos, militares e econômicos dos caciques – além das mensagens internas e secretas entre os comandantes responsáveis pela defesa.

A vasta, diversa, dispersa e excepcional documentação sobre estes acontecimentos encontra-se guardada, atualmente, nos *Archivo General de la Nación* (AGN),

---

[1] *Criollos* são os descendentes de espanhóis nascidos na América.

Archivo Histórico de Córdoba (AHC) e *Servicio Histórico del Ejército* (SHE), entre outros. Sua consulta e análise permitiram identificar a formação dos interesses e perspectivas indígenas, refletindo sua participação político-militar decisiva para a composição e definição dos grupos vencedores nas disputas pelo Estado Argentino.

Os marcos cronológicos desta pesquisa correspondem aos anos compreendidos entre 1852 e 1885, período marcado por intensas e sangrentas lutas entre grupos *criollos* em disputa pelo Estado, muitas vezes aliados ou inimigos dos indígenas. Nestas três décadas, os indígenas conviveram, negociaram, comercializaram e lutaram ao lado de *criollos* contra outros *criollos*, foram transformados em inimigos e, por fim, exterminados nas expedições militares denominadas "Campanhas do Deserto", no final da década de 1870. Trata-se de uma situação incomum, pois são raros os casos em que políticas de extermínio foram levadas a cabo pelos Estados. Geralmente, as políticas governamentais visavam, ao menos oficialmente, a submissão dos povos conquistados, cabendo aos colonos e fazendeiros das zonas de expansão territorial combater, guerrear e ocasionalmente exterminar os nativos.

O momento inaugural desta pesquisa situa-se na adesão do coronel e *cacique branco* Manuel Baigorria, com os Ranquel, seus aliados indígenas, às tropas de Urquiza, em 1852, pouco antes da batalha que colocou fim ao governo de Juan Manuel de Rosas. A rendição do último cacique livre, Saygueque,[2] em 1º de janeiro de 1885, delimitou o encerramento do estudo deste período da história argentina.

Diversos políticos e militares da época escreveram ensaios, memórias, romances e relatos, possibilitando o acompanhamento das relações entre o discurso oficial estatal e as novas tendências políticas e intelectuais que transformaram as relações entre *criollos* e indígenas na fronteira sul argentina. Estimulados por interesses pessoais e de grupos econômicos, introduziram mudanças profundas e definitivas na idealização das relações com os indígenas, alterando vínculos de convivência para uma nova configuração bélica, levando à submissão forçada e ao assassinato de dezenas de milhares de indígenas nas campanhas militares de 1878 a 1885.

---

2   Este cacique tem seu nome grafado de diferentes formas pela historiografia: Sayhuenque, Sayhueque, Sayguengue, Saygueque. Utilizo esta última, adotada por Julio Vezub em sua extensa pesquisa sobre este cacique neuquino. VEZUB, Julio Esteban. *Valentín Saygüeque y la Governación Indígena de las Manzanas: poder y etnicidad en la Patagonia Septentrional (1860-1881)*. Buenos Aires: Prometeo, 2009.

Alguns autores entendem que a participação dos caciques nas disputas entre os *criollos* foi marcada por manipulações ou por uma alegada ignorância indígena. Outros veem as relações na fronteira sul argentina de forma maniqueísta, fazendo dos indígenas ora demônios, ora vítimas. A documentação, entretanto, indica que as relações ultrapassaram as dualidades vítima/algoz, manipulado/manipulador ou bárbaro/civilizado.

Esta pesquisa, ainda que tenha estabelecido certos diálogos com a antropologia, situa-se no campo da história política renovada,[3] ultrapassando os estudos dos "grandes personagens históricos" para caminhar em direção à compreensão do jogo político, analisando não apenas os fatos parciais expressos na documentação, mas as representações e o imaginário social em processos de longa duração. Ela pretende entender as continuidades e as transformações nas estruturas e nas conjunturas, levando a compreender a política não apenas como produto da estrutura, mas também como sua produtora. A nova história política propicia pesquisas que propõem o estudo da política integrada à sociedade, em diálogo com a economia, a demografia e a cultura, abandonando os estudos restritos a indivíduos ou Estados para ampliar seus campos para períodos mais extensos e também para sociedades não estatais, como as indígenas.

Nas primeiras décadas do século XX proliferaram estudos militaristas e triunfalistas[4] sobre o avanço territorial argentino. Porém, é na década de 1960 que aparece um estudo decisivo, devido à extensa pesquisa documental: *La Conquista del Desierto*, do coronel Juan Carlos Walther, vinculado à história política tradicional, defendendo as campanhas militares. Ele considera a chamada Conquista do Deserto uma das balizas fundamentais e positivas na construção do que supõe ser a grandeza argentina e visa, com o livro, transmitir os feitos e nomes dos militares que ocuparam os territórios do sul. Para ele,

---

3   LE GOFF, Jacques. "Is politics still the backbone of History?". In: GILBERT, F. & GRAUBARD, S. R. (orgs). *Historical studies today*. Nova York: Norton, 1971.

4   Entre eles, estavam: *La conquista del Desierto*, de Teófilo T. Fernández (1911), *La Conquista del suelo patrio*, de S. J. Albarracín (1912), *Ejército guerrero, poblador y civilizador*, de Eduardo. E. Ramayon (1921), *El indio del desierto*, de Dionisio Schoo Lastra (1928), *Malón contra malón*, de Julio Aníbal Portas (1934), *La Conquista del Desierto*, de Antonio Capellán Espinosa (1939), e *La estupenda conquista*, de E. Ramírez Juárez (1946).

> o aborígine, em seu esporádico contato com os cristãos, aprendeu certos usos e costumes da vida civilizada, mas perduraram mesmo, com mais intensidades, os seus vícios (...). Ocorria que os selvagens, pouco amigos do trabalho e do esforço pessoal honrado, não haviam incorporado as virtudes que alguns abnegados missionários trataram de ensiná-los (...). Erroneamente se generalizou o conceito de que a ação punitiva do exército nacional foi contra os aborígines (...). As forças armadas tiveram por missão limpar o território dessas hordas bravias que audazmente chegaram (...) a disputar com a Nação a posse das terras (...). Neste processo, a escassa cultura do aborígene o impedia de apelar a meios pacíficos quando, com razão ou sem ela, se via vítima de arbitrariedades dos brancos, resolvendo fazer justiça por conta própria.[5]

À tradição histórica a qual se vincula Walther, opôs-se uma nova produção historiográfica argentina, surgida no final da década de 1970 e fortalecida nos anos seguintes, invertendo o plano de heróis e vilões para apresentar um discurso sobre os indígenas como vítimas, baseado – não equivocadamente – nos dados aterradores referentes ao extermínio perpetrado pelos *criollos* desde a colonização espanhola. O mais destacado expoente desta nova tendência foi David Viñas, autor do livro que abriu uma nova linha e combateu a tradição militarista, nacionalista e preconceituosa que dominava a historiografia argentina referente às relações fronteiriças.

Com *Indios, ejército y frontera*, publicado em 1983, Viñas procurou sistematizar as relações fronteiriças a partir da perspectiva indígena, apresentando os nativos como vítimas de um momento sócio-político que os aniquilou. Para o autor, na Guerra do Paraguai "reside em grande parte o êxito do 'passeio' de Roca: cotidianidade implacável; desgaste prévio, silencioso e sistemático; alertas, *entradas, malones blancos* menos velozes, mas mais implacáveis do que os levados a cabo pelos indígenas. O que se chamava 'operação prévia de limpeza' funcionava assim. 'E se esses índios mataram três dos nossos – sentencia Olascoaga – nós devemos responder com o dobro ou o triplo'".[6]

---

5   WALTHER, Juan Carlos. *La Conquista del Desierto*. Buenos Aires: Circulo Militar, 1964, p. 749-751.
6   VIÑAS, David. *Indios, ejército y frontera*. Buenos Aires: Siglo Veintiuno, 1983, p. 16.

As discussões em torno dos quinhentos anos da primeira expedição de Cristóvão Colombo, em 1992, fomentaram uma série de publicações referentes às relações entre os indígenas, os europeus e seus descendentes. No caso argentino, três obras de envergadura foram publicadas, seguindo as leituras críticas propostas por Viñas, mas pautadas em metodologias distintas. As duas primeiras, do mesmo autor, mas para públicos distintos, são *Los araucanos de las pampas en el siglo XIX*,[7] de Raúl Mandrini, e *Volver al país de los araucanos*.[8]

Pautados em pesquisa de arquivo e em uma leitura crítica sobre as fontes, estes livros foram responsáveis por profundas alterações na compreensão das sociedades indígenas do sul da Argentina. O objetivo central recaiu sobre o resgate de suas práticas culturais, sociais e econômicas, para desconstruir a ainda arraigada imagem do indígena enquanto um bárbaro e nômade invasor de terras *criollas*, sem oferecer um enfoque maior nas relações estabelecidas com os *criollos*.

Em um momento em que a Argentina ainda vivia momentos de instabilidade política após o fim da ditadura, e em que se delineava um novo projeto modernizante liberal para o país, havia um interesse muito grande em explicitar as violências do passado e seus frutos: "Buscamos ser objetivos, mas não somos neutros. Não podemos, nem queremos, ocultar nossa simpatia diante da sociedade indígena que estudamos. Esta é parte da simpatia que sentimos por todos os povos e indivíduos que foram e são ainda perseguidos, eliminados ou condenados à marginalidade e à miséria, seja em nome da civilização e do progresso de supostos destinos manifestos, da superioridade racial, social ou cultural, ou mais recentemente, do desenvolvimento e da modernização".[9]

Ainda no ano de 1992, o antropólogo Carlos Martínez Sarasola publicou *Nuestros paisanos, los índios. Vida, historia y destino de las comunidades indígenas en la Argentina*, objetivando resgatar os diferentes traços sócio-culturais dos indígenas da Argentina desde o período pré-colombiano até o presente. Ele apresentou os dois principais massacres de nativos, o da conquista hispânica e o da segunda

---

[7] MANDRINI, Raúl. *Los araucanos de las pampas en el siglo XIX*. Buenos Aires: Centro Editor de América Latina, 1992.

[8] MANDRINI, Raúl; ORTELLI, Sara. *Volver al país de los araucanos*. Buenos Aires: Sudamericana, 1992.

[9] *Idem*, p. 217-218.

metade do século XIX, registrando a força alcançada por alguns caciques. Assim como Mandrini, ele também vivia o contexto argentino do período e escreveu "a meu filho Lucas, com a esperança de que cresça em uma Argentina sem intolerância e sem violência. A meus compatriotas índios, por uma Argentina com justiça".[10]

Um dos eixos do livro enfocou as injustiças históricas relacionadas aos indígenas, mostrando como diferentes governos no que chamamos hoje de Argentina procuraram liquidar com os autóctones, desde antes das propaladas Campanhas do Deserto. Segundo Sarasola,

> levando-se em consideração os sessenta caciques mais importantes deste período [1827-1885], observa-se que somente cinco deles deixaram de existir por morte natural, livres em suas comunidades (...); os demais terminaram seus dias prisioneiros, mortos em combate, executados ou exilados. Cabe destacar que em muitas oportunidades a morte ou a captura dos caciques era acompanhada pelo extermínio de seu grupo (...). Para exemplificar, basta dizer que, em 1840, o cacique Ignacio Cañuquir foi morto com 650 de seus homens.[11]

A antropóloga Martha Bechis foi uma das precursoras da retomada acadêmica dos estudos sobre as etnias que povoavam o sul da Argentina até o século XIX. Sua tese de doutoramento,[12] de 1984, estabeleceu algumas das mais importantes balizas sobre o tema, mas alguns questionamentos pontuais podem ser dirigidos a estes estudos, principalmente quando desconsideram o papel político desempenhado pelos caciques. Apesar de entendê-los no interior de "forças indígenas", a análise das relações ainda é pontuada pela tese da manipulação dos políticos *criollos*.

Em seu artigo "Fuerzas indígenas en la política criolla del siglo XIX",[13] a autora expressa sua interpretação, ao afirmar: "Morel foi morto pelos indígenas aliados de

---

10 SARASOLA, Carlos Martínez. *Nuestros paisanos, los indios*. Buenos Aires: Emecé, 1992, p. 7.

11 *Idem*, p. 288.

12 BECHIS, Martha. *Interethnic relations during the period of Nation-State formation in Chile and Argentina: from sovereign to ethnic*. PhD, 1984.

13 BECHIS, Martha. "Fuerzas indígenas en la política criolla del siglo XIX". In: GOLDMAN, Noemí; SALVATORE, Ricardo (comp). *Caudillismos rioplatenses: nuevas miradas a un viejo problema*.

Bahia Blanca que, integrados a seu próprio contingente, sublevaram-se por influência de Rosas".[14] Ao afirmar que "a guerra civil agora tinha um apêndice muito importante: a guerra pela cooptação do aborígene, para neutralizá-lo, afastá-lo, ou usá-lo contra o inimigo... e os indígenas sabiam disto",[15] Bechis mostra que os caciques conheciam o processo e a luta política. Entretanto, considera-os sujeitos à manipulação do grupo que melhor pagasse, e não aliados a determinado grupo em virtude de análises políticas: "como pôde Rosas dispor da adesão destas forças? Contava com os excelentes serviços diplomáticos do *índio* Mariano, com gados 'de toda espécie' e $ 4.000 em prata que enviou a Pablo".[16]

A partir das linhas abertas por Mandrini e Bechis, uma série de pesquisas teve início. Sediado na província de Buenos Aires, o primeiro tem entre seus expoentes com produção publicada os historiadores Julio Vezub e Walter Delrio, ambos preocupados em compreender as relações entre os poderes *criollo* e indígena. Em *Valentín Saygüeque y la Gobernación Indígena de las Manzanas*, o primeiro procura

> historicizar a política indígena no norte da Patagônia entre 1860 e 1880, isto é, a política gerada nas *tolderías* durante o último período em que foi exercida com autonomia, (...) para compreender as relações entre os grupos étnicos e étnico-políticos, as diferentes 'ordens de família', e as autoridades argentinas e chilenas.[17]

Em *Memorias de expropriación: sometimiento e incorporación indígena em la Patagonia*, Delrio expressa sua linha interpretativa da seguinte forma:

> fazer visíveis as perseguições a partir do ponto de vista dos perseguidos, e também mecanismos como as deportações assassinas e os campos de concentração, que parecem esquecidos, nunca escritos ou arrancados

---

Buenos Aires: Eudeba, 2005, 2ª ed.
14   *Idem*, p. 302.
15   *Idem*, p 305.
16   *Idem, ibidem*.
17   VEZUB, Julio. *Valentín Saygüeque, op. cit.*, p. 20.

das páginas da história oficial (...). As histórias de negociações e os mecanismos de controle impostos ao longo de um processo prolongado, devolvem o caráter político da expropriação, apresentada pelas classes dominantes como resultado de forças naturais.[18]

Estes estudos, mais recentes do que o texto que originou este livro, expressam linha interpretativa que se aproxima à aqui proposta.

Sediado na província de Córdoba, os pesquisadores reunidos no TEFROS – *Taller de Etnohistoria de la Frontera Sur* – derivam suas ideias dos princípios elencados por Bechis. São antropólogos, historiadores e arqueólogos, dentre os quais se destacam Marcela Tamagnini, Pedro Navarro Floria, Ernesto Olmedo e Graciana Pérez Zavala, entre outros.

Seus estudos são fundamentais para desvendar importantes aspectos da cultura e das sociedades indígenas do sul da Argentina, em especial dos Ranquel, pois analisam as relações intra-étnicas, as negociações em torno das aproximações e distanciamentos com os *criollos* e os movimentos de aceitação e negação dos missionários franciscanos, apresentando as relações fronteiriças distantes da simplificação que opõe "civilização e barbárie", mostrando uma zona repleta de fluxos demográficos, culturais e econômicos.

As análises da etno-historiadora Marcela Tamagnini são especialmente relevantes e marcantes, mas devem estar acompanhadas de uma breve ressalva sobre sua concepção política relativa aos indígenas. Para ela, as relações entre caciques e *criollos* eram marcadas pela fricção interétnica, ou o que entende por "relações políticas inter-sociais (...) [em] relações de hegemonia. Estas se expressam em relações sociais de desigualdade, de dominação/subordinação que têm sua especificidade e lógica própria".[19]

São evidentes as diferenças entre políticos *criollos* e caciques; porém, reduzir tais relações em dominação/subordinação remete-nos à mesma crítica destinada

---

18 DELRIO, Walter Mario. *Memorias de expropiación: sometimiento e incorporación indígena en la Patagonia (1872-1943)*. Bernal: Universidad Nacional de Quilmes, 2005, p. 295.

19 TAMAGNINI, "Fragmentación, equilibrio político y relaciones interétnicas (1851-1862). La frontera de Río Cuarto". In: *Segundas jornadas de investigación en arqueología y etnohistoria del centro-oeste del país*. Río Cuarto: UNRC, 1995, p. 201.

aos estudos de Bechis. Para Tamagnini, os caciques também são entendidos como inferiores política e militarmente aos *criollos*. No entanto, a documentação consultada justifica e explicita a crescente força concentrada em Calfucurá e Calbán, e as relações com portenhos e confederados que não se assemelham à subordinação, mas sim à negociação e à pressão político-militar.

Autodidata, o padre Meinrado Hux dedicou a vida à catequese e ao estudo da história dos indígenas. Exímio conhecedor daquelas culturas, colecionou vasto material durante décadas e, a partir de 1991, publicou a série de livros chamada *Caciques*. Considerados como referência, os escritos de Hux se tornaram fontes importantes para a compreensão de relevantes aspectos das culturas indígenas do sul da Argentina. Sua preocupação girou em torno da narração das biografias de centenas de caciques sobre os quais conseguiu reunir relevantes anotações. Arredio a análises, o autor pretendeu se apresentar imparcial diante das lutas entre indígenas e *criollos*, indicando os momentos em que os caciques conseguiram reunir grande força política e militar junto a seus pares e aos inimigos *criollos*. Influenciado pela sua formação religiosa, Hux exaltou os esforços dos missionários nos pampas no século XIX, lamentou o massacre dos indígenas e estabeleceu comparações com personagens bíblicos: "não escrevo comentário maior do que este: o temido cacique Epumer se entregou mansamente enquanto estava em seu campo de cevada como a pobre Ruth da Bíblia".[20]

Interessada em notar a importância histórica de alguns caciques e seus projetos derrotados no século XIX, a historiadora norte-americana Kristine L. Jones,[21] procurou afastar o olhar da fronteira argentina e entender as íntimas relações entre os indígenas dos pampas e aqueles que viviam na Araucania chilena. Ainda praticamente desconsiderados pela historiografia argentina, seus artigos alcançam grande repercussão internacional por constarem na ambiciosa coletânea *The Cambridge History of the Native Peoples of the Americas*.[22] Seus escritos estabelecem um interes-

---

20   HUX, Meinrado. *Caciques pampa-ranqueles*. Buenos Aires: El elefante blanco, 1999, p. 238.

21   JONES, Kristine L. "Warfare. Reorganization, and readaptation at the margins of Spanish Rule: the Southern Margin (1573-1882)". In: SALOMON, Frank; SCHWARTZ, Stuart B. *The Cambridge History of the Native Peoples of the Americas, Volume III: South America, Part 2*. Cambridge: Cambridge University Press, 1999.

22   SALOMON, Frank; SCHWARTZ, Stuart B. (eds.). *The Cambridge History of the Native Peoples of the Americas, Volume III, op. cit.*

sante contraponto aos estudos antropológicos e históricos desenvolvidos na própria Argentina, em especial quando procuram analisar as interdependências políticas e econômicas entre os diferentes grupos *criollos* e indígenas que lutavam no Cone Sul no século XIX.

Desde o início da colonização espanhola, os indígenas foram reunidos sob fictícias unidades étnicas ou territoriais. Os conquistadores e clérigos que efetivaram os contatos iniciais não compreenderam as especificidades indígenas e procuraram entendê-las e explicá-las a seus comandados e burocracias a partir da transposição de modelos europeus às realidades autóctones, com a inserção de categorias como nobreza, clero e servos.[23] Por isso, é preciso ler as fontes militares e religiosas com cuidado especial, pois as ideias, conceitos e perspectivas expostos nos documentos oficiais devem ser entendidos como estruturas discursivas próprias do período em que foram produzidas, expressando a forma do autor compreender a realidade observada. Cabe ao historiador apresentar o sentido dessas afirmações e realizar, a partir delas e de seus referenciais teóricos, uma leitura crítica que repense as formulações originalmente propostas.

Atento às limitações das fontes – produzidas em grande parte por *criollos*, por eles selecionadas para serem arquivadas e organizadas, de acordo com uma própria lógica – não é possível desconsiderá-las, pois guardam grande parte dos poucos vestígios das relações estabelecidas com os indígenas, que investiram na compreensão da escrita, da lógica e da mentalidade ocidentais. Ademais, estes documentos

---

23   Na África, clérigos e colonizadores executaram processos semelhantes. Paola Ivanov em "A invenção da 'cultura tradicional' na África – etnologia e a concepção dos acervos etnográficos", afirma que "numerosas pesquisas comprovaram entrementes que na África os grupos étnicos, em sua rígida configuração hodierna, são uma criação das administrações coloniais, que precisavam de critérios classificatórios simples para subdividir as populações, para tributá-las e incluí-las no trabalho das colônias. Através do desmantelamento das estruturas de poder político existentes antes da conquista colonial, foi drasticamente cerceada a mobilidade social, política e étnica no seio dessas sociedades em permanente mutação. A ideia das 'tribos' imutáveis, com uma cultura igualmente imutável, encobriu portanto a perda da iniciativa política". IVANOV, Paola. "A invenção da 'cultura tradicional' na África – etnologia e a concepção dos acervos etnográficos". In: JUNGE, Peter (org.). *Arte na África: obras-primas do Museu Etnológico de Berlim*. Rio de Janeiro/Brasília/São Paulo: Instituto Goethe/Banco do Brasil, 2004, tradução: George Bernard Sperber, p. 46.

também são fonte para a compreensão das próprias formas *criollas* de entender e narrar os indígenas.

As relações entre indígenas e *criollos*, na segunda metade do século XIX, foram tradicionalmente entendidas a partir da oposição entre duas regiões bem definidas e claramente identificadas com estas sociedades. Os *criollos* tentaram impor ao território seu controle e lógica, marcando em pedaços de papel jurisdições irreais aos indígenas. A historiografia, durante muito tempo, seguiu esta linha de raciocínio, convencida pelo discurso gravado nos documentos, e embasada por análises produzidas para a compreensão de relações entre ocidentais e indígenas nos EUA.[24]

Entretanto, a zona fronteiriça argentina foi maleável, e local de interações e trocas culturais, econômicas e demográficas. Apesar da possível identificação dos avanços e retrocessos da linha oficial de fortes e *fortines* – fundamental para a compreensão sobre a jurisdição, o controle e a exploração das terras –, a chamada zona fronteiriça era marcada por múltiplos processos. O fluxo demográfico e comercial era intenso entre ambos os lados, sendo seus limites oficiais sujeitos à relação de forças circunstanciais e aos momentos de guerra e paz, estando constantemente sujeitos às invasões de guerreiros de ambos os lados sobre as zonas povoadas do inimigo.

Para Mary Louise Pratt, regiões de fronteiras como as do sul da Argentina no século XIX, podem ser entendidas como zonas de contato, "espaço de encontros coloniais, no qual as pessoas geográfica e historicamente separadas entram em contacto umas com as outras e estabelecem relações contínuas, geralmente associadas a circunstâncias de coerção, desigualdade radical e obstinada".[25] Pode-se afirmar que a linha oficial de fronteiras era considerada o epicentro dos contatos que supunham trocas. Quanto mais próximos desta linha, mais suscetíveis à influência do outro. Zona constantemente militarizada, a fronteira era o local das declarações de guerra e de paz, ponto de passagem para fugitivos e local de castigo para os perseguidos.

---

24   Frederick J. Turner foi precursor da linha interpretativa que entende o Oeste como uma unidade e a fronteira como algo definível e transponível. Alguns de seus escritos mais significativos estão em: KNAUSS, Paulo (org.). *Oeste americano. Quatro ensaios de história dos Estados Unidos da América de Frederick Jackson Turner*. Niterói: EdUff, 2004.

25   PRATT, Mary Louise. *Os olhos do Império: relatos de viagem e transculturação*. Bauru: Edusc, 1999. Tradução: Jézio Hernani Bonfim Gutierre, p. 31.

Os pontos nevrálgicos da fronteira eram os fortes, estabelecidos gradativamente desde o período colonial e símbolos da ocupação territorial *criolla*. Neles eram assinados os tratados de paz – marcos dos movimentos de aproximação e distanciamento entre os militares e os caciques –, testemunhos das lutas de interesse e das disputas políticas para o avanço ou a contenção dos variáveis parceiros.

Os tratados de paz surgiram em momentos nos quais se fazia necessário oficializar as relações e os domínios territoriais, após sucessos ou derrotas bélicas. Geralmente negociados oralmente – marco da tradição indígena – também eram materializados e assinados – símbolos da cultura *hispano-criolla* –, significando novas relações e delimitando situações transformadas. O aparecimento de um tratado sempre esteve acompanhado de uma busca pela contenção das atividades bélicas entre os dois lados, e os pontos acertados explicitavam o poder do lado mais forte na relação de forças. Havia os tratados de paz e os de aliança: alguns perduraram, outros foram somente esporádicos e outros ainda eram, à época, sabidamente efêmeros, funcionando apenas no interior de armistícios momentâneos.

A análise dos tratados de paz mostra-se importante quando se busca desvendar os jogos de interesses e forças, sendo muitas vezes os mais importantes e mais raros documentos encontrados pelo historiador. A política oficial, composta também por acordos e tratados com os indígenas, foi se transformando até a decisão de uma guerra de extermínio que pusesse fim ao "problema dos bárbaros" em processos que poderiam ser etnocidas ou genocidas. Segundo Pierre Clastres,

> essas duas atitudes distinguem-se quanto à natureza do tratamento reservado à diferença. O espírito, se se pode dizer, genocida, quer pura e simplesmente negá-la. Exterminam-se os outros porque eles são absolutamente maus. O etnocida, em contrapartida, admite a relatividade do mal na diferença: os outros são maus, mas pode-se melhorá-los obrigando-os a se transformar até que se tornem, se possível, idênticos ao modelo que lhes é proposto, que lhes é imposto.[26]

---

26 CLASTRES, Pierre. "Do etnocídio", in *Arqueologia da violência – pesquisas de antropologia política*. São Paulo: Cosac Naify, 2004, p. 83.

Por ultimo, convém sublinhar que o conceito de imaginário social, elaborado por Bronislaw Backzo,[27] também é relevante para ampliar a compreensão sobre as justificativas que levaram à guerra de extermínio. Para o autor, toda sociedade produz um sistema de representações que traduz e legitima sua ordem, e o poder governamental procura desempenhar um papel privilegiado na emissão e controle dos discursos que veiculam os imaginários sociais elaborados e consolidados por uma coletividade como respostas aos seus conflitos, divisões e violências reais ou potenciais. Os imaginários sociais são entendidos como partes constitutivas da realidade e não meros reflexos externos a ela, passando a ser uma das forças reguladoras da vida coletiva, uma peça efetiva e eficaz no controle desta e no exercício da autoridade e do poder, tornando-se lugar e objeto dos conflitos sociais. O imaginário social é construído a partir da experiência, desejos, aspirações e motivações dos agentes sociais, dispositivos que convocam à adesão e à interiorização de um sistema de valores com os quais se pretende modelar os comportamentos e levar os indivíduos a uma ação comum. Os discursos produzem ideias que legitimam tais decisões, criando e cristalizando oposições, como civilização e barbárie.

No capítulo 1, "Guerras e resistências: a invasão espanhola no sul da América", apresentam-se os indígenas que viviam na Argentina durante a chegada dos colonizadores espanhóis e as maneiras pelas quais guerrearam, resistiram e se adaptaram à nova realidade imposta pela conquista. O foco recai sobre os que viviam na região na qual se delineou a fronteira sul do expansionismo hispânico, ou seja, a Araucania e os pampas argentinos, tratando das transformações ocorridas no final do período colonial – decorrentes das transformações e dos avanços do Império Espanhol – e das participações indígenas nos momentos que levaram à emancipação política argentina.

Em "Caciques e *criollos*: lutas políticas, disputas de interesses e guerras entre 1852 e 1861", capítulo seguinte, acompanham-se as aproximações e alianças entre as lideranças das duas mais importantes confederações indígenas do sul, a de Salinas Grandes e a de Leuvucó, com a Confederação Argentina e a Província de Buenos Aires. Momento de intensa beligerância, o momento entre 1852 e 1861 foi marcado por alianças político-militares baseadas em interesses e projetos comuns, com trocas comerciais, culturais e demográficas. Ao acompanhar as correspondências entre

---

[27] BACKZO, Bronislaw. "Imaginação social" in *Enciclopédia Einaudi*, volume 5. Lisboa: Imprensa Nacional/Casa da Moeda, 1985.

caciques e militares neste período, procura-se delimitar os movimentos de aproximação e afastamento e os interesses em jogo. Discursos ambíguos, negociações duplas e interesses mascarados puderam ser localizados neste momento de intensas lutas, vivas alianças e oposições programáticas bem definidas entre os grupos aliados.

"Novas relações, velhas tensões: o apogeu militar indígena entre 1862 e 1872", o terceiro capítulo, abarca o período central na consolidação do Estado Nacional e na execução de um projeto de Argentina proposto e aplicado pelos vencedores da disputa político-militar da década anterior. Com a eclosão da Guerra do Paraguai, *criollos* e indígenas, em oposição desde 1862, puderam realinhar suas forças, possibilitando o apogeu militar dos grandes caciques do sul. Em constante oposição diante das pressões territoriais e da intransigência política *criolla*, os indígenas acompanharam o temporário enfraquecimento militar do inimigo, a ida dos principais comandantes ao *front* paraguaio e o surgimento de novos militares com novas propostas. Este foi o período marcado pela gestação de projetos indígenas e *criollos* que visavam a solução definitiva para os conflitos fronteiriços. Diante de poderes e forças gradativamente mais concentradas sob comandos unificados, as negociações políticas começaram a se restringir a negociações de encaminhamentos únicos dentro das recentes e instáveis concentrações de forças *criollas* e indígenas.

Por fim, "A encruzilhada indígena: submissão e etnocídio ou resistência e genocídio" gira em torno da execução dos planos expansionistas *criollos* alimentados pelas novas estratégias, armas e equipamentos de guerra, e pela experiência bélica da Guerra do Paraguai. Entre 1872 e 1885, foi concretizado o avanço final do Estado Argentino sobre os territórios indígenas dos pampas e da Patagônia. O movimento conhecido como as Campanhas do Deserto concluiu um processo de décadas de convívio tenso, bélico e sangrento na zona fronteiriça. Diante da negativa de negociação, da gana por terras e das estratégias ofensivas dos militares, os caciques do sul da Argentina sucumbiram diante da derradeira vitória da "civilização sobre a barbárie".

Esta pesquisa não pretendeu abarcar a totalidade das tensões entre *criollos* e indígenas no sul da Argentina, na segunda metade do século XIX, mas indicar as linhas-mestras que guiaram suas relações políticas. Para a maior fluência do texto, as citações da historiografia foram traduzidas do espanhol e do inglês para o português. Apesar das sabidas perdas envolvidas nos muitos processos de tradução atravessados pelos dizeres dos caciques, ainda mais intensas quando se trata de cartas de indígenas que só falavam seus próprios idiomas e já haviam sido traduzidas, à época, a documentação também é aqui apresentada em português, pois o foco desta pesquisa não recaiu sobre as práticas discursivas, mas sobre as negociações políticas. Por estas razões, os documentos de origem indígena apresentam redação menos fluida, visto que a opção foi pela manutenção de sua lógica própria e original, característica das zonas de contato.

Escrito originalmente em 2005, para a obtenção do grau de Mestre em História Social pela FFLCH/USP, este texto passou por uma revisão para esta publicação. Foram suprimidos alguns trechos, inseridas notas explicativas em pontos específicos, traduzidas as citações da documentação, e atualizada a discussão historiográfica, com obras e reflexões posteriores à redação da dissertação.

Capítulo 1

Guerras e resistências:
a invasão espanhola no sul da América

"La cautiva", óleo s/ tela de Juan Manuel Blanes.

Este capítulo está dividido em duas partes. Na primeira, é realizada uma breve apresentação das resistências indígenas frente aos conquistadores espanhóis nas regiões ao norte da linha Buenos Aires – Córdoba – Concepción, entre os séculos XVI e XVII. Por outro lado, procura-se mostrar a gama variada das relações entre as duas partes que incluem a violência e a exploração, mas também acomodações e intercâmbios.

Na segunda parte, o foco recai sobre a Araucania e os pampas argentinos, núcleo central desta pesquisa. São apresentados os principais grupos étnicos, suas características sociais e políticas, as lutas de resistência, assim como as trocas comerciais e culturais. Inicia-se com os embates e aproximações entre a administração colonial e os caciques; em seguida, discutem-se alguns pontos da participação política indígena nas lutas pela independência argentina e, finalmente, abordam-se as primeiras Campanhas do Deserto, empreendidas pelo governo de Juan Manuel de Rosas contra os indígenas do sul da Argentina.

Invasões espanholas e resistências indígenas no Cone Sul

A colonização das áreas periféricas do Império Colonial Espanhol, como a atual Argentina, esteve pautada pela diminuta presença de colonos e pela exploração da mão de obra indígena em empreendimentos que visavam a produção agropecuária para os grandes mercados sul-americanos, caso das minas de Potosí.

A agricultura estava voltada para os alimentos tipicamente hispânicos, como trigo, vinho e azeite, além da batata autóctone. A pecuária concentrou-se na criação de mulas, essenciais para a ligação entre a zona mineradora, os portos do Atlântico e do Pacífico e as zonas agrícolas.

A região de Potosí foi fundamental para o estímulo à ocupação territorial de partes consideráveis da América Hispânica. Com a produção voltada exclusivamente à mineração e em uma região afastada da costa, o núcleo populacional demandou alimentos, roupas, materiais para a mineração e mulas para o carregamento da prata.

As demandas da zona mineradora estimularam o crescimento econômico de um eixo colonizado que cruzava o continente de Oeste a Leste, desde o vale central do Chile até Buenos Aires, criando fronteiras e cristalizando zonas de contato que foram marcadamente modificadas apenas no século XIX.

Os grupos indígenas que conviveram, comercializaram, lutaram e resistiram aos espanhóis, no Cone Sul, no século XVI, podem ser reunidos, segundo a historiografia,[1] em algumas zonas-chave dos atuais territórios argentino e chileno com base em filiações linguísticas e costumes em comum.

A zona noroeste abrigava povos com profundas relações com o Império Inca. Nela, viviam os Diaguita, Omaguaca e Huarpe. Na região norte, conhecida como o "Chaco", a base populacional era formada pelos Guaicurú. A nordeste, situavam-se os Guarani. No centro, os Comenchigón. Na zona hoje denominada Litoral (dos rios), estavam os Pampa e Querendí. À leste da Cordilheira, estavam os Pehuenche e a oeste os Mapuche. O sul era controlado pelos Tehuelche e a Terra do Fogo abrigava aos Ona e Selknam.

---

[1] A divisão regional e linguística dos indígenas que povoavam a região atualmente compreendida como Argentina foi elaborada por duas obras: SARASOLA, Carlos Martinez. *Nuestros paisanos, los índios*. Buenos Aires: Emecé, 1992; BARSKY, Osvaldo; GELMAN, Jorge. *Historia del Agro Argentino*. Buenos Aires: Mondatori, 2001.

Indígenas e *criollos*

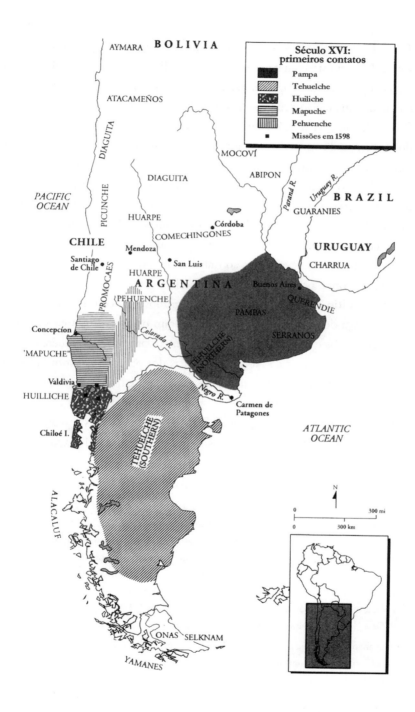

Córdoba de la Nueva Andalucia, fundada em 1573, em pouco tempo se tornou o principal entreposto comercial entre o Litoral, Buenos Aires e Potosí, tomando a posição ocupada por Santiago del Estero já no século XVII. A cidade foi o bastião da ocupação de uma região densamente povoada, na qual a população, principalmente Comenchigón e Sarravirón, variava entre 30.000 e 60.000 indivíduos.[2] A região cordobesa especializou-se na produção de muares voltados ao mercado potosino. Quando a crise da mineração derrubou o preço de seu principal produto, houve um primeiro movimento de concentração fundiária, freado pela retomada da mineração no século XVIII, que estimulou novamente o crescimento dos mercados regionais. Porém, a crise desencadeada pelos levantes de Tupac Amaru,[3] na década de 1780, cortou o consumo de muares e expulsou pequenos e médios produtores mestiços de suas terras, levando-os ao trabalho remunerado nas zonas que demandavam mão de obra, principalmente no Litoral.

O delta do Rio da Prata era habitado por grupos horticultores que praticavam a pesca e a caça do guanaco.[4] Os Querendí foram os primeiros a encontrar e resistir aos espanhóis e também se especializaram em promover o comércio entre os Guarani, que viviam mais ao Norte, e as etnias dos pampas, contribuindo para a troca produtos específicos regionais, como mandioca, e frutos dos Guarani e tecidos e couros dos Tehuelche e Pampa.

A primeira tentativa de ocupação territorial ocorreu em 1516, com a expedição em que o espanhol Fernando de Solís foi assassinado pelos Querendí. Este

---

[2] BARSKY, O.; GELMAN, J. *Historia del Agro Argentino*, op. cit., p. 31.

[3] Segundo Kátia Gerab e Maria Angélica Resende, a rebelião encabeçada por Tupac Amaru, um cacique descendente da nobreza incaica, reivindicava o cumprimento de leis que limitavam os abusos de autoridades locais no envio de indígenas às minas e às manufaturas têxteis. Após tentar o caminho legal, o cacique partiu para a luta armada, incorporando os anseios da massa indígena do Peru e do Alto Peru. A repressão foi extremamente dura, seus líderes esquartejados e seus restos mortais expostos em praça pública por desafiarem de forma contundente o regime de exploração e dominação espanhol. GERAB, Kátia; RESENDE, Maria Angélica Campos. *A rebelião de Tupac Amaru. Luta e resistência no Peru do século XVIII*. São Paulo: Brasiliense, 1987.

[4] Os guanacos (*Lama Guanicoe*) são uma das quatro espécies de camelídeos originários da América do Sul, parentes da lhama, da alpaca e da vicunha. Habitavam uma vasta região entre o Peru e a Terra do Fogo, chegando até o sul do Brasil e o Uruguai. Atualmente são encontrados apenas nas regiões mais frias e menos habitadas dos Andes. Por pesarem entre 65 a 70kg, eram o principal alvo da caça de praticamente todos os povos nativos da Argentina.

início trágico para os conquistadores marcou com uma constante violência as relações com os indígenas da região. Vinte anos depois, com a chegada de Pedro de Mendoza, fundador de Santa Maria del Buen Aire (1535), houve novamente dura resistência dos Querendí, aliados dos Guarani, culminando com o assassinato do capitão expedicionário, dois oficiais e a evacuação de Buen Aire.

O abandono temporário das margens do Rio da Prata levou os espanhóis ao interior do continente e à fundação de Assunção, com o auxílio dos Guarani locais, em 1536.

A região que margeia os grandes rios (Paraná, Uruguai e Prata) é denominada Litoral por sua geografia e economia vinculadas a estes cursos d'água. Quando os primeiros espanhóis chegaram, aproximadamente 100.000 indígenas viviam naquela zona,[5] número reduzido drasticamente em Santa Fé e Buenos Aires nos dois séculos seguintes. A exceção foi a zona nordeste, na qual os Guarani participaram de uma das mais singulares experiências de colonização na América: as missões jesuíticas.[6]

Apesar da intensa resistência dos Querendí, nova tentativa de ocupação da bacia do Prata ocorreu em 1580. Refundada, Santa Maria del Buen Aire não deixou de sofrer constantes cercos e ataques dos indígenas que pressionavam suas redondezas. Contudo, aos poucos, as relações econômicas e políticas com eles foram se estabilizando, levando ao início das relações comerciais que pautaram esta parte da zona de contato sul do Império Espanhol. Logo os colonos focaram as atividades no comércio, estimulando apenas a ocupação das terras mais próximas à cidade com uma produção de carnes e hortaliças. No primeiro século de ocupação efetiva do território pelos espanhóis, os indígenas passaram a responder por parte considerável dos negócios locais, em especial no tocante ao fornecimento de têxteis, carnes e sal.[7]

A intensa violência dos embates iniciais, acrescida às epidemias, afastou os núcleos populacionais indígenas para zonas mais afastadas de Buenos Aires, oferecendo,

---

5 BARSKY, O.; GELMAN, J. *Historia del Agro Argentino*, op. cit., p. 32.

6 Em *Negros da terra: índios e bandeirantes nas origens de São Paulo*, John M. Monteiro, procura enfatizar novas perspectivas sobre a participação política e os interesses de jesuítas, espanhóis, paulistas e caciques Guarani nos séculos XVI a XVIII. MONTEIRO, John Manuel. *Negros da terra: índios e bandeirantes nas origens de São Paulo*. São Paulo: Companhia das Letras, 1994.

7 Cf. MANDRINI, Raúl; ORTELLI, Sara. *Volver al país de los araucanos*. Buenos Aires: Sudamericana, 1992.

de um lado, alguma tranquilidade aos colonos, mas de outro lado agravando a carência da mão de obra barata, fortemente explorada por seus conterrâneos nas demais áreas da América do Sul.

As relações cotidianas entre conquistadores e indígenas, na zona de Buenos Aires e Santa Fé, foram, a partir do século XVII, marcadas mais pela distância do que pelo convívio. Parte do gado bovino e equino trazido pelos primeiros expedicionários nas décadas de 1510 e 1520 fugiu e encontrou o hábitat ideal nos pampas, onde vastas pastagens eram despovoadas de outros grandes herbívoros e de predadores. Em pouco tempo, estes animais, em vida selvagem, se expandiram, formando o que se convencionou denominar de gado *cimarrón*.

Osvaldo Barsky e Jorge Gelman afirmaram que

> inclusive as populações indígenas não submetidas ao poder colonial foram afetadas pelo desenvolvimento da pecuária. Ao procriarem-se os grandes herbívoros nos pampas e na Patagônia, também homens e mulheres, que antes tinham estado restritos à zona da base da cordilheira, povoaram aquela região.[8]

A caça do gado *cimarrón* era fundamental, também, para a manutenção de Buenos Aires, Santa Fé e Montevidéu e marcou o início de uma tradição pecuarista na região, que também apresentava produção intensamente voltada ao trigo.

> Estas *vaquerías* consistiam em expedições de caça do gado em campo aberto – geralmente vacum (ainda que no início, também equino) –, realizado por grupos que usavam como instrumentos centrais as *desjarretadoras*, longas varas com uma lâmina na ponta, que serviam para cortar o tendão da vaca para derrubá-la. Os relatos, às vezes impressionistas e impressionantes, sobre estas expedições, apresentam-nos grupos humanos (os primeiros *gauchos*) que derrubam os animais um após o outro com grande rapidez, e terminados os que têm à vista, os esquartejam e retiram os elementos úteis: o couro e, às vezes, um

---

[8] BARSKY, O.; GELMAN, J. *Historia del Agro Argentino, op. cit.*, p. 34-35.

pouco de gordura e sebo, deixando a carne putrefar, salvo a pequena porção consumida no próprio local".[9]

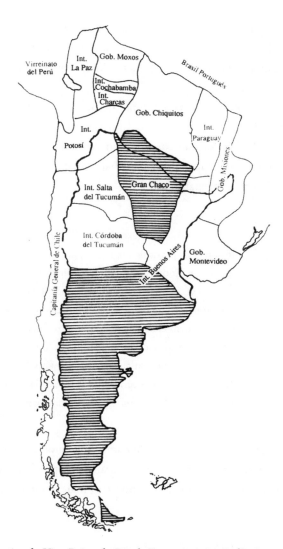

Divisão administrativa do Vice-Reino do Rio da Prata. As zonas indígenas estão delimitadas com as linhas horizontais.

---

9   *Idem*, p. 59.

Lutas e resistências nos pampas e na Araucania

Quando os espanhóis chegaram à região onde atualmente estão as províncias argentinas de Mendoza e Cuyo, esta era ainda pouco povoada. Cerca de 20.000 indígenas[10] lá habitavam e tinham profundas e históricas relações com os indígenas da face oeste dos Andes, atual Chile.

Seguindo as rotas incaicas, os espanhóis chegaram aos indígenas que já haviam oferecido dura resistência ao avanço do Império Inca, entre eles os conhecidos como *araucanos*. Os ibéricos não conseguiram vencê-los, pois se organizaram defensivamente com uma estratégia de guerrilha, demandando recursos materiais e humanos caros demais aos espanhóis.

Segundo Kristine L. Jones,

> a maioria dos povos de língua Mapuche na costa sul do Pacífico e nas florestas dos Andes conseguiu autonomia política e cultural frente aos incas. Apesar de manter sua cultura tradicional de decisões individuais e consensuais como base de sua unidade étnica, e apesar destas tendências conflitarem com a centralização dos incas, alguns grupos optaram ou foram coagidos a colaborar com eles (ou, depois, espanhóis, e no século XIX, chilenos ou argentinos). De fato, uma tradição de guerras intestinas, geralmente carregadas de feitiçaria, caracterizou as relações intra-Mapuche, bem como as relações nas margens do Império Inca.[11]

A região central do Chile é conhecida como Araucania e os povos que lá habitavam, foram genericamente denominados araucanos por apresentarem algumas características comuns. As atividades econômicas marcadamente masculinas eram

---

10   BARSKY, O.; GELMAN, J. *Historia del Agro Argentino*, op. cit., p. 31.

11   JONES, Kristine L. "Warfare, reorganization and readaptation at the margins of spanish rule: the southern margin (1573-1882)". In: SALOMON, Frank & SCHWARTZ, Stuart B. (eds.) *The Cambridge History of the Native Peoples of the Americas, Volume III – South America, Part 2*. Cambridge: Cambridge University Press, 1999, p. 141.

o comércio, a criação de lhamas, a caça de guanacos, emas, aves e pumas, além do extrativismo. A agricultura de milho e a produção têxtil eram tarefas das mulheres.

Os araucanos eram liderados politicamente por indivíduos denominados *toquis*, chefes reconhecidos pelos caciques menores para negociações e guerras inter e intra--étnicas.[12] O sistema político araucano estava intrinsecamente ligado às relações de parentesco. O rapto de mulheres era fundamental, assim como em tantas outras sociedades tidas como primitivas, para a perpetuação da comunidade, bem como para o estabelecimento de alianças políticas com vizinhos.

O poder do cacique estava baseado em oratória, habilidades para a guerra e para a diplomacia, bem como na linhagem familiar. Nos primeiros séculos após a colonização, a força da comunidade era fundamental para a definição do cacique, geralmente um descendente pelo lado paterno do antigo líder, mas não necessariamente seu primogênito ou mesmo seu filho. Dependendo da correlação de forças entre os diferentes interesses dos grupos comunitários, havia a definição de qual entre os parentes do falecido cacique seria escolhido como seu sucessor.[13] A partir do século XVIII, este sistema sofreu modificações, ocorrendo vinculação maior entre paternidade e sucessão política. No século XIX, este movimento se cristalizou com a formação de algumas importantes linhagens de caciques em sistema masculino patrelinear, mas não necessariamente com a primogenitura.

Das pequenas unidades comunitárias que compunham as *tolderias*,[14] o sistema sucessório seguia para instâncias maiores em direção aos *toquis*. A sociedade araucana hierarquizou-se, durante os séculos sob a dominação espanhola, com uma estratégia defensiva. O sistema político acompanhou tanto este movimento quanto as transformações nas linhas sucessórias do cacicado.

---

12 Para análises dos indígenas araucanos, verificar BENGOA, Jose. *Historia de los antiguos mapuches del sur*. Santiago: Catalonia, s/ data; VILLALOBOS, Sergio. *La vida fronteriza en Chile*. Madri: Mapfre, 1992; PINTO RODRIGUEZ, Jorge. *De la inclusión a la exclusión: la formación del estado, la nación y el pueblo mapuche*. Santiago: Universidad de Santiago de Chile, 2000.

13 Para a definição da nova liderança, assim como para a tomada de outras importantes decisões, os caciques e os anciãos se reuniam por alguns meses no que os observadores espanhóis convencionaram denominar *parlamento*.

14 *Tolderia* era o nome dado à zona na qual os índios estavam estabelecidos e, em alguns casos, também às suas habitações.

Com o decorrer dos séculos, os grandes *parlamentos* para a definição dos *toquis* passaram de campos de disputa entre as forças políticas para instâncias que referendavam linhagens familiares de caciques que se firmaram no poder. Estudos destes *parlamentos* são raros em virtude da pouca documentação encontrada. Entretanto, sabe-se que eram momentos de intensa disputa política e militar entre alianças de grupos intra-étnicos em luta por estratégias ofensivas ou defensivas diante de inimigos e aliados.

Nestas *tolderias* araucanas, observa-se as habitações cobertas por vegetação seca e, à esquerda, um curral para o gado. Fonte: Vezub, Julio, p. 50.

O poder dos caciques não era inquestionável nem irrevogável. Durante as alianças para invasões, por exemplo, havia reuniões prévias que definiam a estratégia a ser adotada, os alvos e a partilha dos bens saqueados. Estas alianças eram extremamente frágeis e permitiam que, durante os *malones*,[15] ocorressem rompimentos em virtude das variáveis encontradas durante a execução destas complexas ações. Tanto os caciques

---

15 *Malón* era o termo atribuído à invasão indígena às terras dos brancos, planejada e orquestrada por caciques. Com um número que variava de algumas dezenas a muitas centenas de índios, estas invasões saqueavam as *estancias*, roubavam gado e raptavam crianças e mulheres. Muitas vezes, depois de um *malón*, vinham *los depredadores*, bandos errantes que completavam a destruição.

menores quanto os *toquis* podiam ser questionados, fazendo imprevisíveis as invasões que, aos olhos dos conquistadores espanhóis, apareciam como ininteligíveis.

Os povos da Araucania – próximos étnica, cultural e socialmente – foram divididos de acordo com a localização geográfica. Os nomes pelos quais se diferenciavam acabavam com o sufixo "che", que significava "povo". No norte estavam os Picunche (povo do norte); entre os rios Noble e Imperial se encontravam os Mapuche (povo da terra); e ao sul do Imperial eram os Huilliche (povo do sul) – também conhecidos como *manzaneros* na vertente leste dos Andes. Na costa, os Lafkenche (povo da costa) e nos Andes, os Pehuenche (povo da terra das pinhas), grupo que habitava as faces oeste e leste da cordilheira, com diferenças e independência entre eles.

Situados na região norte, os Picunche foram os primeiros a enfrentar o contato com os espanhóis. Apesar de relativamente acostumados à presença incaica, foram dominados e enviados aos trabalhos compulsórios pelos novos conquistadores e, em poucas décadas, estavam dizimados pelo trabalho exaustivo e pelas epidemias de sífilis, varíola e tifo. A queda dos Picunche permitiu a ocupação do vale central do Chile e a fundação de Concepción por Pedro de Valdivia, em 1550.

A chegada dos conquistadores forçou adaptações aos araucanos, levando-os à adoção de novas culturas agrícolas, como o trigo e o feijão, ao surgimento da criação de equinos e à substituição dos guanacos pelas ovelhas brancas como animais destinados ao sacrifício.

A pressão externa por terras e mão de obra transformou profundamente as sociedades indígenas. Os enclaves espanhóis e a pressão militar levaram os Mapuche e os Pehuenche do oeste a comercializar cada vez mais com os Pehuenche do leste e a migrar para os pampas. Este intenso movimento humano e comercial entre os dois lados da cordilheira permitiu que apenas uma das passagens pelos Andes fosse dominada pelos espanhóis, justamente a que atravessava a parte mais alta e difícil. As demais permaneceram sob o domínio dos indígenas até o século XIX.

As sangrentas guerras envolvendo os araucanos e os espanhóis forçaram levas migratórias para a região de Mendoza, na face leste dos Andes, e para os pampas, propiciando que, no imaginário social espanhol, os araucanos fossem definidos como guerreiros bárbaros, sanguinários e temíveis pelo uso de cavalos.[16]

---

16   Segundo Ricardo Pinto de Medeiros, a mítica em torno dos araucanos indomáveis estava presente, em meados do século XVII, também no nordeste brasileiro: "Nesta carta, o capitão-mor

Kristine L. Jones analisa a construção das relações de poder na região e entende que,

> para os espanhóis, a decapitação de [Martín García Orrez de] Loyola [em 1598] e o envio cerimonial de seu crânio através da Araucania foi o primeiro exemplo desta prática, e a imagem dos araucanos como sanguinários permaneceu pelos séculos posteriores, alimentada por muitas histórias de sacrifícios cerimoniais que incluíam a remoção de um ainda palpitante coração da vítima, que em ao menos um caso foi o de um soldado espanhol.[17]

Os araucanos e os pampeanos

Na Patagônia e no sul dos pampas, viviam os Tehuelche, nome cuja tradução também significa povo do sul.[18] Sua organização social baseava-se em pequenos grupos com vínculos familiares. Eram nômades, acompanhavam os movimentos sazonais do guanaco e comercializavam na região do rio Negro e ao sul da Araucania.

As influências araucana e espanhola se enfraqueceram à medida em que aumentava a distância geográfica. Os grupos Tehuelche que viviam mais próximos sofreram uma grande transformação com a introdução do cavalo. O aumento da mobilidade possibilitada pelo uso dos equinos permitiu o aumento da zona de influência destes grupos, a intensificação das relações comerciais interétnicas e o surgimento de uma economia baseada na pilhagem dos estabelecimentos *hispano-criollos*, sem fazê-los, no entanto abandonar a vida sedentária, a agricultura e pastoreio tradicionais.

As vastas planícies pampeanas eram recortadas por uma extensa e complexa rede de caminhos, conectando pontos, regiões e povos. Estas rotas, chamadas pelos espanhóis

---

da Paraíba defende que conviria lhes fazer guerra com que se extinguissem de uma vez por todas, para não se criar neles outros araucanos, por terem já muita quantidade de cavalo (...)". MEDEIROS, R. P. "Bárbaras guerras: povos indígenas nos conflitos e alianças pela conquista do sertão nordestino colonial". In: *Anais do XXIII Simpósio Nacional de História: História: História: guerra e paz*. Londrina: Editorial Mídia, 2005, p. 5.

17 JONES, Kristine L. "Warfare, reorganization and readaptation", *op. cit.*, p. 153.

18 Tanto os principais autores pesquisados, quanto o *Dicionário Mapuche-Español/Español-Mapuche* da editorial Guadal, apresentam a mesma tradução para os nomes das etnias Huilliche e Tehuelche.

de *rastrilladas*, eram sulcos formados no terreno durante os séculos de uso. Em pontos estratégicos e onde os caminhos se cruzavam, formavam-se constantemente feiras de trocas, nas quais circulavam "o sal, que abundava somente em determinados locais; grandes juncos, com os quais montavam suas lanças, e provinham da Cordilheira; algumas pedras, como a esteatita, ou certos corantes naturais; alguns produtos provenientes do comércio com os brancos",[19] além de gado e materiais conseguidos nos *malones*.

No extremo sul da América, viviam grupos conhecidos como Ona e Selk'nam, que se mantiveram alheios ao uso do cavalo e praticamente isolados. Alijados do contato com os europeus – exceto nos breves encontros com as escassas expedições que buscavam atravessar o Estreito de Magalhães –, continuaram caçando guanacos, emas e a fauna marinha, da mesma maneira que os indígenas que viviam no canal da Terra do Fogo, dependentes da pesca e da caça marinhas, nas quais usavam botes e arpões feitos de madeira.

Crianças Selk'nam, Terra do Fogo, 1937.

---

19   MANDRINI, Raúl; ORTELLI, Sara. *Volver al país de los araucanos, op. cit.*, p. 112.

A chamada araucanização foi um processo de longa duração, iniciado no século XVI, atingindo o final do XVIII e começo do XIX. Permitiu o crescimento demográfico nos pampas e levou a uma miscigenação cultural entre os Pampa, que anteriormente ocupavam aquelas terras, e os migrantes, os araucanos.

Estratégias comerciais e políticas, aliadas à violência e a pressões externas foram fundamentais para consolidar a araucanização. Segundo Leonardo Leon Solís, este processo

> consistiu de uma migração (…) das linhagens provenientes da Araucania histórica aos territórios vizinhos de Limay, Neuquén e Rio Negro, destinada a encontrar terras novas e assegurar o controle de algumas áreas estratégicas (…), consistiu em um expansionismo violento e irregular por intermédio de invasões, ou *malocas*, que os *lonkos*, ou chefes araucanos, protagonizavam contra as *estancias* pecuaristas transandinas. Os objetivos destas expedições eram os roubos e a riqueza fácil que podiam obter em seus ataques contra as localidades fronteiriças *hispano-criollas*, sem que os executores se importassem com o profundo impacto que suas ações tinham nas relações hispano-indígenas ou no seio da sociedade aborígene.[20]

As primeiras *malocas*[21] contra as propriedades no Chile apresentavam uma tônica político-militar, visando a reposição populacional – mulheres e crianças – e material – gado – das etnias saturadas pela guerra contra os espanhóis. Com a pacificação fronteiriça e o crescimento demográfico, os grupos mantiveram as invasões, com o intuito de obter gado para suprir a demanda indígena e *criolla*. O gradual fim do gado *cimarrón*, a partir do final do século XVIII, entretanto, levou os grupos caçadores a agir contra os pecuaristas da fronteira sul, de Mendoza a Buenos Aires.

As intensas relações comerciais em torno do envio de gado *cimarrón* ou roubado do rio da Prata para o Chile, a partir do século XVIII, iniciaram um processo de aproximação

---

20 LEÓN SOLÍS, Leonardo. "Las invasiones indígenas contra las localidades fronterizas de Buenos Aires, Cuyo y Chile, 1700-1800". In: *Boletin Americanista*, 1986, nº XXVIII, Barcelona.

21 As *malocas* chilenas equivalem aos *malones* argentinos: são invasões indígenas às unidades pecuaristas da fronteira. Suas características principais são o ataque surpresa, a violência, o rapto de mulheres e crianças e o roubo de gado.

entre os indígenas dos dois lados da cordilheira, em um sistema de comunicação e colaboração que visava à sobrevivência destes povos. Naquele momento, iniciou-se um movimento de cooperação indígena, reconhecido pelo Cabildo de Santiago que, em 1723, escreveu ao Rei que "os índios do outro lado da cordilheira se transportam a este em decorrência da *confederação* que tinham".[22]

Após décadas de migrações, no século XVIII, pode-se afirmar que surgiu uma cultura geral na fronteira sul do Império Espanhol, marcada pela generalização do Mapundungun, o idioma araucano, da adoção de seus tecidos, rituais religiosos e da centralização política, aliada ao uso extensivo do cavalo e do padrão caçador Tehuelche.

A fronteira sul do Império Espanhol

A baixa concentração populacional dos pampas, a rápida dispersão do gado *cimarrón* e as pressões militares e demográficas da Araucania permitiram uma integração relativamente pacífica entre os araucanos e os indígenas que originalmente habitavam os pampas – os já citados Tehuelche e os Pampa, que somavam cerca de 200.000 indivíduos[23] em uma área geográfica extensa.

Sem um interesse econômico imediato pela região, diferentemente do que ocorreu com as zonas de mineração, e sem poder obter vastas quantidades de mão de obra, a área pampeana foi relegada a se tornar o eixo final da colonização espanhola.

A presença militar era ínfima, reduzida a dezenas de soldados concentrados em pequenas fortalezas auxiliares nas linhas de comércio, mas ineficientes na tarefa de impedir a aproximação dos indígenas. Denominados *postas*, eram o último marco da dominação espanhola, delimitando uma linha fronteiriça que ligava as zonas colonizadas de Buenos Aires, Córdoba, San Luis, Mendoza, Santiago e Concepción.

No século XVIII, com o esgotamento do gado *cimarrón*, começaram os primeiros enfrentamentos entre indígenas e colonos na disputa pelo gado e pelas terras dos pampas. A relativa paz vivida durante dois séculos, em que os Pampa eram vistos comumente

---

22   Carta al Rey enviada por el cabildo de Santiago, 22 de diciembre de 1723, *apud* LEON SOLÍS, Leonardo. "Las invasiones indígenas", *op. cit.*, p. 84, grifo nosso.

23   Os números apresentados pela historiografia variam entre 100.000 (BARSKY, O.; GELMAN, J. *Historia del agro argentino*, *op. cit.*, p. 32), e 300.000 (JONES, Kristine L. "Warfare, reorganization and readaptation at the margins of spanish rule", *op. cit.*, p. 138).

nos centros espanhóis negociando têxteis, couros e outros materiais, começava a chegar ao fim. A constante presença araucana e o processo de araucanização dos pampas, acrescido do regular uso do cavalo, colaboraram para o aumento da tensão na zona de contato sul. A região pampeana passou a ser gradativamente mais visitada e disputada, tanto por indígenas quanto por comerciantes itinerantes do Chile (*conchavadores*) e do Prata (*pulperos*), interessados no já raro e precioso gado *cimarrón*.

Fronteira sul espanhola, no século XVIII, e principais zonas indígenas.

Em 1736, após duas décadas de *malones*, os portenhos instalaram o primeiro *fortin* para defender sua fronteira. Assolados pelas invasões dos Pampa, Pehuenche, Tehuelche e dos araucanos, o governo local financiou a instalação de uma fortaleza defensiva em Arrecifes, iniciando desta forma o modelo a ser seguido até a década de 1870.

Entretanto, diante da vastidão pampeana, um *fortin* mostrava-se mais um fator psicológico e pontual do que uma real e efetiva possibilidade defensiva à incipiente produção pecuária de Buenos Aires e Santa Fé. Nas invasões, os araucanos eram auxiliados pelas centenas de quilômetros de planícies que favoreciam as fugas rápidas a cavalo.

A confederação indígena, notada pelo cabildo de Santiago, começou na década de 1730 a evoluir para uma cooperação nos ataques para obtenção de resultados mais expressivos. Começaram ataques à região de Buenos Aires, em especial a Areco e Arrecifes, que apesar do *fortin* não conseguia impedir os *malones*. A primeira leva, concretizada em 1738, deu início a um ciclo de ataques e contra-ataques que tencionou gradativamente a população fronteiriça, *criolla* e indígena. Os *malones* arrasavam os povoados do sul de Santa Fé e Buenos Aires, e em represália foram enviadas expedições repressoras que, mesmo não alcançando os araucanos, atacavam etnias não envolvidas inicialmente nos conflitos.

Tais ataques levaram diversos grupos Pampa e Tehuelche a se aliarem aos invasores indígenas confederados, iniciando uma sublevação geral em um momento no qual

> pela primeira vez se formava nos pampas uma grande confederação indígena composta por guerreiros provenientes dos povos Tehuelche, Huilliche e Pehuenche, mais os araucanos e os Pampa. No total, eram mais de 4.000, dirigidos por Cangapol, um chefe Pampa. Suas ações estiveram dirigidas contra Córdoba, Santa Fé, Arrecifes, Lujan e, principalmente, Magdalena, onde mataram um grande número de *criollos* e escaparam com mulheres e crianças e mais de 20.000 cabeças de gado. Uma vez concluído este exitoso ataque, Cangapol pôs fim às hostilidades e aceitou negociar com as autoridades de Buenos Aires.[24]

---

24 LEÓN SOLÍS, Leonardo. "Las invasiones indígenas", *op. cit.*, p. 86.

Assustados com a organização, a violência e o saldo das sublevações indígenas, os colonos exigiram uma tomada de decisão do governador Ortíz de Rozas. Após um *parlamento* com Cangapol e demais caciques Pampa, elaborou-se um tratado de paz segundo o qual os indígenas abdicavam dos territórios ao norte do rio Salado, autorizavam a instalação de duas *reduções* jesuítas, e em troca recebiam direitos comerciais e soberania ao sul do rio, em um primeiro movimento para frear o incipiente avanço proveniente de Buenos Aires e tentar legitimar a posse territorial.

A paz foi tão efêmera quanto a existência das reduções de N. Sra. de los Desamparados e N. Sra. de la Concepción. Em 1750, após controvérsias e irritados com as atitudes dos missionários diante dos Pampa lá reduzidos, Cangapol e outro cacique Pampa, Yahati, comandaram o ataque que deu fim à experiência jesuítica nos pampas.

Esta união entre os dois caciques, bem como a confederação antes organizada nos ataques de 1740 demonstram o início da centralização política indígena em torno da figura dos grandes caciques. A antiga autonomia dos chefes familiares (caciques familiares) e a união em torno dos *toquis* apenas durante as guerras começaram a serem transformadas em uma nova configuração sócio-política na qual alguns caciques, sob pretextos militares e com o auxílio de extensas redes de parentesco, iniciaram um processo de centralização em torno de suas figuras que atingiu o ápice na metade do século XIX.

Os pleitos por mais segurança aumentavam com o aumento da pressão indígena, dos *malones* e, consequentemente, dos roubos e mortes. Em 1752, foram estabelecidos mais três *fortines* (Salto, Luján e El Zanjón) e instituído, por Buenos Aires, um batalhão profissional usando *gauchos*: os *blandengues*. A criação de uma tropa exclusiva de *gauchos* demonstra a busca por alternativas por parte do governo. Empregando mestiços, procuraram combater os indígenas com indivíduos que também conheciam a região e utilizavam algumas das armas e vestimentas dos nativos, ou seja, as *boleadoras*[25] e os ponchos, respectivamente.

---

25 *Boleadora* é um instrumento de caça tradicional dos Mapuche, dos Pampa e dos Tehuelche. Utilizado originalmente na caça às emas, foi facilmente adaptado à caça do gado *cimarrón*. Tratava-se de três pedras arredondadas ligadas por cordas que, quando lançadas sobre as pernas do animal, trançavam-se e derrubavam-no.

O crescimento econômico e político da cidade de Buenos Aires após a criação do Vice-Reino do Rio da Prata, em 1776, resultante da ampliação das atividades comerciais e exportadoras, incentivou as zonas próximas à cidade à produção hortifrutigranjeira e cerealista, bem como à busca por novas áreas para a pecuária, compondo um incessante movimento rumo ao sul.

Dentre as diversas propostas para a solução do que os *criollos* entendiam como o "problema indígena", duas começaram a se destacar. A primeira estava baseada no convívio pacífico/civilizatório com alguns caciques, acompanhado ao ataques a outros. A segunda pressupunha o abandono da diplomacia e a submissão às estratégias militares, defensivas e/ou ofensivas. Ambas se mantiveram como norteadoras para políticos e militares por um século. Adaptando as estratégias à realidade momentânea, houve momentos em que as alianças foram intensas e oscilaram para o lado indígena e outros em que, com a pressão territorial, aumentava a opção bélica.

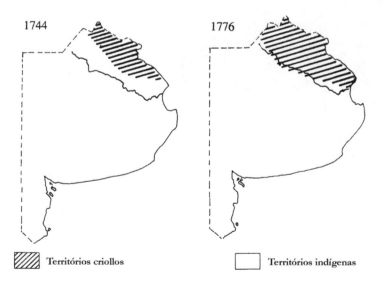

Avanços da fronteira entre 1744 e 1776 em direção ao Rio Salado.

Paz, adaptações e avanços estratégicos no período colonial

No final do século XVIII, em Buenos Aires, sede do Vice-Reino e alvo das principais invasões indígenas, começou a se manifestar uma opção de convívio militarizado. Em 1776, o Vice-Rei Pedro de Cevallos planejou contar com os *vecinos*[26] de toda a fronteira sul para uma campanha de extermínio dos indígenas dos pampas. O plano, contudo, não chegou a ser executado, devido ao desconhecimento geográfico, aos problemas operacionais e ao receio de deixar, por meses, as principais cidades despovoadas de homens adultos.

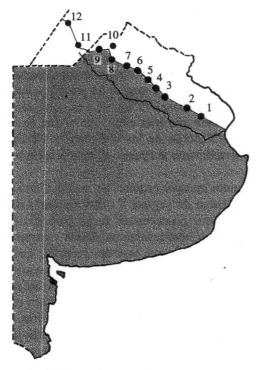

1.	Chascomús
2.	Ranchos
3.	Lobos
4.	Navarro
5.	Luján
6.	Areco
7.	Salto
8.	Rojas
9.	Mercedes
10.	Pergamino
11.	Melincué
12.	Esquina

Linha de *fortines* de Buenos Aires em 1781

---

26   Os mais ricos e poderosos cidadãos de uma vila ou cidade eram chamados de *vecinos*. Ao grupo, denominava-se *vecindario*. CANSANELLO, Oreste Carlos. "Ciudadano/vecino". In: GOLDMAN, Noemí (ed.). *Lenguaje y revolución: conceptos políticos clave en el Río de la Plata, 1780-1850*. Buenos Aires: Prometeo, 2008.

Com a opção ofensiva temporariamente abandonada, a defesa começou a ser organizada. Em 1781, o número de *fortines* já atingia a marca de doze, como indica o mapa anterior. Na mesma época, duas expedições percorreram os principais rios do sul – Colorado, Negro, Limay e Collón Curá – e a costa do Atlântico.

Uma expedição naval foi enviada, em dezembro de 1778, objetivando o reconhecimento da costa atlântica, bem como o estabelecimento de fortes e postos de vigilância. A proposta era instalar fortes na Bahía Sin Fondo – onde, supunham, desembocava o rio Negro – na Bahía de San Julián, em algum ponto próximo ao estreito de Magalhães, além de mais dois *fortines*: um no rio Colorado e outro em Puerto Deseado.

Em janeiro de 1789 já estava instalado o primeiro forte: San José, na Bahía Sin Fondo. Em abril do mesmo ano a expedição passou ao comando de Francisco de Viedma após o abandono do comandante Juan de la Piedra. Foi construído o forte de Carmen de Patagones, marco da conquista da desembocadura do rio Negro. Dois anos depois, o forte Floridablanca ocupava a Bahía de San Julián.

Após a execução do plano militar pré-definido, Viedma, apesar da condição de civil, passou a comandar o forte de Patagones. Isolado do restante da colônia, o comandante notou a importância de relações pacíficas com os indígenas para a manutenção do forte. Assim,

> as interações se estabeleceram em um plano quase igualitário, devido às condições de isolamento que perduraram para os espanhóis com relação à capital do Vice-Reino, de sua dependência dos índios para o abastecimento e informação e, também, pelo interesse dos próprios índios em estabelecer relações comerciais e se beneficiar com os *regalos* que recebiam.[27]

As relações estabelecidas entre Viedma e os caciques da região marcaram a percepção indígena do avanço espanhol e a luta para freá-lo. O comandante oferecia

---

27 NACUZZI, Lídia R. "Francisco de Viedma, un 'cacique blanco' en tierra de indios". In: *Idem* (comp). *Funcionários, diplomáticos, guerreros. Miradas hacia el otro en las fronteras de pampa y patagonia (siglos XVIII y XIX)*. Buenos Aires: Sociedad Argentina de Antropología, 2002, p. 30.

regalos[28] mas também se mantinha constantemente desconfiado, sabendo que precisava de uma autorização tácita dos caciques para poder enviar missões de reconhecimento do território, sua principal preocupação.

Viedma sabia que apenas havia sido possível a instalação de Patagones em decorrência do uso do fator surpresa, pois os indígenas desconheciam o interesse espanhol pela região e permitiram sua ocupação. Segundo o comandante, os indígenas não estavam mais "com os olhos fechados (...), são necessários cem soldados de tropa, mediante o estado em que se encontram os índios, exasperados de que lhes usurpem suas terras".[29]

Apesar das ameaças, em nenhum momento ocorreu o temido e maciço ataque indígena. Pelo contrário, "os chefes indígenas começaram a desempenhar imediatamente um papel chave no abastecimento da incipiente população e no manejo das informações sobre os grupos vizinhos e a geografia, ambos desconhecidos e imprevisíveis para os espanhóis".[30] Para os principais caciques da região, o contato e as boas relações com o forte também eram bem-vindas, pois forneciam auxílio militar em caso de ataque de inimigos e preciosos objetos para a manutenção de sistemas de aliança e hierarquia, como aguardente, roupas e açúcar.

As relações entre os caciques e Viedma foram pautadas por um certo equilíbrio, tendo em vista que, para o Império Espanhol, aquele ponto, naquele momento, não devia ser um foco de disputa com os indígenas, mas sim de defesa diante de ameaças externas. Quando, décadas depois, iniciou-se o expansionismo territorial a partir de Patagones, então finalmente aquela localidade passou a ser o objeto de incessantes e violentos *malones*.

Em 1794, Juan de la Piedra, o comandante que abandonou a expedição, retornou para assumir seu posto e transferir Viedma de volta a Buenos Aires. Neste momento de inflexão, o forte se tornou alvo dos indígenas, pois o novo administrador supôs não depender e ser superior aos indígenas, atacando os grupos estabelecidos na Serra de la Ventana.[31] No ano seguinte, morreu em combate junto de seus oficiais.

---

28 Alguns caciques, apesar de não terem tratados de paz, se enviava artigos, os *regalos*. Estes presentes eram, fundamentalmente, gado, roupas e os chamados *vícios* (álcool, tabaco, açúcar e erva-mate).

29 Viedma, 13/10/1779 *apud* NACUZZI, Lídia R. "Francisco de Viedma", *op. cit.*, p. 35.

30 *Idem*, p. 43.

31 As serras ao sul de Buenos Aires foram vistas, desde a colônia, como importantes para a defesa. Os indígenas costumavam utilizá-las como refúgio durante o retorno dos *malones* e nelas se

Na mesma época, a centenas de quilômetros de Carmen de Patagones, José Francisco de Amigorena assumiu a *comandancia de frontera* de Mendoza. Assim como Viedma, procurou conciliar desconfiança e aproximação com algumas etnias enquanto declarava guerra a outras. Segundo Florencia Roulet,[32] foi um comandante pragmático na defesa militar de Mendoza, notando sua fragilidade e a impossibilidade do combate efetivo a todas as etnias fronteiriças.

Entre 1779 e 1780 realizou três expedições militares, atacando as principais *tolderías* próximas à linha de fronteira, atingindo dois objetivos principais: fazer um reconhecimento geográfico e raptar familiares de importantes caciques. Amigorena foi o responsável pelo levantamento do território dos Ranquel, indígenas que viviam após o entroncamento dos rios Desagüero, Salado e Chadileuvú, a sudeste da cidade de Mendoza. Temidos pelos espanhóis devido a seus ataques-surpresa e do isolamento de seus acampamentos, eram caçadores e coletores, mas também criavam, roubavam e, principalmente, comercializavam gado de origem europeia. Sua vantagem sobre os demais indígenas consistia na proteção oferecida pela região em que viviam, o Mamuel Mapu (pois zonas extremamente secas a separavam das áreas colonizadas), conferindo tranquilidade para os Ranquel transformarem-na em um centro comercial que interligava espanhóis, os pampas, a cordilheira e o norte da Patagônia.

Durante as incursões entre fevereiro e março de 1780, Amigorena também se focou sobre os Pehuenche e raptou mais de uma centena de parentes dos líderes. Após dois anos de negociações, conseguiu formar uma aliança com eles. Segundo Florencia Roulet, "em seu trato com as sociedades nativas, Amigorena combinou recursos violentos com *agasajos*,[33] palavras cordiais ou solenes e vínculos pessoais pacientemente elaborados com personagens influentes do mundo indígena".[34] Semeando a discórdia, o comandante provocou a guerra interétnica e obrigou os Pehuenche do leste a se abrigar sob a proteção espanhola.

---

situavam importantes feiras indígenas. Em 1823, foi instalado o forte Independencia, em Tandil, onde hoje se situa a cidade de mesmo nome.

32   ROULET, Florencia. "Guerra y diplomacia en la frontera de Mendoza: la política indígena del Comandante José Francisco de Amigorena (1779-1799)". In: NACUZZI, Lídia R. (comp). *Funcionários, diplomáticos, guerreros, op. cit.*, 2002.

33   *Agasajo* era o nome dado à manutenção de caciques após a assinatura de tratados de paz. A eles, ocorria o envio sistemático de gado, roupas e *vícios*.

34   ROULET, Florencia. "Guerra y diplomacia en la frontera de Mendoza". *op. cit.*, p. 65.

Na perspectiva indígena, a aliança com o comandante possibilitou a paz para as *tolderias*, diversas vantagens territoriais e materiais, além da oportunidade para vencer antigos inimigos. Fortalecidos militarmente e estimulados por Amigorena, os Pehuenche passaram a liderar a defesa e a arcar com os custos materiais e humanos das empreitadas. Vencendo constantemente, potencializaram a rivalidade com outros indígenas da região, incomodados e inconformados com os privilégios conquistados por eles por seu colaboracionismo.

Após diversas tentativas infrutíferas de ataque aos Ranquel por parte das autoridades de Mendoza, uma campanha foi organizada, em 1784, com o apoio de outras regiões também assoladas por aqueles indígenas. Visavam os caciques que controlavam o mercado de gado entre o rio da Prata e o Chile e assolavam as zonas pecuaristas da fronteira sul. Mais de mil soldados avançaram, mas não chegaram à região do Mamuel Mapu. A colaboração que os Ranquel recebiam de *gauchos* desertores das milícias foi fundamental, pois estes funcionavam como espiões no papel de informantes, semelhante ao representado pelos Pehuenche na ajuda a Amigorena.

O comandante, apesar de não ter alcançado os indígenas, mostrou-se satisfeito com a empreitada, como pode ser verificado em sua correspondência ao intendente de Córdoba, Marquês de Sobremonte:

> (…) perderam suas vidas 45 infiéis, trouxe 8 índias e um índio prisioneiro, repartidos entre as casas decentes desta cidade até que V.S. me mande o que se há de fazer com eles; redimiram-se 3 cativas e um cativo cristão de Córdoba que padeciam em poder daqueles bárbaros, e retenho em minha casa até que V.S. determine se poderão caminhar às suas casas; tiramos-lhes mil e tantos cavalos, mulas e éguas, a maior parte ovelhas, 7.773 cabeças de gado, a maior parte com marcas de ferro da fronteira de Córdoba.[35]

Esta correspondência retrata os projetos do comandante diante dos indígenas inimigos. De um lado, declarou morte aos inimigos, e de outro, a libertação dos cativos e das cativas. Mulheres e crianças indígenas presas foram enviadas para

---

35 Francisco José de Amigorena a Marquês de Sobremonte, 1784, *apud* SARASOLA, C. M. *Nuestros paisanos, op. cit.*, p. 141.

trabalhos domésticos nas casas de famílias "decentes" de Córdoba com o intuito de ensiná-las os chamados "modos civilizados". Amigorena propôs e realizou o resgate do gado roubado de proprietários cordobeses definindo, enfim, em linhas gerais, a estratégia adotada por comandantes militares até a década de 1870.

Esta campanha levou as principais lideranças Ranquel à cidade de Concepción, no Chile, em busca de um tratado de paz. Llanquetruz, cacique principal, foi pessoalmente negociar, apesar de enfrentar as resistências de alguns caciques subordinados.

A paz não foi obtida porque os comandantes militares solicitaram a permanência de alguns caciques em Concepción como garantia pela paz. Voltaram, então, os *malones* e as expedições punitivas em abril e maio de 1787, novamente infrutíferas. Pouco depois, os Ranquel organizaram um ataque, não contra as *estancias*, mas contra os Pehuenche que as protegiam, que passavam por uma epidemia de varíola e não foram defendidos pelos espanhóis. Apesar de Amigorena ter solicitado autorização para o envio de tropas, esta lhe foi negada pelo Marquês de Sobremonte. O resultado da expedição Ranquel foi o rapto de trezentos indígenas, muitos deles das famílias dos caciques, e o saque do gado. A partir de então, sob o risco de perder o apoio Pehuenche, Sobremonte autorizou o envio de soldados às *tolderias* cada vez que os homens partiam para atacar os Ranquel.

Na análise das relações entre Amigorena e os caciques Pehuenche, não se deve perder de vista as sutilezas envolvidas nas negociações encabeçadas pelo comandante espanhol. Ele "foi se aproximando cada vez mais do modo indígena de negociar, lutar e celebrar a amizade mediante a linguagem da generosidade e do parentesco, sem perder de vista que sua finalidade era alcançar a subordinação política e, com o tempo, o acesso aos recursos e a ocupação dos territórios de seus aliados indígenas".[36]

A paz provisória com determinada etnia também não pode ser vista como uma opção menos violenta, mais amigável ou decente, pois nunca se deixou de usar sistematicamente a força. Segundo Florencia Roulet,

> Amigorena entendia o confronto militar como uma guerra de extermínio (...). Na maioria dos casos, a quantidade de mortos supera em várias vezes o número de cativos e a população não-combatente (mulheres, crianças e idosos) constitui uma porção importante das

---

36   NACUZZI, Lídia R. "Francisco de Viedma", *op. cit.*, p. 66.

vítimas (entre 25 a 35% do total). Da leitura de seus diários de campanha, deduz-se que esta prática, assim como a de executar aos prisioneiros de guerra e, presumivelmente, torturá-los para obter uma confissão, são considerados por Amigorena como uma conduta natural e apenas provoca-lhe um ligeiro escrúpulo o destino das almas dos índios infiéis, a quem manda batizar antes da degola.[37]

Os indígenas e a Revolução de Maio

A Argentina, no começo do século XIX, contava com aproximadamente 600.000 habitantes, segundo Carlos Martinez Sarasola. Destes, 100.000 eram *criollos*, 200.000 mestiços, 100.000 africanos e 200.000 indígenas.[38]

Em 1806, ocorreu a primeira invasão inglesa. Novecentos soldados desembarcaram em junho e marcharam sobre Buenos Aires, acompanhados à distância, e sem que desconfiassem, pelos Tehuelche e Pampa. A chegada de navios e quase um milhar de homens atiçou a curiosidade e os receios indígenas. Aquele era um evento inusitado que poderia levar a imprevisíveis mudanças na configuração político-econômica dos criollos, e assim os caciques se mantiveram atentos à movimentação. Após notar as intenções dos invasores, procuraram o cabildo para oferecer ajuda a seus – acima das disputas e dos conflitos – parceiros comerciais. Aos indígenas, era preferível continuar lidando com os inimigos que já conheciam por séculos do que enfrentar novos conquistadores com planos e estratégias desconhecidos.

Após a fuga do Vice-Rei, Marquês de Sobremonte, o cabildo passou a ser o centro político e os Pampa e Tehuelche para lá se dirigiram para oferecer ajuda à resistência liderada por Santiago de Liniers:

> (...) veio até a sala o índio Pampa Felipe com dom Manuel Martín de la Calleja, e expôs tendo aquele por intérprete, que vinha em nome de dezesseis caciques dos pampas e cheguelches anunciar que estavam prontos a oferecer gente, cavalos e quantos auxílios pudessem oferecer,

---

37 *Idem*, p. 81.

38 SARASOLA, C. M. *Nuestros paisanos, op. cit.*

para que este Ilustríssimo Cabildo os utilizasse contra os colorados, nome dado por eles aos ingleses; que faziam aquela ingênua oferta em obséquio aos cristãos, e porque viam os apuros em que estariam.[39]

O cabildo agradeceu a oferta, mas afirmou que, no momento, a ajuda era desnecessária, pois temiam a entrada das tropas indígenas em Buenos Aires e desconfiavam de uma aliança com aqueles indivíduos, tidos como selvagens e bárbaros. Pouco tempo depois, nova comitiva ofereceu não mais apoio humano, mas ajuda na defesa territorial. Os Pampa responsabilizaram-se pela defesa da costa atlântica na região de Buenos Aires e os Ranquel asseguraram as fronteiras interiores até Mendoza, em uma incipiente aliança entre indígenas e *criollos* contra os desconhecidos invasores.

Os ingleses foram expulsos temporariamente. Retornaram no ano seguinte com 10.000 soldados e enfrentaram aproximadamente 7.000 portenhos comandados novamente por Liniers. Desta vez, a defesa foi marcada pela participação popular, impedindo a ocupação definitiva de Buenos Aires.

Pouco antes dos ingleses tentarem ocupar a bacia do Prata pela segunda vez, as tropas de Napoleão invadiram a Espanha e aprisionaram o rei Fernando VII. Os acontecimentos gerados pelas invasões inglesas, além da ausência do monarca, marcaram profundamente a sociedade portenha. Em 1810 eclodiu a Revolução de Maio, e no dia 25 daquele mês foi assinada a petição que instalava o Primeiro Governo Provisório, com a participação de dois caciques.

Logo após a independência, decretos, leis, ofícios e disposições legais procuraram mudar as relações com os indígenas e atraí-los à causa revolucionária. Os indígenas adaptados à sociedade, chamada de "civilizada", em especial os Guarani, eram o foco das atenções dos legisladores. Na visão oficial, eles já haviam recebido as primeiras luzes que os afastavam da barbárie. Poderiam, com algum auxílio, tornarem-se cidadãos, sendo úteis para a defesa naquele momento em que a Argentina sofria pressões da antiga metrópole e das forças realistas do Alto Peru.

Quando, em 9 de julho de 1816, o *Congreso de las Províncias Unidas en Sud-América* – conhecido como o "Congresso de Tucumã" – declarou *"a solene emancipação do poder despótico dos reis da Espanha"*, o texto foi traduzido para os idiomas

---

[39] Ata do Cabildo de Buenos Aires, 17/08/1806, apud SARASOLA, C. M., *Nuestros paisanos, op. cit.*, p. 153-154.

dos indígenas que viviam entre os que se intitulavam civilizados, ou seja, quéchua, aimará e guarani.[40]

Mesmo considerados bárbaros, os Pehuenche dos Andes foram procurados por San Martín. O general, durante as guerras de independência, sabia que os Andes eram uma poderosa barreira no caminho para o Chile. Até aquela época, a única passagem segura era a mesma que era utilizada pelos espanhóis há séculos. Era por esta via que as tropas realistas do Chile aguardavam sua chegada. Entretanto, não contavam com a aliança entre *el libertador* e os indígenas. Segundo o próprio San Martin:

> Acreditei ser do maior interesse ter um parlamento geral com os índios pehuenches, com duplo objetivo, primeiro de que se ocorrer a expedição ao Chile, me permitam a passagem por suas terras; e segundo, que auxiliem o exército com gados, cavalos, e o que mais estiver a seu alcance, aos preços ou com as trocas que estipularem.[41]

As guerras de independência não foram apenas duras e sangrentas. Desestabilizaram, também, a economia. Vastas regiões, em especial as mais próximas dos campos de batalha do Alto Peru, sofreram com o decréscimo populacional e com a debilidade de sua capacidade produtiva. Algumas regiões souberam adaptar-se às mudanças e reaqueceram a economia logo após a incipiente estabilização política.

Segundo Barsky e Gelman,

> a Banda Oriental, que havia sido a zona pecuarista mais dinâmica no final do período colonial, não pôde aproveitar a nova situação internacional e viu anulada sua capacidade de recuperação por várias décadas. Diferente é o que ocorre com Santa Fé e Entre Rios. Destas, a última foi a que conseguiu mais rapidamente condições favoráveis que, até o final dos anos 1820, permitem um crescimento moderado que na década seguinte se transforma em bastante espetacular. Este atraso, em alguns

---

40   O não comparecimento das províncias cuja população indígena falava o idioma Guarani, em virtude da atuação de José Gervasio Artigas, cancelou a impressão da versão traduzida para aquele idioma.

41   San Martin, 10 de setembro de 1816, *apud* SARASOLA, C. M., *Nuestros paisanos, op. cit.*, p. 165.

casos transformado em profunda crise, não faz mais do que melhorar as possibilidades da região que até então havia sido relativamente marginal, sob o ponto de vista da produção pecuarista: Buenos Aires.[42]

Os comerciantes portenhos, interessados no crescente mercado para os couros, passaram a investir na pecuária e a pressionar em direção à expansão das áreas cultiváveis ao sul do rio Salado, provocando um movimento de colisão direta com as etnias araucanizadas dos pampas.

O interesse dos diferentes governos pelos povos indígenas, nas primeiras décadas após a independência, dividiu-se em duas frentes. De um lado, procurava-se a inserção da mão de obra indígena/mestiça no mercado de trabalho em expansão e carente de braços – numa frente voltada aos Guarani. De outro lado, na frente voltada às demais etnias, que dominavam o Chaco e o Sul, a estratégia foi distinta, pois se encontravam, segundo o discurso oficial, em um estágio anterior rumo à civilização. Ou seja, deviam ainda ser pacificadas e desterritorializadas.

O governo enviou o Cel. Pedro Andrés García ao sul para uma missão de reconhecimento geográfico e populacional da zona que começava no rio Salado e ia até as Salinas Grandes. Diversos grupos de indígenas acompanharam a missão à distância, mas os Ranquel se adiantaram pretendendo impedi-la. Sem o apoio de outras etnias, recuaram. Ao regressar, García havia conhecido o território e levantado as duas fronteiras que considerava naturais e a serem atingidas: primeiro, o rio Colorado e, depois, os rios Negro e Neuquén.

Enquanto o objetivo a médio prazo era a fronteira natural do rio Negro, a curto prazo interessava a ocupação efetiva e imediata das serras Chica, Tandil e de la Ventana, tidas como o arco defensivo ao sul de Buenos Aires. Em 1822, García realizou uma segunda expedição, na qual se encontrou com os Tehuelche e Huilliche, que assinaram tratados de paz. Já os Ranquel, os mais desconfiados, não só evitaram o contato como provocaram a ira de García:

> [os Ranquel] mantiveram seus pontos de vista anteriores, mantidos desde o início do século passado; ou seja, sempre basearam sua conveniência,

---

42 BARSKY, O.; GELMAN, J. *Historia del Agro Argentino, op. cit.*, p. 95.

prosperidade e riqueza em princípios que certamente fariam nossa ruína e desgraça. Jamais se acomodaram a outros princípios que não fossem o roubo e a pilhagem, exercidos constantemente sobre nossas populações fronteiriças, e que lhes proporcionaram fortunas (...).

Bastam estas indicações para fazer conhecer quais são os objetivos e fins a que se propõem nossos rivais. Eles sabem bem que geograficamente, por sua situação, se encontram garantidos de todo o funesto ou desgraçado que pode ocorrer-lhes: eles não ignoram a incapacidade de nossos recursos para por em execução a empresa de buscá-los em seus esconderijos, e devolvê-los o muito que nos arrebataram, e resgatar os escravos que fizeram em nossa industriosa população. Eles sabem, não há dúvida, mas chegará o tempo em que nossos recursos irão prosperar: então sentirão o peso de nossa vingança, e começará uma época diferente daquela em que encontraram tanto prazer em nos assaltar impunemente. Chegará a época em que terão de mendigar seu sustento e acampar suas tristes choças aos pés dos Andes; chorando a sorte de suas mulheres e filhos, maldirão a conduta que por tanto tempo realizaram contra o país que lhes fez mais doce sua existência, e lhes proporcionou os meios mais preciosos para fazê-la mais suportável.[43]

O Cel. García condensa em suas palavras as ideias que marcaram a política portenha diante dos indígenas: exigência de submissão total ou a morte. O tratamento depreciativo e a superioridade com que se viam diante dos indígenas foram determinantes para os constantes rompimentos da paz entre portenhos e indígenas, assim como para a militarização e o aumento da tensão na zona fronteiriça. A manutenção dessa região passou a ser impossível, pois ela destinava as terras mais produtivas aos indígenas, considerados incapazes de utilizar produtivamente esses recursos.

---

43   Cel. Pedro Andrés García, abril de 1822, *apud* SARASOLA, C. M., *Nuestros paisanos*, p. 191-192.

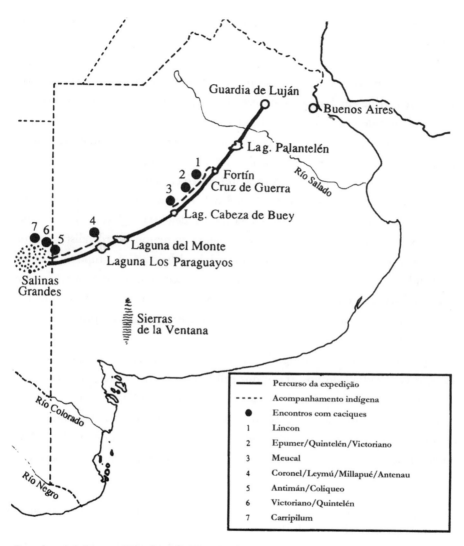

Rota da primeira expedição do Cel. Garcia, em 1810

Em 1823 foi criado o forte Independência, na serra de Tandil. O incremento das políticas exterminadoras, principalmente por parte dos portenhos, acentuou-se em 1826, com o governo nacional instituído e o surgimento das Províncias Unidas do Rio da Prata. Bernardino Rivadavia, no exercício do Executivo, proibiu o comércio com os indígenas e ordenou o povoamento da fronteira, mas nenhuma das duas ordens pôde ser colocada em prática.

Neste momento, aumentou a força de Juan Manuel de Rosas, então apenas um grande *estanciero* e promissor político e militar. Ao assinar um tratado de paz com os Tehuelche em Tandil, estabelecendo novos limites fronteiriços, ele trouxe uma esperança de paz à população fronteiriça. Com o apoio Tehuelche, fundou, em Junin, o forte Federación, um dos mais importantes fortes do sistema defensivo que perdurou por meio século e, em abril de 1827, mais um igualmente relevante, o Protector Argentino, em Bahía Blanca, um marco da ocupação da costa atlântica.

A década de 1820 foi marcada pela violência constante na fronteira sul e também pelas ferrenhas disputas entre Unitários e Federalistas.[44] José Maria Paz, um dos mais importantes generais unitários, quando enfrentou os federalistas Bustos e Quiroga, por exemplo, deparou-se com os Tehuelche e alguns grupos araucanos auxiliando-os. Durante este período, houve o começo de uma aproximação entre os Federalistas e os caciques — exceto os Pampa —, baseada na identificação de interesses e no receio indígena com relação à violência empregada pelos Unitários quando no poder.

Diferentes escolas historiográficas, tanto a tradicional — enfática na defesa da ação civilizadora do governo e dos militares — quanto a revisionista — defensora de uma visão crítica do expansionismo argentino, mas acrítica quanto à participação indígena nas lutas políticas — interpretaram a aproximação dos caciques com os Federalistas não como uma opção política dos primeiros. As possibilidades de aliança foram entendidas como manipulações dos políticos

---

[44] As primeiras décadas da Argentina foram marcadas pelas disputas políticas entre grupos que se denominavam Unitários e Federalistas. As disputas giravam em torno da organização do Estado entre uma opção centralizadora e outra que permitia maior autonomia às províncias. Outro fator de constante disputa era a renda proveniente da alfândega do porto de Buenos Aires. Políticos portenhos defendiam a manutenção dos recursos nas mãos da província, enquanto os demais propunham sua federalização. Grupos Unitários e Federalistas apareceram em todas as províncias e as lutas armadas pelo poder marcaram a política argentina até a década de 1850 quando, com a queda do federalista portenho, Juan Manuel de Rosas e os grupos Unitários assumiram o poder. Logo depois houve o surgimento dos autonomistas e dos nacionalistas, em uma perpetuação da disputa pela alfândega portuária e pela configuração do poder estatal entre uma opção centralizadora e outra pulverizada entre as províncias.

criollos, que saberiam como explorar a ingenuidade indígena, incapaz de iniciativa e discernimento político.

Carlos Martinez Sarasola afirma que "os indígenas participaram uma ou outra vez do processo de lutas internas, em geral usados por um dos lados – Unitários e Federalistas – que procuravam utilizá-los como mecanismos de pressão em conjunturas adversas através de alianças e acordos".[45] Para ele, houve uma decisiva manipulação *criolla* para a entrada dos indígenas nas guerras. Entretanto, apesar de indicar os pontos dos quais os caciques poderiam tirar proveito, não dá importância ao afastamento gradual entre as principais etnias e os Unitários.

Ao estudar a vinculação de grupos populares às propostas Federalistas, o historiador Ariel de La Fuente identificou uma série de

> motivações materiais imediatas, como recompensas monetárias ou o acesso a diferentes tipos de bens (…). Entretanto, as motivações imediatas ou o intercâmbio material que implicavam nas relações patrão-cliente não funcionavam em um vazio sócio-cultural e político-ideológico (…). No nível local e, especialmente entre as classes baixas, os inimigos dos federais eram chamados de 'selvagens' (Unitários)', ao invés de liberais (…). Esta linguagem [expressava] uma continuidade de décadas na natureza do conflito, refletindo também em outros aspectos do jargão político local (brancos contra negros, maçons contra cristãos), em símbolos partidários (o Unitarismo seguiu sendo identificado com a cor azul), e nas vítimas do Federalismo.[46]

Na minha perspectiva, a opção dos caciques de aliar-se aos Federalistas significava, naquele momento, lutar ao lado de políticos geralmente vinculados aos interesses da zona rural e dos *gauchos*. Estes, acostumados ao trato com o indígena,

---

45   SARASOLA, Carlos Martinez. *Nuestros paisanos, op. cit.*, p. 208.
46   DE LA FUENTE, Ariel. *Los hijos de Facundo: caudillos y montoneras en la Provincia de La Rioja durante el proceso de formación del Estado Nacional Argentino (1853-1870)*. Buenos Aires: Prometeo, 2007, p. 250-252.

propunham um maior respeito e uma integração econômica e social, não exigindo necessariamente o abandono das terras e da cultura indígena.

Muitos dos caciques estavam interessados no que se entendiam como os avanços da civilização, ou seja, técnicas de trabalho, melhorias nas condições de sobrevivência e vantagens materiais. Viram nos Federalistas uma chance de obtê-los, e apesar dos Unitários também oferecer-lhes o mesmo, seu custo territorial e moral teria sido muito maior.

A pressão demográfica vinda do Chile

No Chile, as lutas pela independência contaram com indígenas defendendo *criollos* e Realistas. Estes últimos declararam abertamente sua preferência por um regime político, entre os brancos, que finalmente havia reconhecido uma relativa autonomia indígena, ou seja, a monarquia espanhola. Eles sabiam que os *criollos*, uma vez no poder, não os reconheceriam politicamente e avançariam sobre suas terras.

Tão logo se tornaram independentes da Espanha, em 1818, os *criollos* chilenos iniciaram um avanço rápido e sistemático sobre os territórios indígenas até então intocados, associando os indígenas à resistência, ao atraso e à barbárie espanhola. A incorporação das zonas de Valdivia, Chiloé e Osorno marcou o começo deste movimento, que depois se dirigiu à Araucania.

A pressão militar era acompanhada de projetos de colônias, com a alocação de imigrantes europeus, principalmente alemães, e o deslocamento das populações nativas. A violência marcou este avanço e impulsionou crescentes levas migratórias indígenas a atravessar os Andes para ocupar a face leste da cordilheira e os pampas, até então com uma densidade demográfica baixa, apesar dos deslocamentos migratórios ocorridos desde o século anterior.

Para estes novos ocupantes da Argentina indígena, entretanto, a conjuntura não se apresentava mais tão favorável quanto o fora para as primeiras levas de migrantes araucanos. O gado *cimarrón* estava exterminado, e os animais que restavam eram marcados como propriedade particular. A sobrevivência passou a depender dos mercados ou dos tratados de paz. Aos migrantes araucanos restava o roubo de gado e posterior venda, ou a aceitação dos acordos propostos pelos governos, recebendo em troca da "paz e da civilização" e de seus territórios, bens que sustentavam materialmente o grupo, ou seja, gado e farinha.

As transformações sociais impulsionadas pela migração araucana e pelo esgotamento do gado *cimarrón* foram intensas e generalizadas por toda a sociedade indígena entre a fronteira sul e o rio Negro. Segundo Kristine L. Jones, esta

> se expandiu incrivelmente militarizada e hierarquizada ao ritmo em que cresciam as invasões e o comércio. Os *malones* permitiam grandes oportunidades para o aumento do status, força e poder dos homens. Neste sistema, o status masculino podia ser potencializado por demonstrações de coragem nas batalhas e as melhorias materiais aumentadas não apenas pelos espólios do roubo do gado, mas também pelo trabalho feminino e dos cativos.[47]

A chegada dos migrantes indígenas alterou a composição étnica dos pampas e dos Andes tal como fora delimitada desde o século anterior – quando havia ocorrido outra mudança significativa após as primeiras levas migratórias. O cacique Calfucurá, proveniente do Chile, assumiu o controle das minas de sal, e conquistou uma importante fonte para seus produtos salgados e charque. Nos Andes, próximos às passagens em torno do lago Nahuel Huapi, os Huiliche se mantiveram com uma cômoda neutralidade que lhes permitiu ocupar o posto de intermediários nas trocas de gado equino e bovino levados dos pampas. Os Ranquel se especializaram nas trocas com os Pehuenche e os *conchavadores* chilenos em um ciclo de invasões às *estancias* e lucrativo comércio.

A historiadora norte-americana Kristine Jones observa os interesses econômicos que levaram indígenas e *criollos* a guerrearem pelas terras ao sul do atual território da Argentina.

> O gado *cimarrón* havia desaparecido e a maioria das manadas restantes fora marcada e declarada propriedade particular. Os caçadores *gauchos* e indígenas se transformaram em comerciantes de gado equino e bovino. Foi impossível, aos indígenas, escapar da

---

47   JONES, Kristine L. "Warfare, reorganization and readaptation", *op. cit.*, p. 173.

dependência dos mercados *criollos* (...). Se os espólios dos *malones* no final do século XVIII eram destinados ao consumo interno na Araucania, em meados do século XIX, a demanda por gado era claramente dirigida ao mercado.[48]

A análise econômica de Jones desconsidera os interesses políticos dos caciques e dos *criollos*, mas fornece importantes dados para a compreensão do movimento que culminou no genocídio comandado pelo Gal. Julio Argentino Roca na década de 1870. O cercamento de campos, a marcação do gado e a virtual extinção do gado *cimarrón* colaboraram para o fortalecimento do sistema capitalista na região e alteraram a organização social das etnias do sul da Argentina.[49]

A crescente dependência indígena do saque do gado das *estancias* para a obtenção de alimento e recursos para a compra de outros produtos e para seu sustento econômico levou a uma adaptação dos *malones*. Pelo comércio ou pela diplomacia, com guerra ou paz, os indígenas penetraram, começando pelos caciques, no sistema capitalista, alterando lentamente suas sociedades, instigando disputas interétnicas e, também, posicionando-os como adversários comerciais de grupos *criollos*.

A base social indígena nos pampas e nos Andes passou a ser centrada na figura do cacique principal de grandes agrupamentos étnicos. O fortalecimento deste sistema político-social, já introduzido nas primeiras levas migratórias araucanas, não foi, porém, instantâneo. A valentia e a oratória, fundamentais para os caciques dos grupos menores, de base familiar, foram gradativamente acrescidas de outro fator cada vez mais importante: a hereditariedade direta masculina patrilinear.

As sociedades indígenas que se constituíram nos pampas, resultantes das miscigenações entre Tehuelche, Pampa e Mapuche, também foram marcadas pela cultura hispânica assimilada após séculos de convivência. A introdução da hereditariedade

---

48 *Idem*, p. 172 e 175.

49 Alguns autores estudaram a área platina a partir da História Econômica, tendo contribuído para a compreensão da formação do sistema capitalista na região. Podemos citar: GELMAN, Jorge. *Campesinos y estancieros: una región del Rio de la Plata a fines de la epoca colonial*. Buenos Aires: Editorial los libros del Riel, 1998; MAYO, Carlos A. *Estancia y sociedad en la pampa, 1740-1820*. Buenos Aires: Biblos, 1995; *Contribuição para o estudo da formação social capitalista na América Latina: o caso da Campanha de Buenos Aires 1830-1840*. Tese (doutorado em História Social). FFLCH, USP, São Paulo, 1989.

masculina no sistema sucessório indígena e a hierarquização social e militar são importantes marcos das transformações e adaptações aos modelos europeus com os quais aqueles indígenas conviveram. Estes modelos foram introduzidos por clérigos, militares e burocratas, adaptados e transformados pelos nativos, e colaboraram para o fortalecimento político dos caciques, em um movimento interessante tanto para os *criollos* quanto para os novos detentores do poder indígena.

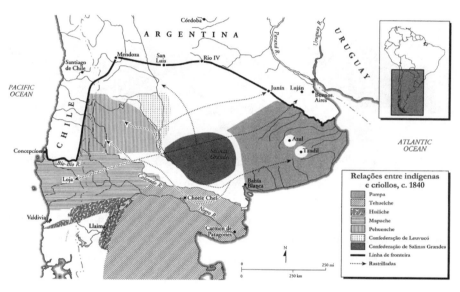

Regiões indígenas e *malones* nas fronteiras sul da Argentina e do Chile em meados do século XIX.

A partir de meados do século XIX, a hereditariedade direta masculina patrilinear se tornou o principal fator para a surgimento de um cacicado relacionado às grandes linhagens estabelecidas, que se tornaram marco para a política indígena – os Curá, de Calfucurá; os Guor, entre os Ranquel; e os Catriel, entre os Pampa-Tehueche. Os caciques dos núcleos menores reconheceram e aceitaram a liderança das grandes linhagens por consenso ou à força. Os chefes menores mantiveram um nível determinado de independência e eram constantemente ouvidos para a tomada de decisões que afetavam a todos. A sedimentação deste sistema ocorreu gradativamente, com a inclusão de uma hierarquia político-militar entre eles. As grandes confederações indígenas, construídas nos governos de Juan Manuel de Rosas e fortalecidas após sua queda, passaram a contar com um cacique principal, acrescido de alguns caciques-segundos, chefes de *capitanejos* (líderes dos *caciquillos*, comandantes dos *indios de lanza*). Todos, apesar da hierarquia, mantinham o controle sobre seu pequeno grupo originário, possuindo, também seus *lanzas* e sua *chusma*[50] próprios.

Ao centro, cacique com uniforme militar. Ao seu lado, *capitanejos*. Ao fundo, à esquerda, os *indios de lanza*.

As inovações não se restringiram apenas à política. A crescente presença de brancas cativas[51] introduziu costumes e culinária hispânicos, e os homens exilados ensinaram, além de táticas de guerra, o uso do arado e técnicas alternativas de metalurgia:

> este artesanato possuíam origens as mais diversas. Em alguns casos, constituíam desenvolvimentos locais ajustados às necessidades da vida e aos materiais disponíveis, principalmente couro e madeira. Em outros, como os têxteis e a metalurgia, as técnicas utilizadas eram provenientes do Chile e sua difusão pelos pampas esteve vinculada à expansão araucana. Não faltava também a imitação de objetos europeus.[52]

---

50 *Chusma* era a denominação empregada à população indígena não-guerreira, ou seja, mulheres, crianças, idosos e cativos.

51 Cf. OPERÉ, Fernando. *Historias de la frontera: el cautiverio en la América Hispánica*. Buenos Aires: Fondo de Cultura Económica, 2001.

52 MANDRINI, Raúl; ORTELLI, Sara. *Volver al país de los araucanos, op. cit.*, p. 87.

A guerra tornou-se um dos elementos-chave desta nova cultura, hierarquizada, masculina e em diversos aspectos, hispanizada.

Os grandes caciques criaram, a partir das primeiras décadas do século XIX, um sistema político que os legitimava, reunindo-se constantemente nas *tolderias* e participando do *Tantum*, o parlamento consultivo que auxiliava o cacique principal e seus assistentes nos assuntos referentes à diplomacia, guerra e paz. Para a sustentação deste aparato – incluindo tradutores, porta-vozes, escrivães e até selos oficiais e missões diplomáticas – o cacique principal concentrava em suas mãos, e de maneira particular, uma grande quantidade de cativas e de gado.

Juan Manuel de Rosas: o *estanciero* governador de Buenos Aires

Juan Manuel de Rosas, figura emblemática e controversa da história argentina, teve papel destacado na atuação como governante e *estanciero* com os indígenas. Suas ações dirigiram-se para a pacificação da fronteira utilizando-se ora de tratados ora de guerras de extermínio.

O ano de 1829 marcou o início de sua atuação mais incisiva na fronteira. Tornou-se o intermediador nos tratados de paz entre diferentes caciques, obtendo considerável respeito de diversas etnias, que somente foi abalado após suas ações, no ano de 1833, nas chamadas *Campanhas do Deserto*.

A nomenclatura dada às *Campanhas* explicita os interesses e interpretações dos políticos e militares portenhos frente ao que entendiam como o *problema indígena*. Para solucioná-lo, executaram campanhas militares, e não tratados pacíficos. Tais ações ficaram conhecidas por seu caráter sanguinário, mas também por uma denominação inconsistente com seu resultado. Chamar as campanhas de "do deserto" trazia embutido o entendimento de que as terras nas quais ocorreram as ações militares eram desocupadas. O fator "deserto" aplicado à nomenclatura de tais campanhas deveu-se a dois fatores: um político e outro geográfico. O primeiro relaciona-se a um "deserto de civilização", como era visto pelos militares; e o segundo, ao clima seco e inóspito de partes daquela região – como o Mamuel Mapu, dos Ranquel –, exatamente as que menos interessavam aos políticos, militares e pecuaristas.

As campanhas devem ser entendidas no contexto da pressão política pela legitimação dos territórios enquanto formalmente controlados pelos governos, e da pressão por mais terras para a expansão agropecuária *criolla*. No sul da Argentina, duas forças crescentes disputavam o mesmo espaço: os migrantes provenientes da Araucania e os pecuaristas.

As tropas das *Campanhas* partiram simultaneamente, em março de 1833, de Mendoza, Córdoba e Buenos Aires, obtendo sucessos diversos. Rosas foi o comandante da divisão portenha, contando com um grande diferencial: o auxílio obtido entre alguns grupos de Pampa-Tehuelche e Voroga – como aqueles em torno dos caciques Catriel, Cachul, Cañuquir, Rondeau, Mellin e Cayupán. O objetivo era atacar os araucanos recém-chegados e os Ranquel – o que interessava a Rosas e aos caciques – e alcançar a estratégica ilha Choele Choel,[53] no rio Negro. Suas operações foram concluídas no aniversário de vinte e quatro anos do início do Governo Provisório, em 25 de maio de 1834, com o saldo de 3.200 indígenas mortos, 1.200 presos e 1.000 cativos resgatados.

A expedição de Rosas foi um marco transformador no equilíbrio de forças nos pampas. Diversos caciques foram assassinados, muitos foram presos ou fugiram, levando grandes contingentes populacionais a assinar tratados, principalmente entre os Tehuelche e os Voroga. Retiradas as tropas, os indígenas começaram a voltar aos seus antigos locais, mas perderam um de seus maiores trunfos, com o mapeamento das áreas pelos *criollos*.

Pouco tempo depois da partida de Rosas e com os grupos ainda transtornados pela ação sanguinária do exército, chegou novo grupo araucano à região de Salinas Grandes, comandado por Calfucurá, que em pouco tempo se transformaria no mais importante e lembrado cacique dos pampas.

Quando Rosas assumiu de novo o governo portenho, em 1835, foi de grande valia o apoio conquistado do novo controlador das Salinas, que proporcionava uma força política e econômica sem igual para os demais indígenas. Para Rosas e Calfucurá, ambos recém-chegados a seus domínios, interessava a paz recíproca para o fortalecimento de seus regimes e o crescimento do comércio de gado e de sal.

---

53 A ilha Choele Choel, no rio Negro, era um ponto central para o comércio e para a defesa indígenas. Suas pastagens ofereciam uma parada segura para o gado enviado desde Buenos Aires até o Chile, e sua posição estratégica permitia o controle do transporte fluvial naquele que é o mais importante rio da região.

Neste contexto, os Ranquel voltaram a ser os principais inimigos. Sempre deveria haver um adversário para encarnar os ódios e sentimentos de vingança, legitimar o discurso de que a barbárie se opunha à civilização e os interesses e projetos pessoais de políticos e militares. Era fundamental para a defesa de gastos vultosos com os militares a existência de um inimigo interno, cuja índole fosse bárbara, interesses escusos e ataques surpreendentes e sanguinários. Desde o *gaucho* e o criminoso preso e enviado como soldado de fronteira ao grande comerciante e à burguesia de Buenos Aires, todos passaram a apoiar os projetos mirabolantes dos militares e pecuaristas portenhos em nome da segurança.

Yanquetruz e Painé, os principais caciques Ranquel, tornaram-se os alvos para as expedições militares que varriam os pampas. Desta maneira, Buenos Aires se firmou como um centro dissociador, opondo caciques e aproveitando a pressão demográfica e as rivalidades interétnicas para criar um cinturão indígena que a protegesse dos *maloneros*.

Apesar dos tratados, a guerra contra os indígenas, levada a cabo a partir de Buenos Aires, desde a década de 1820, fez a província conquistar áreas de extrema importância à sua pecuária. De acordo com Barsky e Gelman, houve

> uma expansão sem precedentes do território: a campanha militar de Martín Rodríguez contra os índios no começo dos anos 20, seguida no início dos 30, pela dirigida por Juan Manuel de Rosas, multiplicam em várias vezes o território à disposição de Buenos Aires a oeste e ao sul, até chegar a um total de quase 180.000 quilômetros quadrados. Em Entre Rios, ocorre um processo similar nos anos 30 e 40, com uma expansão da fronteira ao norte e noroeste, convertendo toda a margem do rio Uruguai em uma das mais ricas regiões agrárias do território.[54]

A nova conjuntura social e econômica argentina levou a uma tensão na fronteira sul que foi sendo contida por Rosas na medida do possível. O crescimento vertiginoso da produção em Buenos Aires e Entre Rios enriqueceu suas elites que passaram a reivindicar maior acesso à política.

---

54 BARSKY, O.; GELMAN, J. *Historia del Agro Argentino, op. cit.*, p. 104.

A Argentina, no começo da década de 1850, passava por um momento de expansão da pecuária e transformação nos grupos governantes. Tanto a pressão econômica sobre os pastos dos pampas quanto a demográfica proveniente das províncias empobrecidas, os projetos modernizadores e civilizadores, a dura repressão aos opositores do regime e a instável e mutável aliança com os caciques do sul colocaram o país em um estado de tensão. A queda de Rosas, em 1852, com o auxílio de tropas brasileiras, revirou e transfigurou o frágil sistema que vinha sendo mantido pelo governo. Os novos governantes defrontaram-se com a expansão militar e econômica não apenas de Buenos Aires e Entre Rios, ou com o ressurgimento das forças político-econômicas de Córdoba e Mendoza, mas principalmente com a potência militar, comercial e política vinda do sul: Calfucurá e seus araucanos.

Capítulo 2

Caciques e *criollos*: lutas políticas, disputas de interesses e guerras entre 1852 e 1861

"La vuelta del malón", óleo s/ tela de Angel Della Valle.

Este capítulo procura acompanhar as relações políticas entre os principais caciques do sul da Argentina e os grupos em disputa pelo Estado entre 1852 e 1861. Evidenciam-se interesses, projetos e dilemas de indígenas e *criollos*. Neste período, as oposições político-militares colocaram os indígenas no centro da luta política, possibilitando o escancaramento da oposição entre distintos projetos de ocupação territorial, integração e destinação dos povos autóctones.

As articulações político-militares para a derrubada do governo de Juan Manuel de Rosas provinham de políticos e intelectuais exilados no Uruguai e no Chile – a chamada "Geração de 37" – e de sublevados políticos do Interior, onde as elites tradicionais reivindicavam a destinação igualitária das rendas da alfândega do porto de Buenos Aires, exigindo que fossem retiradas do controle portenho. Novos políticos e intelectuais, a partir das premissas do liberalismo econômico, sediados em Buenos Aires e com ramificações nas principais províncias do Interior, também se opunham ao sistema federalista, mas ultrapassavam os interesses interioranos, propondo a centralização da justiça e das forças armadas.

O grupo unitário conquistou o poder de Estado com a queda de Rosas, em 1852, mas logo se dividiu quanto ao futuro do Estado Argentino em suas mãos. A divisão levou à separação da província de Buenos Aires, comandada por Bartolomé

Mitre,[1] que se opunha à força política vinda do Interior – os chamados caudilhos, capitaneados por Justo José de Urquiza[2] – da província de Entre Rios.

Os caciques do sul da Argentina logo perceberam a importância do cisma político unitário e as várias diferenças entre as propostas de Urquiza, na Confederação Argentina, e as de Mitre e Sarmiento,[3] na Província de Buenos Aires. Procuraram escolher a qual grupo se aliar para obter mais vantagens. A poderosa Confederação de Salinas Grandes, comandada pelo cacique Juan Calfucurá, controlava o comércio de sal com Buenos Aires e as grandes rotas comerciais com o Chile. Os Ranquel, por sua vez, localizados ao sul de Córdoba e San Luis, procuraram criar sua própria confederação indígena, a de Leuvucó, capitaneada pelos caciques Calbán e Pichun, pretendendo manter seus interesses territoriais e comerciais. Na zona mais próxima a Buenos Aires, caciques que controlavam menores contingentes populacionais e com menos força político-militar, como Juan Catriel e Justo José Coliqueo, estavam vinculados, historicamente, aos militares portenhos. Os interesses e projetos políticos dos caciques, evidentes durante o período de Juan Manuel de Rosas, acabaram estimulados e exacerbados pela disputa *criolla* pelo Estado Argentino. A documentação do período apresenta a força político-militar conquistada pelos caciques, as diferentes formas de inserção, participação, oposição e interação com os grupos em luta pelo poder estatal.

---

[1] Bartolomé Mitre foi um dos principais políticos portenhos do século XIX, vinculado aos grupos políticos da cidade de Buenos Aires. Ocupou todos os mais importantes cargos nos governos daquela província e no nacional – inclusive o de presidente. Figura emblemática no período, apresentava um discurso de oposição a alianças com os indígenas.

[2] Justo José de Urquiza foi o comandante das forças que derrotaram Juan Manuel de Rosas em 1852. Na sequência, instituiu governo provisório e enfrentou a oposição dos políticos portenhos. Estes se rebelaram em setembro daquele ano, dando início a um período que finalizaria apenas sete anos depois, quando a Confederação Argentina, presidida por Urquiza, venceu as tropas dos portenhos.

[3] Domingo Faustino Sarmiento (1811-1888), foi Presidente da Argentina entre 1868 e 1874. Ferrenho opositor da ditadura de Juan Manuel de Rosas, publicou vários livros, entre eles *Facundo ou civilização e barbárie* (1845) e o polêmico *Conflictos y armonía de las razas en América* (1883).

Indígenas e *criollos* 83

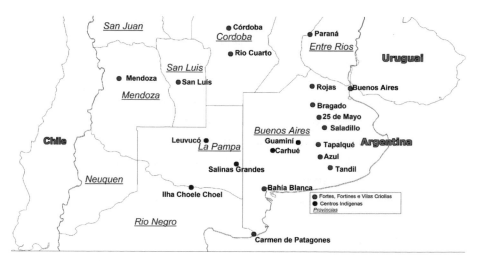

Principais pontos citados neste capítulo

Os estudos historiográficos desconhecem uma faceta importante das relações entre *criollos* e indígenas durante este período, pois estão, ora focados no crescimento dos *malones*, ora na denúncia da dizimação indígena. A comparação entre o material produzido pelos militares de Buenos Aires e aquele originário da Confederação permite a abertura de outras possíveis interpretações. Destacam-se as lutas políticas, disputas de interesses e guerras a partir das aproximações e dos distanciamentos entre caciques e *criollos* durante o período entre 1852 e 1861, momento em que as lideranças indígenas alcançaram seu apogeu político após analisarem e participarem de projetos políticos bem definidos.

Confederação ou Buenos Aires: reconhecimento e soberania ou submissão e civilização

A queda do governo de Juan Manuel de Rosas, na batalha de Montes Caseros, em 3 de fevereiro de 1852, abalou a instável tranquilidade fronteiriça. Os caciques consideraram os antigos tratados de paz nulos e iniciaram uma leva de *malones*.

Ao final de março, comunicações entre Hilario Lagos, Comandante-em-Chefe da Defesa Sul (CCDS) e Manuel Escalada, então Ministro de Guerra y Marina

(MGyM) comentaram o início das invasões,[4] recaindo a suspeita sobre *índios amigos*.[5] O ministério mostrou-se reticente diante de tal afirmação, duvidando que tais indígenas pudessem ter efetivado as invasões porque os caciques estavam pacíficos[6] e "partiram contentes e cheios de respeito".[7]

Naquele momento de instabilidade político-militar, a solicitação de tropas feita pelo comandante era inviável, pois todas as forças encontravam-se de prontidão nas proximidades dos principais centros urbanos, principalmente Buenos Aires. A estratégia adotada diante dos indígenas foi a de aproximação com os caciques, computando as invasões como perdas de guerra para evitar a abertura de novas frentes de luta.

Os indígenas sabiam da queda do governo de Rosas e temiam o emprego da mesma força contra eles. Procuraram, então, firmar posições diante do novo governo e aproveitaram a instabilidade para efetuar grandes saques, demonstrarem poder bélico e, posteriormente, procuraram o governo em busca de tratados mais vantajosos.

Apesar das disputas interétnicas, este movimento parece ter sido semelhante a todos os caciques. Em abril de 1852, o *índio amigo* Ancalao se rebelou, aliou-se a outras etnias e invadiu Bahía Blanca.[8] Naquele momento, a insegurança atingia grande parte da fronteira sul e o MGyM mantinha-se arredio ao envio de tropas.

---

4   Archivo General de la Nación (AGN), Sala X, Legajos 18-4-7, 25/03/1852.

5   Segundo Martha Bechis, os políticos e militares do período dividiam os indígenas em *índios amigos* e *índios aliados*, sendo que o primeiro grupo consistia de etnias que viviam em *reduções*, civilizando-se, e o segundo era composto de aliados temporários que viviam ainda na *barbárie*. BECHIS, Martha. "Fuerzas indígenas en la política criolla del siglo XIX". In: GOLDMAN, Noemí; SALVATORE, Ricardo (comp). *Caudillismos rioplatenses: nuevas miradas a un viejo problema*. Buenos Aires: Eudeba, 2005, 2ª ed., p. 294.

6   Graciana Pérez Zavala estuda a importância dos tratados de paz na transformação das relações entre *criollos* e indígenas na segunda metade do século XIX. Para ela, a partir da formalização das alianças, os grupos em luta pelo Estado inseriram termos cuja conotação política e jurídica legitimava a posterior ocupação das terras pelas *Campanhas do Deserto*. Estas discussões podem ser encontradas em ZAVALA, Graciana Pérez; TAMAGNINI, Marcela. "Incidencia de los tratados de paz en el desarrollo de las relaciones interétnicas en la frontera sur (Pcia. de Córdoba) en el período 1850-1880". In: BATTCOCK, C.; DAVILO, B.; GERMAIN, M.; GOTTA, C.; MANAVELLA, A. & MUGICA, M. L. (coords.). *Espacio, memória e identidad*. Rosário: UNR, s/ data.

7   AGN, Sala X, Legajos 18-4-7, 31/03/1852.

8   AGN, Sala X, Legajos 18-4-7, 07/04/1852.

Três dias após receber alerta de invasão, ordenou a repressão pela milícia, formada por habitantes da própria localidade, e não pelas tropas regulares.[9]

Neste primeiro momento, que sucedeu à queda de Rosas e à instabilidade político-militar decorrente das disputas internas ao grupo vencedor, o MGyM mostrou-se desinteressado em reprimir as invasões indígenas. Enquanto o grupo dirigente lutava para se manter no poder, não era interessante, nem prudente, deslocar tropas para zonas distantes do centro da disputa, ou seja, Buenos Aires. Naquele momento, era mais vantajoso sacrificar a produção fronteiriça do que desguarnecer os quartéis centrais de tropas, armamentos e animais.

A política do governo provisório de Urquiza relativa aos indígenas foi a de evitar o embate, fato notado pelos caciques. Estes aumentaram a pressão por tratados vantajosos ao gerar situação caótica com inúmeros ataques às zonas produtoras. Acostumados à convivência relativamente pacífica com Rosas – após as *campanhas de 1833* –, os líderes indígenas buscaram conquistar força militar para demonstrar força e reivindicar vantagens políticas e econômicas.

Em agosto, o quadro de instabilidade e de revoltas foi ampliado e o governo alterou sua perspectiva, passando a buscar o apoio dos caciques. Se a estratégia anterior era definida pela incapacidade de negociação com os líderes indígenas, o acirramento das disputas político-militares entre os *criollos* estimulou os grupos políticos a solicitar seus auxílios. Assim, "Urquiza buscou a colaboração de Manuel Baigorria, o oficial do exército de José María Paz que, após a derrota do partido unitário, havia se refugiado e conseguido influência entre os Ranquel".[10] Baigorria[11] viveu décadas nas *tolderias* e se tornou figura influente perante os principais líderes, tendo montado seu próprio grupo. Era um *cacique branco* e foi um marco na crescente miscigenação característica das zonas de contato.

A queda de Rosas ofereceu-lhe oportunidade de aliar sua influência junto aos indígenas com um novo posto no exército. Concretizou suas ambições ao receber o

---

9   AGN, Sala X, Legajos 18-4-7, 10/04/1852.
10 LEVAGGI, Abelardo. *Paz en la frontera – Historia de las relaciones diplomáticas con las comunidades indígenas en la Argentina (Siglos XVI-XIX)*. Buenos Aires: Universidad del Museo Social Argentino, 2001, p. 271.
11 Sua autobiografia, editada originalmente em 1938, foi publicada novamente em 1975: BAIGORRIA, Manuel. *Memórias*. Buenos Aires: Solar/Hachette, 1975.

contato de Urquiza, que o convocou a uma reunião em Buenos Aires. Ao final de agosto reuniu-se com o presidente e foi reincorporado ao exército.

Após a rebelião separatista portenha de 11 de setembro, os principais caciques procuraram o governo autônomo de Buenos Aires e o da Confederação, sediada na cidade de Paraná, para oferecerem apoio. A única exceção com poder e recursos para aguardar uma definição de com quem se aliar foi Calfucurá. Acostumados desde as guerras de independência às lutas político-militares dos *criollos*, os caciques se ofereceram como aliados na luta que perceberam se delinear. A guerra civil apresentou-se como oportunidade interessante para a conquista de reconhecimento político e territorial e obter vantagens materiais e comerciais.

O governo portenho procurou Baigorria para negociar com os caciques. No final de setembro, o Comandante General da Defesa Norte (CGDN), instituiu o coronel Cruz Gorordo como representante portenho nas negociações de paz junto a ele e os principais caciques.

Segundo a historiografia, tais conversações não evoluíram em virtude de acordos prévios entre as etnias alinhadas a Baigorria e o governo de Urquiza.[12] A documentação referente ao ano de 1852, entretanto, é insuficiente para a confirmação de tal hipótese. Se os negociadores portenhos apresentaram, ainda nesse ano, os mesmos termos propostos nos anos seguintes, os caciques consideraram a proposta aquém do desejado por desqualificá-los como interlocutores e oferecer-lhes quantidades reduzidas de bens materiais. A reação negativa de Baigorria é um indicativo de que a estratégia adotada pelos portenhos e explicitada na documentação dos anos seguintes pode ter sido aplicada desde o cisma entre a Província de Buenos Aires e a Confederação Argentina.

Calfucurá possuía grande força política e procurou manter relações amistosas, mas não comprometidas, com ambos os governos, aguardando uma definição do quadro político. Ele respondeu às aproximações portenhas e abriu conversações. Embora sem formalizar um tratado, o governo portenho procurou estancar parte das possíveis invasões em um momento em que ainda havia instabilidade decorrente das lutas com a Confederação Argentina. Ao frear as invasões do principal cacique, a estratégia visava otimizar os parcos recursos militares disponíveis enquanto aguardava a definição política sobre a fronteira indígena.

---

12   AGN, Sala X, Legajos 18-4-7, 25/09/1852.

Calfucurá, sabendo que era visto por parte dos políticos e dos militares como um violento aliado de Rosas, procurou mostrar intenções pacíficas sem, no entanto, demonstrar sinais de fraqueza. Contatou os governos, mas exigiu diversos produtos em troca da paz. Ao enviar a mesma proposta a ambos, procurou comparar as respostas para poder escolher a mais vantajosa. Naquele momento, sem haver uma definição de qual seria o grupo vencedor na disputa pelo Estado Argentino e sem receber propostas discrepantes de ambos os grupos, o cacique optou por uma estratégia pela qual mantinha relativa paz com os dois governos sem, no entanto, se comprometer com nenhum.

Controlado Calfucurá e perdido o apoio de Baigorria e dos Ranquel, ligados a Urquiza, o próximo a ser procurado pelo governo de Buenos Aires foi Catriel, o cacique estabelecido mais próximo das propriedades portenhas e historicamente pacífico, que passou a interessar aos negociadores como uma primeira barreira aos *malones*.

Em 1º de setembro de 1853, o comandante do forte Azul enviou mensagem ao MGyM transmitindo comunicado de Catriel. De acordo com a correspondência, o cacique atrelou seu alinhamento com os portenhos à divulgação de informações importantes sobre seus adversários ou inimigos. Ao explicitar os contatos entre Urquiza, Calfucurá e Cachul, obteve a confiança do governo de Buenos Aires[13] e potencializou sua força, citando os mais importantes caciques do sul argentino como alinhados ao inimigo de seu aliado. Com esta forma de denúncia, procurou criar uma auto-representação política que se contrapunha à daqueles caciques alinhados com a política da Confederação Argentina, apresentando-se como contraponto a uma situação que se delineava desconfortável aos portenhos.

A correspondência, por sua vez, também explicita o conhecimento que cada cacique tinha das alianças de seus concorrentes. Se a informação citada atravessou a sequência Urquiza/Calfucurá/Cachul/Catriel, não se sabe, mas o cacique mostrou conhecer as figuras mais marcantes a serem citadas aos portenhos. Apesar de desconhecermos se tal aliança se efetivou já em agosto de 1853, certamente a correspondência apresenta o início do diálogo entre as partes, pois Catriel não se arriscou com uma informação totalmente falsa.

Ao enfatizar esta aliança, Catriel também potencializou seu conhecimento sobre a situação política argentina no período. Citar nominalmente o Presidente da

---

13   AGN, Sala X, Legajos 18-7-6, 01/09/1853.

Confederação Argentina e associar sua imagem à das etnias mais importantes e temidas dos pampas evidenciou o entendimento que tinha da oposição entre os grupos *criollos* e a visão que estes tinham de determinadas etnias do sul argentino.

A repercussão de suas acusações foi praticamente imediata. Logo após sua denúncia, o MGyM informou que verificaria a suposta ligação entre Calfucurá e Urquiza[14] e surgiram avisos infundados sobre invasões.[15]

No final do ano de 1853, o governo portenho desistiu de negociar a paz com parte dos caciques. Em correspondência de 2 de novembro, o MGyM solicitou a convocação dos caciques Calbán e Nagüelchen pelo coronel Cruz Garrido, "expressando-lhes que de modo algum serão entregues a eles aqueles donativos que, para lançá-los à guerra e fazê-los matar, lhes dispensavam Rosas e Urquiza, que Buenos Aires não precisa deles, nem como soldados, nem como aliados, posto que se por desgraça tivesse que recorrer ao triste meio da guerra, contaria com suficientes lanças e canhões".[16]

Esta radical mudança de postura veio acompanhada de atitude descuidada com os representantes de Calfucurá. Ao trocar a antiga política de "paz por presentes" por outra menos maleável, o governo portenho abandonou a negociação com os caciques e, em lugar de reconhecimento político e bens materiais, ofereceu, apenas, a civilização.

Com a evidente perda do apoio indígena, os políticos portenhos encontraram sua estratégia diante dos caciques para os anos subsequentes: não os reconheciam como políticos iguais aos *criollos* e afirmavam que não continuariam com uma política paternalista; o contato entre eles deveria se dar de forma desequilibrada, necessariamente com a adoção de costumes civilizados pelos indígenas.

As relações entre portenhos e caciques foram praticamente rompidas após a divulgação da nova doutrina. Logo depois, os comandantes de Mulitas e San Nicolás escreveram ao MGyM apoiando as novas diretrizes com ironia e satisfação:

> (...) ordenei que, com trinta homens, se posicione como que a nove léguas para além de Mulitas, em direção ao sul, tendo por objetivo

---

14   AGN, Sala x, Legajos 18-7-6, 08/09/1853.

15   AGN, Sala x, Legajos 18-7-6, 13/09/1853.

16   AGN, Sala x, Legajos 18-7-6, 02/11/1853.

vigiar o campo e evitar a repetição destas depredações tão contínuas de nossos amigos do deserto que tanto custam ao Estado.[17]

(...) por humanidade, e desejando o Governo cultivar com eles relações de comunicação amistosa, estimulando-os a abandonar esta vida errante e ociosa que tanto os envilece, e se dediquem ao trabalho como homens honrados e pacíficos, comerciando com os habitantes de nossos interiores, (...) aquelas concessões que espontaneamente considerem que lhes sejam de absoluta necessidade para viver.[18]

A declaração velada de guerra aos caciques, lançada pelo MGyM e repetida pelos comandantes militares, rapidamente encontrou eco entre os produtores da fronteira. O discurso sobre a segurança surgiu em abaixo-assinado enviado pelos *vecinos* do Saladillo e de Flores, no qual solicitavam força militar permanente e questionavam a amizade dos indígenas. Utilizando-se de termos fortes e de linguagem enfática, característicos dos abaixo-assinados, o texto explicitava a concordância dos colonos com a nova política militar:

Nós, vecinos de Saladillo e Las Flores que assinamos, (...) nos apresentamos e dizemos que há muitos anos sofremos e lamentamos as contínuas depredações e roubos de todo gênero que fazem contra nós os Índios Selvagens, umas vezes os que se intitulam amigos e outras pelos que não o são, pois que todos eles nos saquearam as casas, roubaram as fazendas, degolaram os homens em todas as épocas, e mais especificamente no último período, o da horrorosa tirania de Rosas.[19]

Segundo o comandante portenho de Azul, simultaneamente ao distanciamento entre Buenos Aires e os caciques, estava ocorrendo uma aproximação entre estes e o governo de Urquiza. Oferecendo melhores condições materiais e considerando os

---

17   AGN, Sala X, Legajos 18-7-6, 12/11/1853.
18   AGN, Sala X, Legajos 18-7-6, 15/11/1853.
19   AGN, Sala X, Legajos 18-7-6, 10/12/1853.

caciques como parceiros políticos, o governo confederado conquistou a confiança e a aliança das principais etnias do sul argentino. Os portenhos estavam cientes e imaginavam poder conter tal "infame aliança":

> (...) ouviu dizer por índios que Calfucurá despachou um emissário ou comissionado para tomar notícias e averiguar o estado dos negócios de Santa Fé e do Gal. Urquiza e que este lhe mandou dizer que reunisse a indiarada, mantendo-a pronta para, ao primeiro aviso, atuar sobre esta Província.[20]

Os cativos fugitivos eram importantes fontes de informação para os comandantes militares da fronteira. Ao chegarem das *tolderias*, eram interrogados pelas autoridades e forneciam dados importantes sobre o grupo com o qual haviam convivido, como quantidade populacional e de animais, localização geográfica e, principalmente, as alianças e invasões planejadas. A notícia passada por um fugitivo de Calfucurá parece ser verídica quando comparada com correspondência do Governador de Córdoba ao cacique Pichun, em março de 1853:

> Sr. General Pichun
> Irmão e apreciado amigo.
> Estou muito contente convosco por teres se mostrado fiel à nossa amizade e também às pazes que fizemos. Assim como vós fostes constante amigo meu, e também tua gente, assim eu também o fui e por isso presenteei a teus índios quando vieram aqui ao Rio IV, e do mesmo modo seguirei presenteando-os sempre que venham, mas não poderei fazer o mesmo com Calvan nem com seus índios porque tem se mostrado mal amigo, faltando às pazes que tínhamos feito, tendo muitos de seus índios invadido a região do forte de Achiras, roubando cavalos aos Cristãos que estavam ali de paz, confiados na amizade que com ele tínhamos, e para cortar estes males te faço saber, como irmão e amigo, a traição de Calvan para que impeças o quanto possas estas invasões e te empenhes, como amigo de Calvan,

---

20 AGN, Sala X, Legajos 18-7-6, 15/12/1853.

em que este se mantenha em paz com os cristãos. Vós sois amigo do General Urquiza e como tal não deves permitir a Calvan que faça a guerra a esta província amiga do Gal. Urquiza.[21]

Se, em março, o governo cordobês estava insatisfeito com Calbán (Calvan), isto se modificou no decorrer do mesmo ano. Em carta sem data, o cacique escreveu para retomar as negociações de paz.

> Viva a Confederação!
> Amigo, há dois anos nos afastamos das palavras de pazes em que estávamos, mas agora me recordo das palavras últimas que me mandou com meu tio Cuvian, em que me dizia que viesse com todos meus capitães, eu vim com meus Capitães (…) agora meus capitães viram seu desengano de que na guerra não há bom fim (…). Mas agora Deus me deu saúde, estou vivo e (…) a boa fé de meu coração por isso me dirijo outra vez a ti: amigo meus capitães pelejaram por todas partes de uma ponta e outra morreram: mas agora reuni todos meus caciques para perguntar-lhes se seria correto mandar minha palavra a ti, e me perguntam Pichún e o Cacique Calfucurá por que perdi a paz com o Governo de Córdoba: amigo se Vossa Excelência me dá a paz, nossa amizade será até a morte: já os capitanejos que poderiam fazer-me mal foram mortos.[22]

Apesar de também caber, para o caso Ranquel, o questionamento a respeito da veracidade e da intencionalidade das informações transmitidas ao governo cordobês, a carta relata parte do que foi acertado nos tratados de paz, em 1854.

O pedido de paz feito por Calbán provavelmente esteve precedido de um *parlamento* com seus principais caciques. Ao citar o apoio de Calfucurá, explicitou

---

21 Archivo Histórico de Córdoba (AHC), Fondo Gobierno, Tomo 232C, Folio 5/6, 23/03/1853 *Apud* TAMAGNINI, M. "Fragmentación, equilibrio político y relaciones interétnicas (1851-1862). La frontera de Río Cuarto". In: *Segundas jornadas de investigación en arqueología y etnohistoria del centro-oeste del país*. Río Cuarto: UNRC, 1995., p. 205.

22 AHC, Fondo Gobierno, Tomo 232C, s/ data.

negociações que ocorriam entre o cacique e o governo, o conhecimento que os Ranquel tinham da dinâmica dos tratados e uma possível aliança momentânea com o cacique das Salinas Grandes, objetivando conseguir uma concentração de forças para conquistar melhores condições de negociação.

Apesar de rivais em diversos momentos, Calbán e Calfucurá foram, também, aliados em inúmeras situações. A organização social araucana estimulava reuniões entre diferentes grupos e etnias e a compreensão política e o desejo de participação que estes caciques apresentaram, justificaram uma aliança naquele momento.

Ao iniciar sua correspondência com o *"¡Viva la Confederación!"*, característico da documentação oficial confederada daquele período, Calbán mostrou conhecer as práticas políticas *criollas*, procurando cativar apoio e inserindo-se no mesmo patamar do restante da Confederação. Apresentando-se como igual, procurou reconhecer a autoridade *criolla* para que esta também reconhecesse a sua.

O sinal de arrependimento proporcionado pela citação do final do período pacífico de dois anos antes, época do fim do regime rosista, funcionou como marco temporal e referência política comum. Ao citar o período anterior, o cacique procurou explicitar a real possibilidade de paz, em contraposição à situação vivenciada naquele momento. Nesta correspondência, Calbán procurou também justificar a certeza da paz conferindo legitimidade pelo apoio dos demais indígenas de seu grupo. Ao fazê-lo, o cacique apresentou-se como representante de seu povo e negociador legítimo, sem no entanto deixar de se eximir da responsabilidade por apresentar a independência que cada *capitanejo* apresentava.

A partir da assinatura dos tratados de paz, os governos procuraram atribuir formas políticas ocidentais à organização araucana. Ao responsabilizar diretamente o cacique pelas atitudes de todos os indígenas de sua etnia, o *criollo* inseria a liderança indígena dentro de um sistema representativo que não encontrava base na tradição que o legitimava. Este problema envolveu todas as negociações para a paz e desdobramentos pós-tratados no século XIX: enquanto os militares procuravam responsabilizar os caciques – nem sempre incorretamente – pelos *malones* executados por seus *lanzas*, estes diziam que não podiam controlar todos os integrantes de seus grupos.[23]

---

23 De acordo com Graciana Perez Zavala, os tratados supunham o comprometimento do cacique com a manutenção da paz na fronteira, fato incompatível com a estrutura social araucana e constantemente usado como *prova* da infidelidade dos líderes indígenas. ZAVALA, Graciana Pérez.

Os negociadores *criollos* procuraram personificar o poder político indígena para melhor compreendê-lo e controlá-lo. Os caciques não deixaram de perceber tal movimento, pois conseguiam certa independência dos *parlamentos*, sem no entanto perder a justificativa para eventuais ataques, angariando, também, melhorias em suas condições materiais.

Tratados de paz e cooperação após 1854: auge dos caciques e de Urquiza

As negociações envolvendo a assinatura de diversos tratados de paz e cooperação, durante o ano de 1854, explicitam a importância adquirida pelos caciques frente aos grupos em disputa pelo Estado e a consciência que os líderes indígenas tinham deste processo.

Calfucurá, no início, procurou não se comprometer formalmente com nenhum dos governos – buscando extrair o máximo de cada um –, mas, por fim, aproximou-se de Urquiza. Os caciques representados por Baigorria logo perceberam as vantagens do trato com a Confederação Argentina, que oferecia melhores condições materiais, postos militares, reconhecimento político e territorial, enquanto a oferta portenha se restringia à civilização.

A Urquiza e seu grupo, apesar de custosa e duvidosa, a aliança com as etnias do sul possibilitava a paz na fronteira e a desestabilização de Buenos Aires. Para conquistar tal força, a Confederação cedeu mantimentos, armas e cargos, mas obteve em troca o precioso tratado de paz.

Se é possível afirmar que a diplomacia confederada junto aos caciques, capitaneada por Manuel Baigorria, foi extremamente eficaz ao conseguir atrair as forças dos Ranquel e de Calfucurá, os negociadores indígenas o foram de maneira semelhante ou ainda mais capazes, ao manobrar com as rivalidades entre a Confederação e Buenos Aires para potencializar suas forças.

"Aportes para el estudio de los tratados de paz. Categorías de análisis y su aplicación en el tratado de paz de 1870". In: HARRINGTON, C.; PRIETO, O. (eds.) *Primeras Jornadas de Investigación Científica del Departamento de Historia*. Rio Cuarto: Departamento de Imprenta y publicaciones de la UNRC, 2000, p. 70.

O ano de 1854 começou com uma corrida *criolla* pelo apoio indígena. Enquanto Buenos Aires investiu em Calfucurá, a Confederação escolheu os Ranquel. No caso portenho, apesar de não conseguirem a assinatura de um tratado, mantiveram relações próximas com o cacique de Salinas Grandes durante o primeiro semestre.

Calfucurá mostrou-se arredio a tratados, mas pareceu confiar em uma vitória portenha e enviou um de seus filhos para ser educado em um colégio de Buenos Aires. Ao fazê-lo, demonstrou confiança no governo e na vitória, pois era costume araucano enviar parentes para viver com o novo aliado como prova de fidelidade. Com isso, mostrou, também, interesse em conhecer a sociedade que o pressionava e explicitou admiração pela civilização.

Segundo correspondência enviada pelo Comandante Militar (CM) do forte 25 de Mayo, Calfucurá enviou, em razão da ida de seu filho a Buenos Aires, a preciosa informação de que os Ranquel invadiriam, estimulados por Urquiza.

> O filho do cacique Calfucurá me assegura que seu pai está resolvido a mandar um de seus filhos menores para que seja educado a custo e sob a proteção do Governo, e noticia os preparativos dos indios Ranqueles para uma grande invasão induzida por Urquiza.[24]

Para garantir a estada de seu herdeiro e provar sua fidelidade e força política, denunciou não apenas uma invasão, mas a aliança entre os temidos Ranquel e o inimigo dos portenhos, seguindo o mesmo padrão de negociação e informação apresentado por outros caciques. Ao fazê-lo, marcou sua força e se apresentou como importante fonte de informações para a defesa portenha. Além de adquirirem seu apoio bélico ofensivo, os portenhos também conseguiam importantes informações sobre futuros *malones*.

A denúncia de Calfucurá não era infundada. Foram diversos contatos entre Pichun, Calbán, Baigorria e o governo cordobês. Apesar de parte da bibliografia citar os acertos entre a Confederação e as principais etnias do sul como ocorridos

---

24 AGN, Sala x, Legajos 18-10-2, 01/03/1854.

em junho[25] ou outubro[26] de 1854, as relações se estreitaram desde final de 1853 em um processo que culminou com a assinatura dos tratados em meados de 1854.

Pichun, aliado há mais tempo, exerceu intensa pressão sobre o governo. Em janeiro, questionou as relações entre a Confederação e Buenos Aires,[27] e no mês seguinte enviou uma lista de pedidos, via Baigorria, dizendo que "não compreende os costumes civilizados",[28] invertendo a lógica ocidental que apresenta a este pólo como racional e os outros povos – no caso os indígenas – como bárbaros irracionais.

Segundo Marcela Tamagnini, "a paz estabelece quem são os amigos e quem são os inimigos. A mensagem e a manipulação são claras: não podem se aliar aos inimigos de Urquiza (...). A amizade e a contra-prestação eram parte da retribuição da aceitação de coisas".[29] Para a autora, as negociações e os tratados marcaram, então, a manipulação confederada dos indígenas, sendo praticamente uma compra da paz.

Entretanto, os interesses dos caciques ultrapassavam as vantagens materiais. Ao aliarem-se à Confederação, evitavam as constantes incursões daquele exército a seus territórios, conseguiam a autorização para atacar vastas e ricas áreas – a Província de Buenos Aires – e passavam a ser reconhecidos como forças políticas, defendendo o acesso a suas terras e obtendo permissão para adquirir aqueles que eram entendidos como os avanços da civilização.

De acordo com a documentação, a iniciativa para a negociação de um tratado de paz partiu dos próprios caciques. Em março, Baigorria escreveu ao Governador de Córdoba informando que Pichun e Calbán estavam interessados em negociar alguns pontos.[30] No mês seguinte, os mesmos caciques informaram o início de uma estratégia adotada nos anos que se seguiriam: autorizar seus indígenas a *malonear* na Província de Buenos Aires, pelo fato desta não *"pertencer a Urquiza"*.[31]

Antes da negociação direta entre os caciques e o Governador, que ocorreria somente em meados de 1854, os indígenas mostraram interesse por um acordo de

---

25 LEVAGGI, Abelardo. *Paz en la frontera*, op. cit., p 274.

26 WALTHER, Juan Carlos. *La conquista del desierto*. Buenos Aires: Circulo Militar, 1964, p. 371.

27 AHC, Fondo Gobierno, Legajos 239E, 22/01/1854.

28 AHC, Fondo Gobierno, Legajos 239E, 14/02/1854.

29 TAMAGNINI, "Fragmentación, equilibrio político y relaciones interétnicas", *op. cit.*, p. 205-206.

30 AHC, Fondo Gobierno, Legajos 239E, 17/03/1854.

31 AHC, Fondo Gobierno, Legajos 239E, 26/04/1854.

paz e forçaram a autorização para os roubos aos portenhos. Ao contrário de uma manipulação de Urquiza, o que se observa é a conjugação dos interesses de ambos os lados contra um inimigo comum: enquanto aos *criollos* interessava a desestabilidade da produção de Buenos Aires, aos caciques era fundamental a manutenção de uma área livre para os *malones*, proteção às suas *tolderias* e o reconhecimento de seus territórios e poderes.

As *tolderias* araucanas eram um pouco maiores do que as Tehuelche e cobertas por vegetação seca.

Com interesses em comum e uma situação política favorável, as negociações logo caminharam para a formalização de tratados, alcançando inclusive Calfucurá. Em fins de maio, o MGyM autorizou o governo de Córdoba a receber Pichun, Calbán e Calfucurá para negociar a paz diretamente em Paraná,[32] a capital da Confederação.

Os caciques enviaram mais de uma centena de representantes, mas a confiança em um número tão elevado de indígenas não era tanta. Então, em 19 de junho foi redigida carta ao Governador de Córdoba na qual o MGyM o instruiu a negociar diretamente os tratados:

---

32   AHC, Fondo Gobierno, Legajos 241B, 14/06/1854.

O Ministério a meu cargo recebeu a carta de Vossa Excelência (...), para informar ao Governo Nacional da chegada ao Rio 4º da Comitiva de 133 índios pertencentes às tribos dos Caciques de Salinas Grandes, Calfucurá, Ranquel Mapu, Pichún, Lebucó e Calbá' (...). Fica assim mesmo inteirado de que dita comitiva solicita três mil éguas, além de outros pedidos, e de que V.E. carece de recursos necessários para supri-los, solicitando intermediação deste Ministério.

(...) como órgão competente do Governo Nacional, comunico a V.E., em contestação; que a fim de levar as demandas da dita comitiva e na esperança de que por este meio se comprará a paz com os caciques (...) e dispõe de que V.E. conduza esta missão, celebrando com eles um tratado pelo qual, se possível for, submetam-se ao Coronel Baigorria reconhecendo-o como seu Chefe; e em caso contrario, que ofereçam ao menos uma sólida garantia de que daí em diante nenhuma de suas hordas invadirá Província Alguma da Confederação; prometendo-lhes que caso se mantenham fiéis a seu compromisso, o Governo oficialmente os ajudará (...). Ao fixar estes arranjos, V.E. não descuidará de insistir em manifestar-lhes os sérios castigos que o governo está firmemente disposto a fazer cair sobre eles, de modo perseverante caso, traídores da fé prometida, voltem com seus latrocínios a converterem-se no açoite desolador e sangrento da República.

V.E. compreenderá que se o Governo Nacional, conhecedor das muitas e urgentes necessidades dos diferentes ramos administrativos da República, decide desviar esta quantia fundos para alimentar homens cuja amizade e inimizade foram sempre e quase igualmente custosas e destruidoras, o faz somente em troca de uma paz duradoura, e a fim de tentar, pela última vez, um meio que até aqui foi o mais efetivo. Pois, de outro modo, os custosos e indevidos presentes que exigem em troca de uma mentida amizade, não farão mais que aumentar os estragos que até hoje causaram seus infames e carniceiros assaltos.[33]

---

33   AHC, Fondo Gobierno, Legajos 241B, 19/06/1854.

Esta correspondência interna do governo contradiz o que a bibliografia entende pela negociação dos tratados de 1854. Ao invés de ter sido uma manipulação confederada tendo como alvo a submissão dos caciques, ao contrário, a documentação descreve a pressão exercida pelos indígenas para a obtenção de tais acordos: "e em caso contrario, que ofereçam ao menos uma sólida garantia". O MGyM, apesar de coordenar a aproximação entre os governos provinciais e os caciques, questionava a lealdade indígena e, fato raro, apresentava discurso semelhante ao portenho ao expressar a preocupação com os crescentes gastos e com a violência indígena: "insistir em manifestar-lhes os sérios castigos que o governo está firmemente disposto a fazer cair sobre eles, de modo perseverante caso, traidores da fé prometida, voltem com seus latrocínios a converterem-se no açoite desolador e sangrento da República".

À medida em que a pressão indígena crescia, tornando-se demasiado forte para ser combatida ao lado da guerra contra Buenos Aires, o governo da Confederação cedeu às exigências indígenas sem, no entanto, deixar de mostrar-se incomodado com os termos e o transcorrer da negociação. Sentindo-se usurpado, o MGyM via nos tratados uma forma de gastar quantia semelhante de recursos sem ter que deslocar soldados, ainda conseguindo desestabilizar o inimigo.

A documentação desconstrói, também, outro mito. Segundo Abelardo Levaggi, "o vencedor de Caseros e diretor provisório da Confederação Argentina, o general Justo José de Urquiza, mostrou desde o primeiro momento um ânimo favorável para o trato com os aborígenes".[34] Esta correspondência interna, contradizendo a satisfação e a amizade confederada em negociar com os indígenas, escancara o preconceito e a vergonha em tal ato, visto apenas como um mal necessário.

Apesar dos inconvenientes e dos preconceitos, o tratado de paz foi assinado, definindo os seguintes termos:

> 1º Que não invadirão nenhuma das províncias confederadas.
>
> 2º Que tampouco se aliarão com os inimigos da Confederação qualquer que seja, ou de S. E., o senhor presidente, o Gal. Urquiza.
>
> 3º Que daqui em diante os índios serão respeitados nas províncias confederadas, sendo garantidos de que não sofrerão mal algum em

---

34 LEVAGGI, Abelardo. *Paz en la frontera, op. cit.*, p. 270.

suas pessoas e bens podendo, portanto, vir livremente para comércio ou trabalho, ou para qualquer outro assunto, se assim quiserem.

4º Iguais considerações se comprometem guardar com os cristãos, ou seja, os habitantes das províncias confederadas que por via de comércio penetrem até suas tolderías.

5º Fica igualmente conveniado que nenhum governador das províncias confederadas poderá se unir a quaisquer inimigos dos generais Pichún, Calbán e Calbucurá que viesse a lhes declarar a guerra.

6º Se comprometem os referidos caciques a permitir que os índios formem Reduções, aproximando a população e colocando-as em lugares aparentes, que serão governadas por um capitanejo deles próprios, mas sob a direção e vigilância do Cel. Manuel Baigorria.

7º Confiantes em sua lealdade e na fidelidade que guardarão a estes tratados, e da amizade que guardam com o Governo da Confederação, e com os respectivos governos das províncias, reconhecem ao Cel. Manuel Baigorria como intermediário, por quem se comunicarão com o Sr. Presidente, e receberão as instruções ou ordens que o mesmo lhes der.[35]

O texto explicita alguns dos principais pontos da política argentina do período. Indígenas e *criollos* estavam autorizados a comercializar em ambos os lados da fronteira – uma vitória dos caciques, interessados nos mercados para o gado roubado, o artesanato e as roupas produzidas nas *tolderias*. Deveriam ser tratados de maneira igual e seriam aliados frente a inimigos comuns, havendo, também, iniciativas civilizatórias dos segundos sobre os primeiros. Com as forças unidas para atacar Buenos Aires, os confederados não precisavam se preocupar com *malones* e os caciques estavam autorizados a *malonear*, com mercados certos para a venda do gado roubado e o reconhecimento de sua força e autonomia.

---

35 "Tratado de paz firmado con los caciques del Sur", *apud* LEVAGGI, A. *Paz en la frontera, op. cit.*, p. 275.

Logo após o tratado, Baigorria escreveu a *"Meu bom amigo, o General Calfucurá"*,[36] reafirmando os pontos acordados, explicitando o veto a qualquer mal às províncias confederadas, dizendo que o objetivo era acabar com a guerra de anos entre cristãos e indígenas.

Calbán[37] e Pichun,[38] também chamados de generais,[39] escreveram ao Governador, dando evidências da intensa comunicação que se seguiu à assinatura dos tratados e uma marca nas relações entre estes caciques e o governo confederado. Em todas as cartas havia a reiteração do que fora acordado pelos representantes em Rio Cuarto, quando os caciques passaram a chamar o Governador de *"Meu Irmão"* – uma referência consanguínea – ou *"Cunhado"* – referência de parentesco afim, aliado – e a associar a Confederação com os Cristãos.

Com os tratados, o governo da Confederação buscava o reconhecimento indígena com relação à proteção governamental, legalizando as terras como argentinas e, também, justificando eventuais ataques como repressão a movimentos dissidentes. O Governador de Córdoba afirmou, por exemplo, que os indígenas estavam dispostos a adquirir hábitos e costumes mais suaves, explicitando os planos civilizatórios, além do interesse de parte dos caciques em aprender algumas técnicas de trabalho, o que poderia ocorrer com a instalação de missões católicas dominicanas e franciscanas.

---

36 AHC, Fondo Gobierno, Legajos 239E, 18/07/1854.
37 AHC, Fondo Gobierno, Legajos 239E, 22/08/1854.
38 AHC, Fondo Gobierno, Legajos 239E, 10/09/1854.
39 AHC, Fondo Gobierno, Legajos 239E, 01/08/1854.

Indígenas e *criollos*

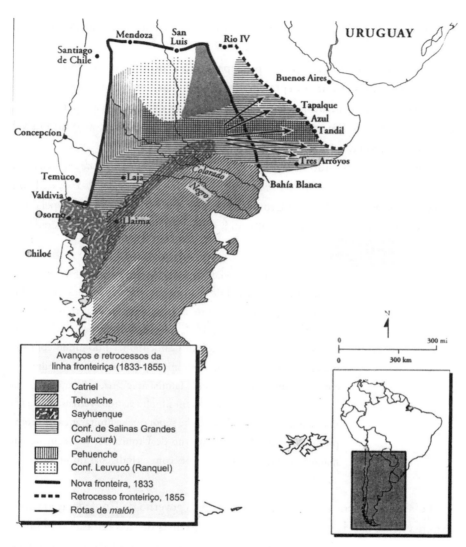

Avanços e retrocessos da linha fronteiriça entre 1833 e 1855

O Governador Gusman recebeu carta de Calfucurá, cujo conteúdo confirma as suspeitas levantadas pelo portenho Comandante Militar (CM) de San Nicolás, sobre a aproximação deste e Urquiza.[40] Segundo Calfucurá, seu apoio era, a partir

---

40   AGN, Sala X, Legajos 18-10-2, 10/11/1854.

de então, total à Confederação em oposição aos portenhos, apesar de seu filho continuar no colégio.[41]

Diante da aproximação entre o principal cacique do sul e o governo confederado, os portenhos enviaram representantes para tentar uma última negociação. A doutrina continuava mantida, sem oferecer vantagens materiais, mas apenas a amizade e a civilização. Em troca, pediram a neutralidade do cacique, algo impossível de ser conseguido naquele momento.

O historiador Abelardo Levaggi, em *Paz en la frontera – historia de las relaciones diplomáticas con las comunidades indígenas en la Argentina (Siglos XVI-XIX)*, dedicou especial atenção ao período de Urquiza. Para ele, esta época foi marcada pela disputa dos governos pelo apoio de Calfucurá, que se alinhou com os confederados.

> A queda de Juan Manuel de Rosas (…) não influiu de forma notável na política – velha política – seguida até então de buscar acordos com os indígenas. No entanto, a nova política influenciou – e como – na atitude dos indígenas (…). Iniciava-se o tempo em que o poderoso caudilho Huiliche, Juan Calfucurá, (…) dominou com sua presença terrível o cenário da fronteira, após ter unido habilmente em uma confederação a grande família araucana, até então dispersa (…). Parece que os tratados foram simples acordos verbais, ajustados sem nenhuma formalidade. Cabe supor que se limitaram a um compromisso de paz (…). O governo de Urquiza foi consequente em manter a política de boas relações com os indígenas do sul.[42]

Levaggi considera as ações empreendidas pelo governo da Confederação como extremamente hábeis para manter os *malones* distantes de suas terras, e sublinha a participação política de Calfucurá que, ao conseguir unir as etnias do sul, aguardou a definição política entre os *criollos* para alinhar-se a um dos grupos. Todavia, também interpreta a participação política indígena como sendo um movimento oportunista e não o resultado da análise do momento vivido pela Argentina, relacionando-a, de maneira imprecisa, a "simples acordos verbais", apesar dos acordos

---

41   AHC, Fondo Gobierno, Legajos 239E, 18/09/1854.
42   LEVAGGI, Abelardo. *Paz en la frontera, op. cit.*, p. 267, 270, 271.

escritos. Desconsidera, também, a atenção dada por Urquiza aos caciques, tomando-o apenas como um seguidor, neste caso, da "velha política" de Rosas. Levaggi insistiu ainda na força militar de Calfucurá, denominando-o "caudilho", e observando as íntimas relações entre o cacique e Urquiza. Entretanto, pelo fato de sua documentação basear-se apenas nos tratados de paz e desconhecer as negociações, tende, assim como os demais intérpretes, a desconsiderar os caciques como sujeitos e atores da política argentina. Desta forma, desaparecem os interesses por eles defendidos e os planos de defesa territorial e cultural que para serem concretizados levaram à assinatura de tratados com determinados grupos e à guerra com outros.

Calfucurá e a centralização político-militar indígena em oposição a Buenos Aires

Firmados os tratados entre a Confederação e os principais caciques do sul, não tardou para a fronteira da Província de Buenos Aires receber incontáveis invasões. Entre elas, uma com mais de 5000 indígenas à cidade de Azul, comandada por Calfucurá e outra de dimensões um pouco menores a Rojas, comandada pelos Ranquel.

Diante de invasões de tais proporções, Bartolomé Mitre, então MGyM, preparou uma ofensiva militar objetivando atacar, inicialmente, os *índios amigos* que haviam se rebelado e se aliado a Calfucurá, ou seja, Catriel e Cachul, e depois outros caciques. Segundo Juan Carlos Walther, "o clamor originado pela ferocidade e selvagens instintos com que procedeu este sangrento cacique [Calfucurá], motivou que o ministro de guerra, Coronel D. Bartolomé Mitre, saísse ao interior para assegurar a ordem na fronteira",[43] para reprimir tantos ataques, e em especial a traição dos antigos *índios amigos*.

Mitre focou seu ataque sobre Catriel, mas fracassou pois acabou rechaçado por mais de 1.000 indígenas. Após perder o gado equino e bovino, com 16 mortos e 234 feridos, suas tropas se retiraram a pé, à noite, em direção a Azul, fugindo de Calfucurá, que se aproximava após derrotar as tropas de Laureano Diaz.

É impressionante observar a força política ostentada por Calfucurá em meados do século XIX. Apesar de parte da historiografia considerá-lo um "chileno sanguinário"

---

43   WALTHER, Juan Carlos. *La conquista del desierto, op. cit.*, p. 376.

ou como "importante cacique manipulado por Urquiza", a documentação evidencia a atuação de um líder político que congregou, sob sua "Confederação de Salinas Grandes", um número considerável de caciques de diferentes procedências.

Com o tempo, Calfucurá conseguiu o reconhecimento indígena e *criollo* para sua autoridade. Segundo Kristine Jones,

> construindo seu Império, Calfucurá enviou missões diplomáticas a diversos caudilhos, embaixadores para encontrar com Urquiza em Paraná, com outro caudilho em San José, e até estabeleceu uma embaixada em Buenos Aires. Sua correspondência oficial levava um selo diplomático, carregando a insígnia sagrada de *colihué* (um robusto artefato usado para armas e simbolicamente marcada por significados cerimoniais) com lanças e *boleadoras* cruzadas.[44]

Conquistando força sobre os demais caciques, Calfucurá legitimou o poder de sua família, os Curá, e gradativamente conquistou força religiosa além da política. Junto aos *criollos*, conseguiu poder desde a época de Rosas mas, durante as disputas entre Buenos Aires e a Confederação Argentina, atingiu seu ápice. Apesar de aliado formalmente a Urquiza e de coordenar *malones* com milhares de indígenas, manteve relações cordiais com o governo portenho, interessado em conter seu ímpeto enquanto não conseguia aniquilá-lo. Sua força política alimentou os receios de Buenos Aires de uma sublevação total de seus indígenas, potencializando mais força e prestígio.

Porém, esta força, baseada na diplomacia e na independência financeira decorrente da exploração das Salinas Grandes, atraiu ódio por parte dos portenhos, aqueles que mais se sentiam atacados e explorados por Calfucurá, mas que, paradoxalmente, dependiam do sal extraído das minas e acabavam financiando-o.

---

[44] JONES, Kristine. "Calfucura and Namuncura: Nation builders of the Pampas". In: EWELL, Judith & BEEZLEY, William (org.). *The Human Tradition in Latin America*. Wilmington: s/ editora, 1989, p. 181.

O cacique José María Yanquetruz[45] havia se aproximado do governo de Buenos Aires em janeiro de 1854,[46] mas diante da sublevação de Catriel e Cachul, aproximou-se de Calfucurá. Segundo o CM de Patagones, esta aliança concretizou-se em junho de 1855.[47] A união indígena em torno da Confederação de Salinas Grandes gerou incontáveis *malones* que assolaram a região sul de Buenos Aires em 1855. A situação piorou quando começou a faltar tropas, cavalos e armamentos.

Para o CM de Patagones, a falta de coordenação do contra-ataque impedia que se desse um "terrível fim" aos indígenas. No momento em que os ataques indígenas a Buenos Aires eram constantes e a defesa estava desarticulada, começou a surgir, com mais força e a partir das baixas patentes, um projeto para solucionar o "problema indígena" que abandonava a opção civilizatória/etnocida por outra bélica/genocida.

Segundo o comandante do forte Defensor Argentino, em Bahía Blanca,[48] no começo de julho, os indígenas do falecido cacique Pascual[49] abandonaram a aliança com Buenos Aires. A união das etnias em torno de Calfucurá tornava-se mais forte, e os apoios aos portenhos resumiam-se a caciques sem grande expressão.

Carmen de Patagones, fortificação distante e isolada no litoral atlântico, parece ter se tornado o principal foco dos levantes militares. Um mês após a primeira carta do comandante, houve nova sublevação, começando com o Juiz de Paz, que

---

45 Naquele período, havia dois caciques de nome Yanquetruz. Um deles era José María Yanquetruz, de Carmen de Patagones (Província de Buenos Aires), e o outro era Gusmán Yanquetruz, ou Yanquetruz IV, Ranquel da região sul de Córdoba. Para diferenciá-los, serão abreviados seus primeiros nomes. Entretanto, como a documentação não os diferencia, em determinados momentos não é possível distingui-los.

46 AGN, Sala X, Legajos 18-10-2, 13/01/1854.

47 AGN, Sala X, Legajos 19-3-3, 23/06/1855.

48 AGN, Sala X, Legajos 19-3-3, 02/07/1855.

49 O cacique Pascual, que habitava a região do extremo sul da Província de Buenos Aires, havia se aliado aos portenhos em meados de 1854. Suas *tolderias* foram estabelecidas próximas à linha de fronteira para melhor defendê-la. As relações com Calfucurá foram rompidas, pois este teria afirmado que, se Pascual estava com os cristãos, era melhor defender-se. Em 1º de dezembro, quando acompanhava tropas regulares na repressão de um *malón*, foi misteriosamente assassinado por um tenente da Guarda Nacional, sem motivos aparentes. Após este episódio, os indígenas mantiveram razoável distância dos grupos beligerantes até julho de 1855.

se recusou a reunir cavalos[50] para a Guarda Nacional reprimir uma invasão. Mesmo sem montaria, os homens foram organizados, mas também se recusaram a atacar os invasores ao perceberem, novamente, que alguns soldados e oficiais de famílias influentes não haviam comparecido ao chamado, situação somente controlada após o comandante decretar a prisão de dois rebelados.

Durante o segundo semestre, este foi o tom dos informes militares enviados a partir da fronteira sul – especialmente Patagones – ao MGyM. Ao afirmar que "os índios supõem serem superiores militarmente",[51] o comandante local pressionou por reforços e expressou a confiança dos caciques em suas forças. Enquanto *criollo*, ele considerava este desequilíbrio a favor dos indígenas impossível de ser realizado em larga escala, mas sabia ser viável no âmbito local por ele vivenciado. Invasões incontidas, sublevações e quebras de hierarquia marcaram a rotina dos comandantes da fronteira. Insatisfeitos e sentindo-se humilhados pelos indígenas, eles passaram a propor medidas duras contra os caciques.

Após uma das invasões, o CM de Bahía Blanca conseguiu fazer alguns presos. Durante o interrogatório, apareceu outra denúncia sobre as íntimas relações entre os oficiais de Urquiza e as lideranças indígenas. Segundo um dos presos, os caciques haviam sido informados por Baigorria sobre um número elevado de gado gordo na região de Mulitas, o que teria incentivado invasões para aquela região.[52]

Investigando a denúncia, o CM escreveu a Calfucurá, afirmando: "sei que uma indiada tua veio roubar a Ancalao, Lorenzo e outros donos. Foram Ñaquetruz, Chicorí e chilenos, Traiqueo, Mufinqueo e Guay Guilchi, 520 soldados e 300 guilliches. Nós seguimos o rastro até perto de Salinas Grandes". O cacique, sem receios, confirmou a informação e acrescentou: "há roubos: é preciso valer-me de minhas armas e já te aviso. Tenho 100 capitães, quatro generais: Pichún, Huinca Naguelcheo, Neguelcheo e toda a gente inumerável e treze povos argentinos sob o general Urquiza. Tenho paz com o general Urquiza".[53]

---

50 Os cavalos utilizados pela Guarda Nacional não eram os reservados às tropas dos fortes e *fortines*, mas pertenciam aos produtores locais. O Juiz de Paz era o responsável por solicitar a entrega dos animais com a promessa de recompensa financeira no caso de perda do gado.

51 AGN, Sala X, Legajos 19-3-3, 28/07/1855.

52 AGN, Sala X, Legajos 19-3-3, 25/08/1855.

53 *Idem, ibidem.*

Este movimento foi diversas vezes analisado como uma manipulação confederada sobre os caciques, mas não deve ser lido desta maneira quando se observa que os indígenas não estavam apenas sendo enviados para a guerra, mas tinham recebido informações preciosas sobre gado gordo, interessantes a ambos os aliados. Eles se viam e eram vistos como aliados de Urquiza. Se para a Confederação era interessante a desestabilidade econômica do interior de Buenos Aires, aos indígenas era extremamente vantajoso realizar tais *malones*. As informações passadas pelos militares da Confederação aos caciques eram vitais à manutenção dos tratados, assim como dados obtidos pelos indígenas repassados aos confederados também contribuíam para a paz nas *tolderias* e na fronteira, comprometendo a segurança de Buenos Aires.

Ao caos que tomava a fronteira portenha opunha-se a paz nas Províncias da Confederação. Os tratados assinados em 1854, capitaneados por Calfucurá, focaram as invasões sobre aquela denominada a "Província Rebelde", fazendo com que as notícias enviadas pelos comandantes da fronteira ao MGyM fossem, geralmente, relativas à ida de comitivas indígenas à cidade de Paraná.

Em uma destas viagens indígenas a Córdoba ou Entre Rios, chegou o cacique Calbán informando a Baigorria o falecimento de Pichun:

> Meu apreciado sogro:
>
> (…) No triste dia, no 25 de maio, vimos morrer nosso pai, o governador Pichún, como lhe será [triste] o dia em que receba esta. Antes de morrer, chamou-me para aconselhar-me que hoje em dia não restava outros além de eu e você, que nos entendamos e nos vejamos como irmãos. E assim mesmo advirto a você, agora na ocasião, não é porque tenha morrido nosso pai, que deixarei de olhar para você. Agora diante desta ocasião devo lamentar que nós dois ficamos pobres com a perda de um pai.
>
> E aí mando a Catrenao com as demais palavras para que você volte a repetir as boas palavras que deu a meu irmão Epugner e a meu ajudante Manuel Pineda, que você lhes havia dado, pelo que estou agradecido a você. Assim, viste, há de ter presente os conselhos que lhe deu o finado Llanquetrú, assim não deve esquecer este aviso que lhe dou a você [sic]. E você enviará a todos os governadores destas

províncias, em especial ao presidente Urquiza. Eu mandei a San Luis [a notícia] da morte de Pichun (...). Mando uma manta que o senhor Urquiza havia pedido.⁵⁴

Nesta carta, Calbán explicita a importância política e militar do falecimento de Pichun, ao solicitar a Baigorria que informasse o Presidente e os demais Governadores da Confederação, o que foi efetivado pelo coronel: "Recebi comunicado do cacique Galbán, que anuncia o falecimento de nosso amigo, o cacique Pichún".⁵⁵

Ao escrever ao Governador de Córdoba, Baigorria não deixou de mostrar seu respeito pelo cacique com o qual conviveu por mais de duas décadas e explicitar o tratamento dado a ele pela Confederação. Além de retransmitir a notícia de seu falecimento aos demais Governadores e a Urquiza, ele o chama – em correspondência interna – de "nosso amigo". Ao comparar esta carta com outras internas da Confederação, pode-se notar que, geralmente, neste tipo de correspondência, não se encontra a polidez apresentada pelas cartas trocadas com os caciques. Contudo, no caso do falecimento de Pichun, explicitam-se as relações de confiança e cordialidade que vinham sendo estabelecidas na fronteira sul da Confederação entre o governo e os caciques, sob o intermédio de Baigorria.

Apesar da paz e das boas relações, os caciques não estiveram desatentos aos projetos expansionistas da Confederação. Em janeiro de 1855, o MGyM aprovou os planos do Governador de Córdoba de instalar uma guarnição, sob o comando de Baigorria, sobre o Rio Quinto, com trezentos soldados de cavalaria e cem de infantaria. Além de defensores, eles deveriam, também, povoar e trabalhar a terra, com família e patriotismo.⁵⁶

Um mês e meio depois, chegou a Rio Cuarto o cacique Epumer (Epugmer), irmão de Calbán. Segundo o comandante local, o líder indígena havia sido enfático

---

54 AHC, Fondo Gobierno, Tomo 240A, Folio 46, 11/06/1855. *Apud* HUX, Meinrado. *Caciques pamparanqueles*. Buenos Aires: El elefante blanco, 1999., p. 279-280.

55 AHC, Fondo Gobierno, Tomo 240A, Folio 46, 18/06/1855. *Apud* HUX, M. *Caciques Pampa-Ranqueles, op. cit.*, p. 280.

56 AHC, Fondo Gobierno, Legajos 241B, 23/01/1855.

ao comentar estes planos expansionistas e declarar que seria praticamente impossível conter roubos na região do rio Quinto.[57]

Mais uma vez, a documentação se confronta com a afirmação de que os caciques eram manipulados pelo governo confederado. Assim que soube dos planos expansionistas, Calbán enviou um recado explícito que parece ter sido compreendido por Baigorria: o avanço deveria parar antes do Rio Quinto. Qualquer tentativa de efetivação de conquista do território Ranquel seria combatida pelos caciques, não interessados em ceder mais terreno, nem mesmo em troca da paz. E, de fato, este projeto cordobês não foi concretizado até a década de 1870.

Outro projeto confederado para as etnias era o do aumento das rotas de comércio que poderiam levá-las à civilização. Entretanto, segundo Baigorria, deveria haver cuidados na introdução de mercadores *criollos* nas *tolderias*, sendo necessária uma limitação dos produtos a serem levados. Segundo ele, devia ser proibida a venda de bebidas alcoólicas aos indígenas.[58]

O coronel Baigorria, nesta correspondência, expressa o cuidado que o governo deveria ter com os caciques. Segundo ele, para a concretização dos planos civilizadores – que incluíam a ocupação do território – deveria haver o cuidado em transformar os indígenas em "patrióticos trabalhadores", e não em "selvagens alcoolizados". Para que o desenvolvimento a eles chegasse, fazia necessária a tutela *criolla*, bem como a vigilância sobre os "gananciosos comerciantes".

Diante do aumento das invasões e das informações sobre a aliança entre Urquiza e os caciques, Buenos Aires pressionou o governo confederado, que respondeu com uma circular aos governadores, em tom sarcástico, e que pode ser entendida apenas como uma medida diplomática diante dos portenhos. Dizia o MGyM:

> As depredações cometidas pelos selvagens dos pampa no território do Estado de Buenos Aires inquietam seriamente ao Governo Nacional da Confederação, que não pode olhar com indiferença os desastres que os bárbaros fazem sofrer nossa Província irmã.
> Entretanto, a simpatia que nasce espontaneamente no coração de todo argentino quando reconhece o lamentável quadro que

---

57 AHC, Fondo Gobierno, Legajos 232C, 15/03/1855.
58 AHC, Fondo Gobierno, Legajos 240A, 28/08/1855.

> apresentam os campos e fronteiras desolados de Buenos Aires, deve produzir, quando se trata do Governo Nacional, algo mais que uma estéril compaixão. Já que as circunstancias anormais inibem a possibilidade de que a autoridade federal, ajude com a prontidão e energia com que desejaria, em defesa da pátria comum, tão seriamente ameaçada pelos selvagens, o governo crê ser seu imprescindível dever, por todos os meios que estão à disposição, evitar qualquer circunstância que possa, ainda que indiretamente, dar força às incursões dos bárbaros no território da Província de Buenos Aires
> Uma das principais circunstancias que poderiam alentar aos selvagens nestas depredações, seria, sem dúvida, a de que encontrassem um mercado fácil para o comércio dos gados que roubam, se é que houvesse compradores, em nossas fronteiras do sul.
>
> O Governo Nacional crê justo declarar que não tem conhecimento algum de que se verifica este comércio clandestino e ilegal.[59]

Esta circular explicita diversos aspectos da política empreendida por Urquiza naquele momento. Além de indiretamente afirmar aos governadores sua satisfação com o estado precário em que se encontravam os campos de Buenos Aires e de mostrar a fraqueza daquele governo, também detalhou o mercado encontrado pelos indígenas para a venda do gado roubado dos portenhos: a Confederação.

Utilizando a aliança indígena para abalar a legitimidade do governo portenho diante dos colonos da fronteira, Urquiza afirmava combater – mas não o fazia – o comércio de gado roubado. Cada vez maiores e frequentes, as invasões atingiram o objetivo de desestabilizar internamente a província, que começou a ceder e negociar melhores condições aos caciques. A população da fronteira, inquieta diante da passividade do governo, passou a rebelar-se como podia – nas convocações para a Guarda Nacional por exemplo –, mostrando confiar mais na defesa de sua própria propriedade do que na segurança comandada pelo governo.

Apesar da objeção indígena aos planos de expansão territorial do Governo de Córdba, Urquiza demonstrou satisfação com a estratégia adotada diante dos

---

[59] AHC, Fondo Gobierno, Legajos 241B, 20/10/1855.

caciques, em 1855, e com seus resultados. Em sua mensagem ao Congresso de 1856, afirmou que

> as tribos indígenas se mantém em boa amizade com a Confederação (...). Boa fé, tratamento benévolo para com eles em toda a extensão da fronteira, e vigilância ativa nas guarnições, este é o plano simples seguido pelo governo em suas relações com vizinhos tão perigosos. Este plano deu os melhores resultados e persistir-se-á nele.[60]

Relações amistosas com os caciques que proporcionavam paz à Confederação e guerra a Buenos Aires eram a meta do governo de Urquiza, concretizadas em 1855. Alguns objetivos paralelos, como expansão territorial e comercial, além da civilização dos indígenas, embora não tenham sido satisfatoriamente executados, foram considerados problemas menores.

Naquele ano de 1856, a fronteira confederada não sofreu nenhum ataque, e as únicas preocupações dos comandantes eram relativas à manutenção dos indígenas que aguardavam nas vilas o retorno de caciques das viagens às cidades de Córdoba e Paraná.

Manuel Baigorria, o coronel responsável pela intermediação política entre caciques e governo confederado, também enfrentou poucos problemas neste período. Sua principal atividade referia-se à escolta das comitivas indígenas.

Além da situação tranquila na fronteira, havia aproximação entre o Presidente da Confederação Argentina e os principais caciques do sul. Recebê-los no palácio presidencial representou mais do que apenas uma manipulação por parte de Urquiza. Ao oferecer tratamento especial, tornou-se padrinho,[61] e mantendo os caciques sob sua tutela, conseguiu a confiança e o apoio deles, pois permitiu que os indígenas se vissem como iguais a ele. Apesar de este tratamento poder ser visto como corriqueiro na prática política argentina do século XIX,[62] não o era em se

---

60 Mensagem do Presidente da Confederação Argentina, Justo José de Urquiza, ao Congresso Nacional, em 18/05/1856, *apud* LEVAGGI, A. *Paz en la frontera, op. cit.*, p. 271-272.

61 Urquiza tornou-se, em 1854, padrinho do primogênito e sucessor de Calfucurá, Namuncurá.

62 Noemi Goldman e Ricardo Salvatore apresentam importantes estudos referentes às figuras dos caudilhos e à importância das relações pessoais na política argentina no século XIX em GOLDMAN,

tratando de caciques. O reconhecimento político e o tratamento oferecidos por Urquiza geraram uma situação na qual os indígenas, também acostumados às relações personalizadas entre caciques, adquiriram confiança, fortalecendo a aliança contra os portenhos. Assim como ocorria uma aproximação entre *gauchos* e federalistas na época de Rosas,[63] ou com a Confederação no período posterior, associação semelhante ocorreu com os indígenas, avessos aos Unitários e aos portenhos.

Buenos Aires e a via dos tratados

Buenos Aires, passando por difícil situação, optou por alterar sua estratégia frente aos indígenas. Depois dos momentos desastrosos vividos em 1855, que levaram à renúncia de Bartolomé Mitre como MGyM, o governo procurou aproximar-se dos caciques que o haviam abandonado durante o auge do levante indígena, ou seja, Catriel, Cachul e J. M. Yanquetruz, além de Calfucurá.

As relações continuavam extremamente tensas com Calfucurá. Sem conseguir vencê-lo em campo nem subornar outro cacique para assassiná-lo,[64] procuraram a reaproximação.

O governo portenho recebeu a visita, em 25 de abril de 1856, de um *capitanejo* de Calfucurá, para transmitir a intenção de paz e pedir, como prova do comprometimento portenho, o retorno de seu filho que ainda estudava no colégio, e de um prisioneiro. Agindo desta maneira, o cacique conseguia tempo para reorganizar-se após tantas invasões e batalhas e deixava de temer por seu filho durante suas invasões, diminuindo seu comprometimento pessoal com Buenos Aires.

Segundo Abelardo Levaggi,

Noemí; SALVATORE, Ricardo (comp). *Caudillismos rioplatenses: nuevas miradas a un viejo problema*. Buenos Aires: Eudeba, 2005, 2ª ed.

63   Para um estudo aprofundado sobre estas aproximações, DE LA FUENTE, Ariel. *Los hijos de Facundo: caudillos y montoneras en la Provincia de La Rioja durante el proceso de formación del Estado Nacional Argentino (1853-1870)*. Buenos Aires: Prometeo, 2007.

64   Segundo J. C. Walther, após a renúncia de Mitre, um de seus amigos pessoais, D. Antonio Llorente, ofereceu entre 1.500 e 2.000 cabeças de gado ao cacique Cristo, pelo assassinato de Calfucurá. WALTHER, Juan Carlos. *La conquista del desierto, op. cit.*, p. 281.

Ambos pedidos foram atendidos. Em sua resposta, Susviela [cm Bahia Blanca] disse que enviava Manuel [Namuncurá, o filho] e o prisioneiro, sem esperar a que vós, meu irmão e amigo Calfucurá, me mandasses as pobres cativas que estão chorando seus pais e suas mães; mas agora te peço, como irmão e amigo, que me as mandes, para provar-me que nossas mãos direitas e nossos corações já estão juntos para sempre, e sabe meu irmão e amigo Calfucurá, que nosso bom governador D. Pastor Obligado que já também é teu amigo, chorará de contente quando vós, meu irmão e amigo, lhe mandes as pobres cativas e então ele dirá "já não há na minha terra ninguém que tenha que chorar".[65]

A resposta do cacique chegou apenas em julho, sem a assinatura do tratado.[66] Na carta, Calfucurá manteve o jogo duplo com os grupos em disputa pelo Estado Argentino. Se, de um lado, assinou tratado e manteve relações estreitas com Urquiza, de outro, não deixou de manter relações com Buenos Aires. Para os portenhos, assustados com a onda de violência do ano anterior, era melhor manter algum tipo de relação com o cacique – apesar da recusa à assinatura do tratado e das suspeitas sobre seu alinhamento com Urquiza – do que tê-lo totalmente no campo inimigo.

A negociação com Catriel foi mais rápida e fácil, apesar dos termos impostos pelo cacique. Em julho, o acordo já estava em execução[67] e o cacique havia conseguido um título militar que não perderia mais, o de General e Cacique Superior das Tribos do Sul, motivo de inveja para as demais lideranças indígenas. Tantas honrarias, no entanto, não foram o resultado de uma mudança na estratégia de Buenos Aires, nem de um reconhecimento da força política que Catriel (não) tinha, mas uma forma de acalmar aquele cacique e conseguir uma barreira indígena aos *malones*.

No entendimento do historiador Juan Carlos Walther, que reproduz o pensamento de políticos e militares portenhos de meados do século xix, "esta debilidade do governo, de pactuar de forma quase humilhante mediante tratados de paz que eram vergonha

---

65 LEVAGGI, Abelardo. *Paz en la frontera*, op. cit., p. 280-281.
66 AGN, Sala x, Legajos 19-5-4, 16/07/1856.
67 AGN, Sala x, Legajos 19-5-4, 19/07/1856.

nacional, de outorgar graus militares e honras a estes sanguinários caciques, justificava-se pela crítica situação política que atravessava o Estado de Buenos Aires".[68]

A facilidade encontrada na negociação com Catriel não se repetiu no caso de J. M. Yanquetruz. Pode-se dizer que o primeiro passo para a paz foi dado pelos *vecinos* de Patagones, que, arrasados pelos seguidos *malones*, enviaram correspondência ao cacique, na qual procuravam uma aproximação baseada na história familiar dele:

> Conhecemos teu coração, e é impossível que não seja tão nobre e generoso como o dos caciques teus avós. O cacique Negro, antigo dono destes campos, os vendeu ao Governo e viveu com nossos pais como irmão e amigo até sua morte. Seu filho, o cacique Chanyl, seguiu seus conselhos e seus exemplos, e deixou a memória de sua amizade em nossos corações. E descendendo, vós, desse sangue de índios nobres e amigos generosos, poderias ser por acaso nosso inimigo? Não o cremos.[69]

Após tais apelos, o cacique manifestou seu desejo de paz, apenas dependendo da concordância do *parlamento* que faria com seus líderes. A negociação foi dura e levou meses de intensa correspondência entre J. M. Yanquetruz e os comandantes militares portenhos, devidamente autorizados por Mitre:

> 1ª Dar-se-á ao cacique Yanquetruz, por quantidade assinalada mensal, incluindo rações e vícios para ele e sua família, 200 pesos mensais por soldo e vícios (...).
>
> 5ª Os indios se comprometeram a estabelecerem-se em um lugar determinado de acordo com o comandante militar, e em caso de invasão de outros índios a auxiliarem à população.
>
> 6ª Procurará limitar estas proposições, se for possível ao tratar com os índios, vindo a obter os mesmos resultados com menores sacrifícios, tendo em conta o interesse do Erário.[70]

---

68   WALTHER, J. C. *La conquista del desierto*, op. cit., p. 388.
69   *Apud* LEVAGGI, A. *Paz en la frontera*, op. cit., p. 285.
70   AGN, Borrador, 27/08/1856. *Apud* LEVAGGI, A. *Paz en la frontera*, op. cit., p. 286.

As bases do tratado, enviadas por Mitre de Buenos Aires, refletem uma pequena mudança na política adotada com os indígenas. Assim como no tratado assinado com Catriel, os comandantes foram autorizados a gastar recursos para manter os caciques, mas não entregavam gado em espécie, como fizera Rosas e fazia a Confederação, preferindo o pagamento em dinheiro por serviços prestados, pautando as relações pelos princípios liberais e monetarizando a sociedade indígena. Em troca, os caciques deveriam ser transferidos para pontos estratégicos para auxiliar na contenção dos *malones*.

As propostas portenhas expressam uma interpretação utilitarista dos tratados de paz. Sem reconhecer à força política de Yanquetruz – o que havia ocorrido com Catriel – a opção foi por uma contenção militar dos indígenas, em mais um tratado visto como necessário, porém vergonhoso. A forma portenha de tratar com os caciques e negociar a paz era sempre da perspectiva do superior, que se imaginava temporariamente tendo que ceder, mas tentando extrair o máximo possível da desfavorável situação.

Neste sentido, foi inserida no tratado assinado em 24 de maio de 1857 a questão da legalidade jurídica da ocupação territorial portenha em terras indígenas. O acerto entre as partes definia:

> Desejando o cacique do sul, Don José Maria B. Llanquetruz, estabelecer uma paz sólida e duradoura com o Governo do Estado de Buenos Aires; e desejando este prestar ao dito cacique todo o apoio e proteção que lhe sejam possíveis, de maneira que tudo se converta em favor da segurança e do bem do país (…):
>
> Art. 1º Todas as tribos e indiaradas dependentes do cacique Llanquetruz, ou amigos dele, poderão ir livremente comerciar no povoado de Carmen [de Patagones], e em qualquer outro do Estado de Buenos Aires, e as pessoas como também os animais e produtos que conduzam, ou que cheguem a adquirir ali legitimamente, serão completamente respeitados e protegidos. De igual modo: todo habitante de qualquer ponto do Estado de Buenos Aires que queira ir comerciar entre as ditas tribos e indiaradas, poderá fazê-lo livremente.

Art. 2º O cacique Llanquetruz reconhece que seus antepassados cederam por tratados ao antigo governo do rei da Espanha as terras que se conhecem por Patagones, até San Javier.

Art. 3º Ademais: o dito cacique põe agora à disposição do governo de Buenos Aires uma extensão de treze léguas, desde San Javier para fora sobre a margem norte do rio Negro, para que, no limite das referidas treze léguas, possa o governo formar uma povoação que denominará 'Guardia de Obligado', e que será destinada a procurar a civilização e o progresso dos índios.

Art. 4º O governo de Buenos Aires encarrega o cacique Llanquetruz de formar com sua gente o dito povoado, em terreno para a agricultura, e de maneira que ele possa estar à frente de Patagones sobre os pampas e para seu primeiro fomento entregará ao cacique Llanquetruz algumas ferramentas, arados, bois e grãos (...) deverá deixar-se um grande espaço, onde mais adiante o governo fará construir uma igreja e uma escola, para a instrução dos índios.(...)

Art. 10º O comandante Llanquetruz se obriga a estar sempre pronto com dita força para proteger e apoiar a defesa de Patagones, agindo às ordens do comandante deste local, e segundo as instruções que dele receber.

Art 11º Deverá também o comandante Llanquetruz: 1º estabelecer um correio, que a cada quinze dias, vá desde o ponto de sua residência até o povoado de Carmen; 2º Transmitir ao comandante de Patagones, e a quantas autoridades do governo lhe seja possível, toda notícia que adquira acerca de planos ou movimentos de índios inimigos; 3º Vigiar e defender as costas marítimas do território que fica sob seu mando, contra qualquer um que tente apoderar-se ou estabelecer-se nelas, sem prévio aviso do governo de Buenos Aires.

Art 12º Serão índios inimigos do comandante Llanquetruz todos os índios que sejam inimigos do governo de Buenos Aires; e se for atacado ou hostilizado por alguns deles, receberá das forças e das autoridades do governo toda a proteção e auxílios que forem possíveis, conforme as circunstâncias do caso.

Art. 13º Em caso de o governo resolver atacar ou expedicionar contra índios inimigos, estará obrigado o comandante Llanquetruz a colocar-se em campanha com uma coluna, que não deverá ter menos que quinhentos homens.[71]

Calfucurá, temporariamente próximo aos portenhos, voltou a utilizar, em 3 de agosto, a estratégia empregada anteriormente, informando uma possível invasão dos Ranquel, a aliança entre Cachul e Buenos Aires e negociações entre Coliqueo e Urquiza.[72] Repassando informações aos militares portenhos e confirmando saber o que se passava entre eles, o cacique procurou conquistar confiança, mostrando que seus pedidos eram recompensados com preciosas informações. Ao fazê-lo, também lembrou seus interlocutores de sua posição privilegiada sobre as demais etnias. Efetuando o mesmo expediente utilizado por Catriel anteriormente, mostrou conhecer a participação política dos demais caciques para potencializar a sua própria.

Esta aproximação foi, mais uma vez, efêmera. Sob a alegação de proteger algumas famílias indígenas que haviam sido presas na região do forte 25 de Mayo, Calfucurá reuniu 1.500 indígenas e exigiu a devolução das famílias, pois caso contrário, "não sobrariam nem galinhas".[73] A ameaça levou pânico aos comandantes que, sem saber como proceder,[74] suspeitaram de Catriel e Cachul.[75] Somente a intervenção direta do MGyM na negociação, tornou possível sanar as dúvidas sobre eventual participação de Catriel e Cachul no movimento e entregar as famílias a Calfucurá.[76]

---

71 AGN, Sala X, Legajos 27-7-6, 24/05/1857. *Apud* LEVAGGI, A. *Paz en la frontera*, op. cit., p. 289-291.
72 AGN, Sala X, Legajos 19-5-4, 03/08/1856.
73 AGN, Sala X, Legajos 19-5-4, 22/10/1856.
74 AGN, Sala X, Legajos 19-5-4, 22/10/1856b.
75 AGN, Sala X, Legajos 19-5-4, 31/10/1856.
76 AGN, Sala X, Legajos 19-5-4, 03/11/1856.

Fortin 1ª División, c. 1883. Nota-se a precariedade das instalações militares e o isolamento destes postos avançados da fronteira

O pânico gerado entre os comandantes dos fortes e *fortines* e os generais da fronteira, provocado pela ameaça de Calfucurá, foi marcante para explicitar a forma pela qual o cacique conseguia pressionar o governo portenho. Esta tensa situação proporcionou as mais diversas reações, como suspeitas sobre caciques que haviam assinado tratados recentemente, até uma discussão entre o general chefe da fronteira e o Comandante-em-Chefe da Fronteira do Centro (CCFC) sobre a morosidade deste último em localizar as solicitadas famílias.

Ao relatar a tensa situação ao MGyM, o CCFC optou por discorrer sobre qual seria a melhor solução para não enfrentar mais situações como aquela:

> (...) tomei todas as medidas que estavam ao meu alcance e espero, que se tivesse a sorte de que elas merecessem a aprovação do Superior Governo, responderia que talvez salvaríamos ao nosso país dos vândalos dos pampas, que tanto afligem hoje pois, se tivéssemos a sorte de reunir todos os elementos que creio necessários, (...) penso que Calfucurá não escaparia do golpe que preparo.[77]

---

77   AGN, Sala X, Legajos 19-5-4, 23/10/1856.

Em seu relato, o militar explicitou as diferenças de tratamento entre portenhos e confederados sobre os indígenas, mostrando que a opção genocida adotada décadas depois não era alheia às ideias dos comandantes que viviam o cotidiano da fronteira. Para eles, a melhor solução para o "problema indígena" era o extermínio, liberando terras e trazendo tranquilidade à produção agropecuária.

Apesar do governo cordobês também afirmar, em correspondência interna, que os indígenas eram selvagens e bárbaros e deviam ser civilizados, o discurso portenho, desde a década de 1850, já se apresentava mais extremista, preconceituoso e genocida. Foram as tensas relações com os caciques, desde o período de Rosas, que marcaram profundamente o imaginário de militares, comerciantes e produtores da fronteira portenha. Eles se sentiam atacados pessoalmente e entendiam, baseados na ideia de superioridade das raças, que a solução para a Argentina e principalmente para eles, era a aniquilação total dos *"vândalos dos pampas"*.

O governo confederado mostrava-se satisfeito com a paz indígena e os caciques também viam atendidas suas expectativas. As principais reivindicações eram atendidas, oferecendo-se reconhecimento político, vantagens materiais, legalidade territorial e autorização para atacar Buenos Aires. Em 1857, quando foram delineados os últimos arranjos na política de alianças entre os grupos que disputavam o Estado e os caciques, formou-se uma frente que continha os portenhos com o apoio de Catriel, Cachul e J. M. Yanquetruz e, uma outra, composta pelo governo confederado, Calfucurá, Calbán e seus aliados.

Polarização: inimigo do amigo é inimigo

Com as principais alianças definidas, o período entre 1857 e 1859 foi marcado pela permanente invasão da fronteira portenha, que passou a ser defendida também pelas tropas indígenas de J. M. Yanquetruz e Catriel.

Calfucurá, plenamente satisfeito com os termos oferecidos por Urquiza, convencido da superioridade militar confederada e das vantagens que eventualmente conquistaria auxiliando em uma vitória, optou por explicitar – novamente – sua aliança com Urquiza em um lance que procurava levar pânico aos militares portenhos em busca de propostas desesperadas de paz. Escreveu em fins de março o que mais tarde foi transmitido pelo CM de 25 de Mayo:

> (...) se dirige a mim o índio Calfucurá (...), e manda dizer (...) que havia se reunido com um enviado de Urquiza, e que com Urquiza queria ser amigo para que os dois lutassem contra o governo, para que Urquiza governasse Buenos Aires.[78]

Ao declarar sua aliança com Urquiza e afirmar aos portenhos que o objetivo era derrubar seu governo, o cacique potencializou sua força para uma eventual proposta de paz portenha e também aproveitou para explicitar sua força política e militar, levando o pânico aos comandantes da fronteira portenha.

O antropólogo Carlos Martínez Sarasola, em *Nuestros paisanos los índios*, interpreta de maneira diversa estas relações, mas desconsidera os tratados como acordos que representavam os interesses políticos de ambas as partes, reduzindo-os a reflexo de situações passageiras. Para ele,

> a caída de Rosas inverte os termos da relação, porque Calfucurá, agora desprotegido por Buenos Aires, leva sobre esta e seus arredores uma sucessão ininterrupta de ataques. A aliança, agora com Urquiza, é apenas circunstancial e porque este segue lutando contra Buenos Aires. A sequência de *malones* é o apogeu de Calfucurá (...). Os tratados desta época demonstram que o governo nacional realiza concessões e não se empenha na distribuição equitativa de direitos e obrigações. Recuperadas dos estragos sofridos na primeira parte do século, as comunidades levam adiante o último movimento em defesa da terra e de sua cultura.[79]

Preocupado em entender como as comunidades indígenas foram eliminadas da Argentina, Sarasola pouco se ateve ao período em que estas passaram por seu apogeu político (1852-1861). Apesar de considerar essa fase como "o último movimento" na luta indígena, ele o vê sob a perspectiva militar. Ao privilegiar a questão das invasões e não a das negociações que levaram às "concessões" do governo, desprezou não

---

78 AGN, Sala x, Legajos 19-6-5, 02/04/1857.

79 SARASOLA, Carlos Martinez. *Nuestros paisanos, los indios. Vida, historia y destino de las comunidades indígenas en la Argentina*. Buenos Aires: Emecé, 1999, p. 248 e 259.

só as intensas relações entre os caciques do sul – não apenas Calfucurá – e Urquiza, mas deixou de notar as importantes participações políticas indígenas.

Os tratados de paz sempre procuravam vincular os caciques às estratégias *criollas* e vice-versa. Os governos reconheciam a força política que estes homens concentravam em suas mãos, sua melhor habilidade em lidar com outros líderes indígenas e delegaram-lhes, inúmeras vezes, poder de negociação.

Este foi o caso, por exemplo, de mais uma tentativa de aproximação entre o governo de Buenos Aires e Calfucurá. Como um reflexo da ameaça descrita pelo CM de 25 de Mayo no começo de abril, o *índio amigo* J. M. Yanquetruz, um dos responsáveis pela fronteira sul, procurou a mais importante liderança indígena argentina para tentar convencê-lo das vantagens em aliar-se aos portenhos.

Ao assumir a intermediação política entre os portenhos e Calfucurá, J. M. Yanquetruz reforçou sua importância para a manutenção da paz nos campos de Buenos Aires, demonstrando aos políticos e militares que o tratado não deveria ser entendido como um peso econômico, mas uma valiosa aliança. Porém, para comprovar sua força, fazia-se necessário que conseguisse o apoio de Calfucurá. Procurou convencê-lo, mostrando que a mudança governamental não alterava a disposição de negociação, evocando a ira de Deus caso o tratado não se firmasse. Calfucurá, ciente de sua força incomensurável e das vantagens que poderia obter ao manter relações pacíficas com a Confederação e tensas, mas intermediadas, com os portenhos, jamais se comprometeu formal e simultaneamente com ambos os governos.

Apesar dos esforços de J. M. Yanquetruz, as relações com Calfucurá nunca ultrapassaram as frias negociações de trocas de cativos. No final de 1857, o CM de Bahía Blanca contatou o cacique oferecendo a troca de indígenas presos por cativas,[80] o que começou a ser realizado pouco depois. Como a resposta indígena veio mais receptiva do que o esperado, o militar procurou extrair mais, enviando apenas uma idosa.[81]

As reações oportunistas por parte dos comandantes levaram a constantes abalos na confiança de Calfucurá nos portenhos. As relações, longe de serem próximas e amistosas, esfriaram ainda mais. Resta, então, a dúvida do comprometimento do comandante com a paz: estaria ele boicotando as negociações com Calfucurá

---

80   AGN, Sala X, Legajos 19-6-5, 10/12/1857.

81   AGN, Sala X, Legajos 19-6-5, 29/12/1857.

baseado em preconceitos e interesses pessoais, ou apenas viu esta oportunidade como uma forma de extrair melhores ganhos do cacique para o governo?

Apesar de não conseguir, novamente, um tratado com Calfucurá, o governo portenho procurou manter as boas relações com Catriel e J. M. Yanquetruz, que segundo o CM de Patagones, apresentava provas da obediência.[82]

Satisfeito com o tratado oferecido pelos portenhos, J. M. Yanquetruz procurou executar o que havia sido acordado e também utilizar o apoio *criollo* para aumentar o antagonismo com Calfucurá. J. M. Yanquetruz e Catriel viram nos tratados com Buenos Aires oportunidades para aumentar suas forças diante de outros caciques.

Catriel havia também se tornado antagônico a Calfucurá, sendo seus *lanzas* importantes para a defesa da fronteira e para a obtenção de valiosas informações sobre as articulações entre as *tolderias* e o governo da Confederação. Procurando evitar a quebra de confiança dele em Buenos Aires, o Comandante General da Fronteira Sul (CGFS), escreveu no começo de 1857 a Mitre para que algumas determinações do MGyM fossem alteradas. Pedia que o cacique fosse tratado como igual e não como vencido, outorgando-lhe o título de General, esperando com isso que este se opusesse a Calfucurá.[83]

Os planos portenhos para Catriel foram executados e seus resultados foram visíveis em diversas situações, quando o cacique se contrapôs a Calfucurá, colocando-se como intermediador político entre *criollos* e indígenas e auxiliando na defesa da fronteira.

Catriel gradativamente conquistou mais força e poder entre os militares portenhos. Seu papel na defesa e na intermediação política passou a ser vital, apesar da constante desconfiança que havia com relação à sua figura.

Mesmo com a relativa estabilidade decorrente do auxílio de Catriel e J. M. Yanquetruz, os *malones* continuavam assolando toda a província de Buenos Aires e eram constantes os avisos de que estes eram coordenados pelos militares de Urquiza, como no caso de informes do CM de San Nicolás em março[84] e outubro. Neste último, observa-se a permanência da insatisfação dos produtores com a forma com a qual os portenhos lidavam com o "problema indígena":"Devo também dizer a V.S.

---

82   AGN, Sala X, Legajos 19-8-3. *Apud* LEVAGGI, A. *Paz en la frontera, op. cit.*, p. 292-293.
83   AGN, Sala X, Legajos 19-6-5, 22/10/1857.
84   AGN, Sala X, Legajos 19-6-5, 23/03/1857.

que vários hacendados desta região se dispõem a transferir seu gado à Província vizinha por considerá-la mais garantida das incursões dos bárbaros".[85]

A situação fronteiriça na província de Buenos Aires era desoladora. Apesar do apoio de alguns caciques, os *malones* continuavam em grande número e escala, arrasando as unidades produtivas locais, gerando instabilidade social e contribuindo para a construção de um imaginário social portenho solidamente desfavorável ao indígena.

O governo confederado, ciente da insatisfação dos produtores portenhos, procurou estimular o crescente número de *malones* para proporcionar uma instabilidade social que contribuiria para a derrubada do governo de Buenos Aires quando chegasse o momento de efetivar uma invasão militar.

Enquanto os confederados organizavam invasões indígenas, os portenhos mal conseguiam coordenar a repressão militar. Após novas recusas de paz e invasões de Calfucurá, o governo enviou o Cel. D. Nicolás Granada para atacá-lo, segundo Walther, com "a finalidade de terminar com as atividades delituosas do rei do deserto".[86] Contudo, a campanha militar, de mais de três meses, foi um novo fracasso.

O relato de um ex-cativo dos Ranquel pode ser lido como uma crível descrição das relações próximas entre os caciques e os militares de Urquiza, intermediados por Baigorria. Aparentemente escondidas atrás de uma suposta unidade indígena, as tensões interétnicas decorrentes de disputas políticas e militares por influências também são apresentadas.

> (…) declara que eram frequentes os emissários de Urquiza a Painé, pouco antes da invasão (…). Que dois ou três dias antes que os índios empreendessem sua marcha sobre esta fronteira, chegaram de Paraná aos toldos Ranqueles dois oficiais e um oficial superior, este ostentando o uniforme de guerra de um dos corpos do Exército Entre-Riano (…). Que Baigorria, por precaução, como uma tentativa de saque por parte de alguns grupos de índios de Calfucurá sobre os índios que pertencem a Pichun, por exemplo, mandou, na véspera da invasão, guarnecer os toldos dos caciques com soldados cristãos.[87]

---

85   AGN, Sala X, Legajos 19-6-5, 13/10/1857.
86   WALTHER, J. C. *La conquista del desierto*, op. cit., p. 390.
87   AGN, Sala X, Legajos 19-6-5, 04/10/1857.

Buenos Aires era constantemente informada da união militar entre o governo da Confederação e os principais caciques do sul, mas não conseguia atraí-los à sua esfera de influência, neutralizar sua força, nem tampouco entender a forma como tais ataques eram coordenados e qual seu principal objetivo. Ao manter a política de oferecer apenas a civilização aos indígenas, os portenhos sustentaram uma coerência durante o período, punida por centenas de *malones*. A doutrina de não manter os indígenas no que entendiam como a barbárie exigia levá-los à civilização, via trabalho e religião. Entretanto, a proposta confederada era muito mais interessante aos caciques, ao fornecer bens materiais e reconhecimento político.

A Confederação parecia continuar plenamente satisfeita com o desenrolar de sua estratégia política diante dos caciques, procurando manter a paz na fronteira e transformar as sociedades caçadoras-coletoras em agricultoras.

Segundo as memórias do MGyM daquele ano, o governo se dedicava a manter boas relações com os caciques, e estes correspondiam de maneira semelhante: "as relações de amizade e trato pacífico com as tribos indígenas do Chaco e dos pampas, seguem em bom estado até o presente e se cultivam mutuamente com circunspecção e cordialidade".[88]

Em Buenos Aires, Adolfo Alsina foi figura emblemática em virtude de suas propostas heterodoxas. A mais conhecida foi a "trincheira de Alsina", com centenas de quilômetros de comprimento e executada, na década de 1870, para frear os *malones*. Em 1858, propunha: se os caciques tanto lucravam com o cativeiro de *criollas*, o governo deveria proceder de igual maneira, com famílias indígenas, para obter suas mulheres de volta em um escambo bizarro. Esta estratégia foi empregada contra o cacique Cristo, um dos mais próximos de Calfucurá e muito temido em Buenos Aires. As tropas portenhas conseguiram raptar grande parte de sua família e, após tensas negociações,

> em forma reservada, Alsina autorizou [ao presbítero Lorenzo O.] Balcameda a tratar com Cristo o resgate de todos os cativos feitos por seus *lanzas*. As condições seriam: "Cristo entregará todos esses cativos e cativas, sem exceção, e o Governo, em troca, lhe devolverá todos os índios que lhe tenha tomado nossas forças, e que queiram

---

88 *Memórias del Ministério de Guerra y Marina*, Paraná 08/06/1858.

voltar a suas tolderías, conforme deverão expressá-lo estes aos índios que venham a recebê-los".[89]

Além da excentricidade de Alsina, os portenhos mantiveram naquele ano basicamente a mesma linha de paz, trilhada no ano anterior, com Catriel e J. M. Yanquetruz e tentativas esporádicas de aproximação com Calfucurá, que enviou representantes em fins de agosto,[90] o que parece ter sido apenas mais uma negociação de troca de cativos por mercadorias, sem maiores comprometimentos de ambas as partes.

Calfucurá, além de ter adquirido muita força política, tinha poder concreto de arregimentação de outros caciques. Conhecendo e temendo sua capacidade, os militares procuraram conter qualquer cacique que pudesse vir a ter força semelhante de maneira independente.

O plano atribuía a Catriel o papel de "general moral" dos indígenas e intermediador portenho. Contudo, o crescimento da força de J. M. Yanquetruz chamou a atenção do governo portenho, pois Catriel já havia sido instituído como o cacique que deveria se contrapor ao poder de Calfucurá.

Em 3 de fevereiro, o CM de Patagones informou que J. M. Yanquetruz havia trazido seu primo, Saygueque,[91] para assinar tratado semelhante ao dele. Plenamente satisfeito com a intermediação política que permitiu novo aliado contra Calfucurá, escreveu explicitando os interesses específicos dos caciques:

> ambos caciques esperam neste ponto as ordens do Governo, que este lhes assinale o lugar que devem ocupar na presente guerra, posto que desempenharão sem dúvidas, Sr. Ministro, para inteira satisfação do

---

[89] LEVAGGI, Abelardo. *Paz en la frontera, op. cit.*, p. 308.

[90] AGN, Sala X, Legajos 19-8-4, 23/08/1857.

[91] Valentín Saygueque foi o cacique principal da região patagônica e andina da face oriental (Argentina) dos Andes. Sua rendição, em janeiro de 1885, é considerada o marco final da Conquista do Deserto. Sobre ele, foi publicado: VEZUB, Julio Esteban. *Valentín Saygüeque y la Governación Indígena de las Manzanas: poder y etnicidad en la Patagonia Septentrional (1860-1881)*. Buenos Aires: Prometeo, 2009.

Supremo Governo, pois andam entusiasmados para guerrear com Calfucurá, para vingar seus antigos ultrajes".[92]

Um mês depois, o mesmo CM de Patagones voltou a descrever as relações com J. M. Yanquetruz e Saygueque, concluindo que a assinatura destes tratados estimulou diversos caciques de baixa força a procurar o governo para não ficarem em situação oposta à dos dois.

Entretanto, o CM, preocupado, imaginava

> que será conveniente celebrar as pazes com cada um dos caciques que se apresente, com a mais absoluta independência que se possa de Yanquetrúz, para evitar a transformá-lo em um poder tão forte, que será ainda mais perigoso por seu caráter ambicioso e altaneiro (...), com a vantagem de evitar os perigos de uma grande reunião de índios às ordens de um só cacique, que mais tarde poderia ser outro Calfucurá.[93]

A correspondência, além de explicitar a força política concentrada na figura de Calfucurá, então sinônimo de cacique extremamente poderoso e arregimentador de outras lideranças contra Buenos Aires, também apresenta a via dupla trazida pelos tratados. Se, por um lado, eram uma forma de controlar os caciques, de outro lado, corria-se o risco, sob a rede de influências potencializada pelos tratados, de se deparar com o surgimento de novas lideranças indígenas, com força política e militar suficientes para se contrapor e pressionar o governo portenho.

Estes eram problemas pequenos quando comparados à oposição declarada dos Ranquel, que *maloneavam* em Buenos Aires desde 1852, sem aparentar fraqueza e procurar trégua. Diante de tal situação, os militares portenhos optaram, novamente, por tentar contê-los com armas.

O Cel. D. Emilio Mitre, irmão do famoso Bartolomé, foi encarregado de atacar as *tolderias* Ranquel, em Leuvucó, com 2.000 soldados que compunham as tropas

---

92 AGN, Sala X, Legajos 27-7-6, 03/02/1858.
93 AGN, Sala X, Legajos 27-7-6, 26/03/1858.

de Bahía Blanca, Azul, Mulitas e Bragado.[94] Esta foi mais uma campanha militar frustrada, resultando no abandono de seis canhões e na perda de seis soldados após dias desnorteados no *deserto*.

Os soldados não encontraram Leuvucó e os caciques já haviam, preventivamente, abandonado o local. Segundo um ex-cativo, Catriel pactuava com Urquiza – denúncia jamais confirmada – e o presidente da Confederação havia transmitido alerta aos Ranquel sobre ataque proveniente de Buenos Aires.

É marcante a presença da coordenação militar entre confederados e caciques naquela época. Enquanto os portenhos corriam o seriíssimo risco de morrer de sede no *deserto*, o sistema defensivo da Confederação mantinha informantes entre os militares de Buenos Aires e podia alertar, rapidamente, aos caciques aliados sobre eventuais ataques provenientes da "província rebelde".

A expedição de Emilio Mitre foi um fracasso, mas, de maneira inusitada, alcançou parte dos objetivos. Em 2 de janeiro, alguns *lanzas* de Calbán e Coliqueo observaram, à distância os militares perdidos, cansados e sedentos. Não os atacaram. Apenas acompanharam a desesperada retirada. O abandono dos seis canhões, de armas e caixas de munição, chamou a atenção dos caciques e, em 23 de janeiro, os líderes indígenas inspecionaram o material abandonado. Calbán, ao testar um revólver abandonado, acidentalmente deu um tiro sobre um barril de pólvora. Com a explosão, ele e vinte e seis *lanzas* morreram imediatamente. A inesperada morte do líder Ranquel forçou a organização de um *parlamento* emergencial, assumindo o poder um dos irmãos de Calbán, chamado Paghitruz Guor, mais conhecido por seu nome cristão, Mariano Rosas.[95]

Diante do fracasso da campanha de Emilio Mitre, o governo portenho passou a patrocinar missões expedicionárias terrestres e navais, via Rio Negro. Em uma destas, em 19 de outubro, o Comandante-em-Chefe da Fronteira do Centro (CCFC)

---

94   AGN, Sala x, Legajos 19-8-4, 16/01/1858.

95   Paghitruz Guor, ou Mariano Rosas, tornou-se o cacique mais emblemático dos Ranquel. Raptado ainda jovem pelas tropas de Juan Manuel de Rosas, foi batizado e trabalhou na *estancia* do governador de Buenos Aires até fugir. Sua atuação nas décadas de 1860 e 1870 foi central nas negociações com os *criollos* e na formação de alianças com outros grupos indígenas.

declarou a descoberta do ponto de descanso dos *malones* provenientes de Buenos Aires e direcionados às *tolderias*.[96]

Além de procurar ocupar os territórios juridicamente, com os tratados, os militares passaram a se preocupar mais com o conhecimento geográfico da área patagônico-pampeana. Objetivando conhecer os caminhos que levavam às *tolderias* e a evitar cair em emboscadas indígenas, os comandantes se interessaram por conhecer a geografia local para poder focar os ataques e elaborar planos de defesa.

O governo da Confederação continuava satisfeito com o transcorrer dos eventos, mas preparou durante 1858 o grande golpe que derrubaria, com importante apoio indígena, o governo portenho.

Segundo as memórias do MGyM confederado,

> a linha do Sul (…), segue em tranquilidade e paz com as tribos de sua vizinhança, por conta da boa harmonia, atenções e agrados com que são tratados os caciques, capitães e demais indivíduos das tribos dos pampas, que frequentemente estão em contato amistoso com as guarnições de fronteira. Por resultado deste trato pacífico e amigável, os fortes 'Três de Fevereiro', 'Constitucional' e 'San Rafael', hoje em dia são colônias ou plantéis de povoados de profícuas esperanças para o futuro.[97]

O plano para a derrubada dos portenhos e a inserção daquela província na Confederação Argentina dependeu da participação indígena. A estratégia de Urquiza baseava-se na exaustão das tropas portenhas e consistia em fragilizá-las fisicamente. Iniciou-se uma onda de *malones*, pautada por informações sobre o gado portenho enviadas às *tolderias*. Aos caciques, além das vantagens decorrentes das inúmeras invasões orquestradas, foram oferecidos saques a algumas localidades, após a vitória.

Os portenhos passaram todo o ano recebendo informações que informavam esta estratégia, mas não souberam analisá-las. Em 25 de setembro, pouco menos de um mês antes da derrota na batalha de Cepeda, surgiram alguns ex-cativos em

---

96 AGN, Sala x, Legajos 19-8-4, 19/10/1858.
97 Memórias do MGyM, 1858 (04/08/1859), no SHE.

Bahía Blanca, que relataram, quase na íntegra, todo o plano de ação que seria desenvolvido nos próximos meses:

> O primeiro diz que há três meses, saíram todas as indiaradas em direção a Mulitas, que a estas se incorporaram como mil e quinhentos índios chilenos que farão um total de três mil índios mandados por Calfucurá; que pouco antes havia chegado um filho de Quentriel que havia ido a Paraná para se encontrar com Urquiza, e que com ele se reuniram alguns oficiais de Paraná, nos toldos de Calfucurá (...); que haviam deixado todas as famílias e cativas reunidas próximas dos montes, sendo cuidadas apenas por alguns índios velhos e por garotos, que em Carhué há uma grande invernada de cavalos.[98]

Os ex-cativos chegaram à fronteira portenha em um momento em que esta já se encontrava avariada pelos *malones* e levaram, provavelmente sem intenção, uma armadilha aos comandantes. Desde janeiro, as inúmeras invasões desgastaram a tropa[99] e esgotaram o estoque equino.[100] Neste contexto, os comandantes se ativeram à informação sobre o gado desguarnecido e negligenciaram os avisos de ataque conjunto com Urquiza, um equívoco que pode ter valido a derrota na batalha de Cepeda.

Um dia depois de receber os cativos, o mesmo comandante de Bahía Blanca havia contatado *índios amigos* e proprietários da região para uma incursão contra as *tolderias* para resgatar o gado que lá se encontrava.[101] O resultado desta apressada operação militar foi capturar 250 éguas – 10% do que um *malón* bem sucedido arrecadava – e o cansaço nos animais e na tropa. Mesmo assim, o comandante ficou satisfeito e pensava que, depois desta operação, os caciques abandonariam Urquiza.[102] Não foi isto o que aconteceu. Duas semanas depois, as tropas da Confederação, com o auxílio de *índios amigos*, venceram os portenhos e reunificaram a Argentina.

---

98 AGN, Sala X, Legajos 20-2-1, 25/09/1859.
99 AGN, Sala X, Legajos 20-2-1, 20/08/1859.
100 AGN, Sala X, Legajos 20-2-1, 20/05/1859.
101 AGN, Sala X, Legajos 20-2-1, 26/09/1859.
102 AGN, Sala X, Legajos 20-2-1, 12/10/1859.

Os caciques forneceram tropas auxiliares para o exército confederado e, com sua ação desestabilizadora durante o ano, desguarneceram a fronteira e abriram espaço para a vitória da Confederação. Isto não ocorreu, convém lembrar, em virtude de manipulações de Urquiza sobre os caciques, que teriam se deixado enganar pelo presidente confederado. Os líderes indígenas, alinhados com a política da Confederação há mais de cinco anos, optaram por aprofundar esta relação procurando a retribuição política e militar após a vitória. Sabiam que o ocaso confederado levaria ao governo homens cuja visão sobre o indígena era negativa e optaram por auxiliar os que os consideravam aliados e ofereciam as melhores condições territoriais, políticas, militares e materiais, além da obrigatória civilização.

A historiografia[103] apresenta este período como um momento de instabilidade após a submissão forçada de Buenos Aires. De fato, Urquiza foi obrigado a rever o enfoque dado aos tratados de paz com os caciques, pois um de seus principais trunfos – a troca da paz na Confederação pelos *malones* a Buenos Aires – não podia mais ser executado.

Eventuais aumentos de ofertas materiais aos caciques não devem ter conseguido frear completamente as invasões, como sugere a limitada documentação, mas a tranquilidade que marcou a fronteira confederada, a partir de 1854, certamente não se refletiu na zona de Buenos Aires nos dois anos em que esteve sob o comando de Urquiza.

A ambígua relação entre o Presidente da Confederação e os políticos portenhos no período pode ter prejudicado o controle sobre as invasões indígenas. De acordo com o governo chileno, em 9 de julho de 1860, Calfucurá havia enviado representantes aos araucanos para solicitar apoio para invasões à região de Carmen de Patagones.[104] Segundo a Chefatura Política de Rosário, os focos principais dos *malones*, no segundo semestre daquele ano, eram as províncias de Santa Fé e Buenos

---

103 Os anos de 1860 e 1861, quando a Argentina esteve unificada sob a Confederação, incluindo Buenos Aires, apresentam rara documentação, o que é constatado pelo tratamento dado ao período por autores como Juan Carlos Walther – duas páginas – e Abelardo Levaggi – quatro páginas, e pela impossibilidade de localizar material quer no *Archivo Histórico de Córdoba*, quer no *Archivo General de la Nación*. Apenas no *Servicio Histórico del Ejército*, encontra-se alguma documentação, mas fragmentada e em quantidade restrita.

104 Servicio Histórico del Ejército (SHE), 09/07/1860.

Aires; e nas comunicações daquele órgão político aos militares da fronteira, observa-se o receio da aliança entre Calfucurá e os araucanos.

Apesar das tropas terem sido colocadas de sobreaviso, não parece ter ocorrido *malones* naquela província, naquele momento. Seguidas correspondências, entre julho e agosto, evidenciam vários preparativos santafesinos a *malones* nunca realizados. Entretanto, não é possível saber o que ocorreu com os portenhos. Supondo-se que as relações entre caciques e *criollos* em certa medida tenham sido mantidas como eram antes de Cepeda, pode-se imaginar que alguns líderes menos afeitos a *malones*, como Catriel, Cachul, J. M. Yanquetruz e Saygueque tenham permanecido em paz. Contudo, o que se passou com os Ranquel é um mistério, e as ações de Calfucurá parecem ter se dirigido à manutenção da onda de invasões como forma de obtenção de vantagens econômicas.

Em 17 de setembro de 1861 as tropas de Mitre e Urquiza se enfrentaram novamente, naquela que ficou conhecida como a batalha de Pavón, com a vitória de Mitre unindo a Argentina sob a marca portenha. A queda de Urquiza foi um duro impacto para as etnias do sul, que foram obrigadas a rever todos os tratados até então assinados e passaram a enfrentar uma política mais agressiva por parte do governo agora unificado.

Os tratados após 1861 sugerem a opção portenha de submissão civilizada ou a guerra, sem o reconhecimento político dos caciques e com pouca mobilidade em relação à territorialidade – eram oferecidas pequenas áreas para a lavoura –, levando diversas etnias ao embate contra o novo governo.

Entre 1852 e 1861, a Argentina esteve dividida entre a Confederação e a Província de Buenos Aires. A política de enfrentamento entre as facções em luta pelo Estado gerou momentos de maior e menor aproximação entre os portenhos e os confederados, os caciques do sul.

Ao compreenderem a força política e militar representada pelos líderes indígenas, os políticos de Buenos Aires e da Confederação buscaram se aproximar deles, ou anulá-los. Os dois lados, independentemente da estratégia adotada, reconheceram o poder militar concentrado nas mãos dos caciques do sul e o poder político que desfrutavam diante de milhares de indígenas. Sob um contato intenso como jamais ocorrera, descobriram os interesses políticos, econômicos e territoriais dos caciques, que por sua vez, souberam usar a negociação e o conflito na busca por reconhecimento político, legitimidade territorial e poder econômico. Os líderes indígenas, enfim, mostravam que tinham aprendido a lidar com as lutas internas das elites argentinas e encontrado estratégias para conservar suas terras – consideradas desertas – e suas populações – tidas como bárbaras.

A inserção das terras indígenas na esfera jurídica argentina e o controle e a introdução de costumes ditos civilizados entre os indígenas eram consensuais entre políticos e militares. Porém, as estratégias utilizadas para a conquista territorial e populacional variavam entre os grupos em luta pelo Estado.

A década foi marcada por violentos *malones* contra a Província de Buenos Aires, contribuindo, de um lado, para o início da gestação, entre políticos e militares daquela região, de uma proposta genocida, para o que caracterizavam como o "problema indígena". De outro lado, as políticas de aproximação personalista de Urquiza conquistaram o apoio e a amizade indígena a partir do reconhecimento político. E estas situações particulares contribuíram para a construção de imaginários sociais distintos nas várias regiões argentinas.

Os caciques participaram diretamente da vida política do período procurando se aproximar dos grupos que possibilitavam melhores vantagens momentâneas e ofertavam um futuro pacífico. Os líderes indígenas se aliaram a *criollos* visando a defesa de projetos políticos que entendiam como os mais benéficos para si próprios e seus grupos, participando ativamente dos momentos belicosos, seja ao lado de Urquiza – como Calfucurá e os Ranquel – seja ao lado de Buenos Aires – como Catriel. Esta década foi crucial para a definição de alianças e propostas políticas entre os caciques e os políticos e militares *criollos*, tendo sido fundamental, também, para a construção de um imaginário social portenho que definia o indígena como ocupante ilegal das terras e incivilizável.

A historiografia deixou de lado diversas vezes o período do cisma entre a Confederação e Buenos Aires para valorizar os momentos belicosos dos governos de Rosas e Roca. Entretanto, para a compreensão do ocaso indígena com as Campanhas do Deserto, o estudo do período no qual os caciques souberam explorar as lutas internas da elite argentina para conquistar força e reconhecimento revela que estas interpretações, na urgência em definir protagonistas e antagonistas, ocultam as vítimas da dominação e relevam os diversos interesses que levam, num momento de enfraquecimento político, os governantes a negociar com suas futuras vítimas, que naquele período estão como aliados contra outras facções políticas em luta pelo Estado.

A análise desta época pelos historiadores repete, às vezes pelo avesso, o discurso daqueles que ajudaram a pensar e aplicar a opção pelo extermínio, ou seja, Bartolomé Mitre, Alvaro Barros,[105] Estanislao Zeballos[106] e Julio Argentino Roca, entre outros. Para estes políticos do período, os caciques eram "bárbaros" que não compreendiam a "civilização", negavam-na com sanguinários *malones* e a exploravam nos momentos de fraqueza com tratados tidos como vergonhosos. A historiografia, ao não questionar tal infantilização dos caciques, recaiu, em diversos momentos, na repetição involuntária de preconceitos do passado.

---

105 O coronel Álvaro Barros foi comandante da fronteira sul nas décadas de 1860 e 1870 e o primeiro governador da *Patagonia*, logo após as *Campanhas*. Suas interpretações para o *problema indígena* estão reunidas em alguns livros, especialmente *Índios, fronteras y seguridad interior*.

106 Estanislao Zeballos, um dos maiores entusiastas das *Campanhas do Deserto*, foi encarregado de realizar uma viagem científica aos territórios recém-ocupados. Desta, surgiu o livro *La conquista de quince mil léguas – estudio sobre la traslación de la frontera sur de la República al Rio Negro*, publicado em 1878 e reeditado em 2002 pela editora Taurus. Neste livro, o autor legitima o genocídio ao defender que as terras conquistadas seriam o impulso que a Argentina precisava para chegar à modernidade e que chegara ao fim a *era dos malones*.

Capítulo 3

Novas relações, velhas tensões: o apogeu militar indígena entre 1862 e 1872

"El rapto de la cautiva", óleo s/ tela de Johann-Moritz Rugendas

Após a unificação política em torno dos Unitários de Buenos Aires, em 1861,[1] Juan Calfucurá – de origem araucana e à frente da Confederação de Salinas Grandes, a mais forte dos pampas – e Paghitruz Guor – Ranquel líder da Confederação de Leuvucó – viram-se diante do dilema de se aproximarem para lutar contra um inimigo unificado ou se manterem em competição diante de um expansionismo que mal os diferenciava. Frente a novas relações, as velhas tensões com os portenhos passaram a ser repensadas, demandando adaptações, submissões ou difíceis e instáveis uniões entre os indígenas.

Encerrada a dualidade Confederação Argentina-Buenos Aires, a participação política indígena esteve limitada aos períodos em que os políticos e militares portenhos se sentiam enfraquecidos e partiam para a negociação momentânea. Entretanto, com a eclosão da Guerra do Paraguai, o sistema defensivo sul ficou desguarnecido, possibilitando aos caciques alcançar o apogeu militar e exigir vantajosos tratados de paz, resultando em impensáveis diálogos com Domingo Faustino Sarmiento.[2] Diante das demandas da guerra, não havia alternativa senão comprar a

---

1   Em 17 de setembro de 1861, as tropas da Confederação Argentina, comandadas por Justo José de Urquiza, e as de Buenos Aires, comandadas por Bartolomé Mitre, voltaram a se enfrentar, naquela que ficou conhecida como a batalha de Pavón. A vitória portenha marcou o início do processo de centralização político-econômica em torno das elites urbanas, dos grupos unitários e da burguesia comerciante de Buenos Aires.

2   Domingo Faustino Sarmiento publicou, em 1845, *Facundo ou civilização e barbárie*, no qual o futuro presidente argentino atacou o governo de Rosas e o que entendeu como a barbárie que atrasava a Argentina. Segundo ele, "Por que em quinze anos *ele* [Rosas] não quis assegurar as fronteiras do sul e do norte por meio de uma linha de fortes (...), o *novo governo* situará o exército permanente no sul e garantirá territórios para estabelecer colônias militares (...). Por que *ele* perseguiu o nome europeu e hostilizou a imigração (...), o *novo governo* estabelecerá grandes associações para introduzir população (...) e em vinte anos sucederá o que sucedeu na América do Norte (...), onde (...) surgiram cidades (...) nos desertos em que pouco antes

paz e evitar a abertura de dois *fronts* simultâneos. A situação era temporária e tanto *criollos* quanto caciques a entendiam desta maneira.

Apesar da circunstancial paz armada, houve o acirramento das rivalidades e das tensões entre *criollos*, que não aceitavam negociar, e caciques dispostos a manter suas autonomias e soberanias. Respondendo à pressão portenha, as resistências foram enormes, pois o projeto dos políticos e militares portenhos supunha uma relação tensa e desequilibrada com os indígenas, oferecendo a civilização em troca de submissão física e territorial. Os políticos e militares *criollos* tinham pressa. Precisavam combater o que se entendia como a barbárie – caudilhos, indígenas e *gauchos* – para concretizarem o projeto sarmientista, pacificarem e civilizarem a Argentina em torno de um Estado forte e unificado sob seu comando.

Principais pontos da fronteira sul citados neste capítulo

---

pastavam manadas de búfalos selvagens (...). Por que *ele* destruiu os colégios (...), o *novo governo* organizará a educação pública em toda a República (...), porque o saber é riqueza, e um povo que vegeta na ignorância é pobre e bárbaro, como o são os da costa da África ou os selvagens de nossos pampas". SARMIENTO, Domingo Faustino. *Facundo ou civilização e barbárie*. Petrópolis: Vozes, 1997. Tradução: Jaime A. Clasen, p. 321-322.

Aproximação, dissimulação e invasão

Com a eleição de Bartolomé Mitre à presidência da Argentina, em 1862, não cessaram as instabilidades entre as províncias nem as ambiguidades e contradições nas relações com as principais lideranças indígenas. Com a incumbência de impedir os *malones* e propor novas formas de relacionamento com os indígenas, o Gal. D. Juan Andrés Gelly y Obes[3] assumiu o Ministério de Guerra y Marina.

Os caciques sabiam que a chegada do grupo de Bartolomé Mitre ao governo acarretava mudanças nas relações com os grupos dirigentes *criollos*. Calfucurá procurou consolidar sua posição de principal força política dos pampas, atraindo aliados indígenas e mantendo tratados com os *criollos*; Catriel (Pampa) manteve-se próximo aos portenhos; e os Ranquel, como de costume, continuavam sendo os inimigos e alvo preferenciais.

Calfucurá conhecia e temia as forças que haviam derrotado Urquiza e mantinha-se atento, procurando não provocar os portenhos, controlando seus principais *capitanejos* – tarefa facilitada pelas generosas rações[4] governamentais – e avisando, quando informado, sobre a organização de invasões de outros grupos indígenas.

Os Ranquel sabiam-se o centro da hostilidade portenha e procuraram se aproximar dos Federalistas que ainda restavam no Interior. A aliança formou-se, em especial,

---

3   A família de Gelly y Obes se exilou no Uruguai durante o governo de Rosas. Lá, Juan Andrés (1815-1904) foi um dos mais destacados integrantes da oposição ao federalista e se tornou amigo pessoal de Bartolomé Mitre. Ao retornar à Argentina, em 1855, conseguiu a patente de Coronel e rapidamente ascendeu na hierarquia militar, tornando-se Ministro de Guerra e Marinha da Província de Buenos Aires, responsável pelas tropas durante a batalha de Cepeda, contra Urquiza, em 1859. Durante a Guerra do Paraguai, tornou-se Brigadeiro General, comandando as tropas argentinas na vitória sobre Solano Lopez.

4   Os governos forneciam alimentos, gado e outros itens aos caciques através de diferentes formas. Havia tanto o envio regulado por tratados de paz quanto os *regalos*, oferecidos geralmente a caciques independentes como uma forma de evitar *malones*. Aos materiais entregues aos indígenas, denominava-se ração. Sobre este tema, RATTO, Silvia. "¿Finanzas públicas o negocios privados? El sistema de racionamiento del negocio pacífico de índios en la época de Rosas". In: GOLDMAN, Noemí; SALVATORE, Ricardo (comp). *Caudillismos rioplatenses: nuevas miradas a un viejo problema*. Buenos Aires: Eudeba, 2005, 2ª ed.

com Juan Saá e Chacho Peñaloza,[5] caudilhos que lideraram rebeliões regionais e foram os principais obstáculos ao projeto Unitário durante a década de 1860.

Após uma década de violentos *malones*, o governo de Buenos Aires temia a força de Calfucurá. Quando o cacique Quentriel chegou ao forte de Azul, em outubro de 1862,[6] afirmando ser irmão do chefe das Salinas Grandes, exigindo rações do governo, o comandante prontamente o atendeu, pois não pretendia instigar a inimizade com um cacique que se apresentava dizendo ser mais forte, além de irmão de Calfucurá. Mesmo desconhecendo Quentriel e a quantidade de indígenas sob seu comando, o comandante militar (CM) ofereceu bom tratamento enquanto aguardava informações mais precisas sobre o recém-chegado e instruções do MGyM.[7]

A ambiguidade nas relações e a dúvida continuavam marcando as aproximações e os distanciamentos entre o governo e Calfucurá. O jogo de alianças, após a queda de Urquiza, tornou-se mais nebuloso e fluido. No final de 1862, por exemplo, um francês que foi cativo nas *tolderias* do principal cacique Ranquel, Paghitruz Guor, informava que havia comunicações entre os Ranquel e Calfucurá, e que o cacique das Salinas Grandes teria avisado sobre planos de ataques *criollos* aos Ranquel, levando-os a enviar grupos de vigilância aos campos.

O relato do francês permite confirmar algumas peculiaridades nas relações entre os principais caciques dos pampas. Calfucurá e Paghitruz Guor, líderes de confederações indígenas, reuniam também centenas de *criollos* e mestiços – em especial no caso dos Ranquel[8] –, e jamais partiram para o enfrentamento armado entre si.

---

5   Ángel Peñaloza, o Chacho, foi um dos caudilhos de La Rioja, mantendo relações muito próximas com Facundo Quiroga. Resistiu aos projetos de Rosas, exilou-se no Chile em 1843 e retornou no ano seguinte afirmando que aceitaria a Federação. Voltou à política após a vitória de Urquiza e passou a maior parte da década de 1850 lutando pelo governo em La Rioja, conseguido apenas após a vitória de Mitre em 1861, com o qual também se desentendeu. Foi combatido pelas tropas da província de San Juan, governada por Domingo Faustino Sarmiento, traído e assassinado em 12/11/1863.

6   Servicio Histórico del Ejército (SHE), 30/10/1862.

7   Situação semelhante a esta ocorreu em agosto de 1865. Naquele mês, chegou o cacique Frecan, dizendo-se primo-irmão de Calfucurá e Reuque Curá, originário de Valdivia, no Chile. Ele teria se instalado com 2.000 indígenas e exigiu *regalos*, prontamente atendidos pelo comandante local (SHE 11/08/1865).

8   A convivência entre indígenas, *criollos* e mestiços foi uma das principais características da sociedade Ranquel. Além das trocas culturais que permitiram a adoção de estratégias militares

Ambos procuraram manter relações próximas, mas não alinhadas, com o governo, enviando *chasques* aos comandantes militares para conseguir rações, retribuindo com informações sobre *malones*, fossem eles da outra confederação indígena, de *capitanejos* rebeldes de seu próprio grupo ou de indígenas chilenos.

Este movimento, incipiente durante o período de Urquiza, tornou-se uma constante após a queda da Confederação Argentina. Procurando equilibrar interesses e forças indígenas – em especial de alguns caciques arredios a tratados – com o recebimento de importantes levas de gado, roupas e *vícios*, Calfucurá e Paghitruz Guor mantiveram relações de aproximação e dissimulação ao mesmo tempo em que um acordo tácito entre os indígenas permitia pequenas invasões.

A informação enviada por Calfucurá aos Ranquel sobre a organização de uma campanha militar contra eles mostrou-se real na virada de 1862 para 1863. Naqueles meses, uma expedição cruzou as zonas secas ao sul das províncias de San Luis e Córdoba em uma investida parcialmente bem-sucedida. Contudo, alertados por Calfucurá, os Ranquel fugiram *tierra adentro*, perdendo *tolderias* e gado.

O governo Unitário procurou reduzir os indígenas independentes de Calfucurá, atacando os Ranquel com a intenção de prendê-los, matá-los ou desmantelar sua organização social. Inexperiência e falta de planejamento ficaram evidentes naquele episódio, pois, para um governo que se entendia militar, cultural e socialmente superior aos indígenas, beirava o ridículo a situação enfrentada pelo comandante, que quase morreu de sede nos pampas.[9]

Em *La Conquista del Desierto*, de 1964, o Cel. Juan Carlos Walther reafirmou o discurso dos militares do século XIX. Segundo ele, esta expedição mudou as estratégias militares diante dos indígenas, pois se o

> resultado material obtido [foi] nulo, tendo-se em vista que a finalidade proposta não foi cumprida, [isto] demonstrou que o sistema

---

europeias e da culinária hispânica, os refugiados políticos e fugitivos também ajudaram a planejar invasões. No Natal de 1864, por exemplo, uma grande invasão Ranquel assolou a província de Buenos Aires, pois era sabido que a vigilância estava desguarnecida durante o feriado religioso (SHE, 28/12/1864).

[9] Cinco anos antes da expedição de 1862-1863, outra, comandada por Emilio Mitre, e que também visava os Ranquel, perdeu-se e sofreu com a estiagem. Naquela oportunidade, dois canhões foram abandonados e seis soldados se perderam nos pampas (Cf. Capítulo II).

ofensivo era o mais apropriado para vencer esta luta secular contra o selvagem. Mas era necessário organizar bem os meios para poder enfrentar com êxito não apenas um inimigo astuto e escorregadio, mas também o deserto que (...) às vezes causava mais vítimas do que as lanças do selvagem.[10]

As denúncias mútuas entre Calfucurá e os Ranquel, quando suas comitivas iam aos fortes receber rações, funcionavam como certa prestação de serviço ao governo, ao mesmo tempo sem comprometer os demais caciques. Os alertas geralmente surgiam poucos antes da concretização dos *malones*, dificultando a organização da defesa. Calfucurá sinalizou inúmeras vezes para a iminência de uma pequena invasão liderada por algum *capitanejo* de Salinas Grandes arredio ao seu poder. No começo de abril de 1863, por exemplo, em carta direcionada ao cacique Ancalao, escreveu:

> Também te aviso que estou aqui neste ponto com toda minha força, estou cumprindo com o Senhor Presidente minha boa fé e palavra que tenho dada a ele, e não ser falso em meus tratados que eu tenho feito com ele. Como te digo, aqui não posso conter os ladrões. Há tantas indiadas que eu não as governo, as governam os caciques e não sei por que motivo quando roubam alguns a culpa fica sendo minha, sendo assim que eu não me movo por nada de meu posto de onde me encontro ( ). Não peço porque sei que já se está aprontando, Coliqueo, para avançar aos ranqueles, isto é o motivo de não pedir nada porque tenho que estar alerta porque os Ranqueles marcharam a malón para a vila do Rio Cuarto.[11]

Esta valiosa correspondência entre dois caciques, apresenta os principais caminhos trilhados pela diplomacia de Calfucurá nos primeiros anos do governo Unitário. Nele, denunciou a futura invasão Ranquel, disse manter a boa-fé assinada com Mitre e afirmou não ser capaz de controlar todos que viviam nas Salinas Grandes, mas que ele, especificamente, não saiu para *malonear*.

---

10   WALTHER, Juan Carlos. *La Conquista del Desierto*. Buenos Aires: Círculo Militar, 1964, p. 406.
11   SHE, 02/04/1863.

Para a manutenção da confederação indígena como estava configurada, era necessário que Calfucurá permitisse a continuidade das pequenas invasões. Era por meio destes movimentos que os caciques, *capitanejos* e *lanzas* reafirmavam seus lugares sociais por meio da guerra e obtinham crianças e mulheres – tradicionalmente visadas pelas comunidades araucanas.

Em uma situação na qual era constantemente responsabilizado por ataques vindos das Salinas Grandes, Calfucurá contatou diversas vezes os comandantes militares para reafirmar a paz com o governo e para se eximir de responsabilidades sobre *malones* executados por quem se negava a cumprir suas determinações. Apesar de ter colaborado com os Ranquel durante a fuga da expedição de 1862-1863, procurou esconder este vínculo e manter a paz com o governo, ao proferir, a respeito do ataque que, *"estava bem feito, porque [os Ranquel] não querem viver em paz"*.[12]

Mesmo recebendo diversos produtos, os caciques se defrontavam com um dilema vital. Impedir totalmente os *malones*, depender do governo e se sedentarizar significava abandonar importantes traços culturais, em especial o caráter guerreiro e a economia caçadora/*maloneadora*, que os caracterizavam e legitimavam seus poderes. Todavia, declarar a guerra aos *criollos* era uma opção igualmente inviável, pois ficariam dependentes exclusivamente dos *malones* para a subsistência e comércio.

Aos caciques e aos militares interessava a centralização política. Aos primeiros era a maneira pela qual podiam concentrar forças política, militar e econômica frente aos caciques menores, enquanto que aos segundos era a oportunidade para negociações cujos resultados poderiam ser mais confiáveis. A centralização política levou os caciques a adotar a forma política hispânica, e os militares a encontrar quem responsabilizar e de quem exigir, a custos menores, a repressão aos *maloneros*. Este era, entretanto, apenas um modelo, e sua execução revelou uma variável com a qual os militares, a princípio, não contavam. Os caciques passaram a conseguir crescentes quantidades de gado e *regalos* através dos tratados – distribuídos aos *capitanejos, lanzas* e *chusma* – simultaneamente à manutenção e ao crescimento das pequenas invasões.

Os comandantes militares da fronteira perceberam a estratégia de Calfucurá, mas nada podiam fazer, pois se a negociação com o cacique favorecia uma redução

---

12   Calfucurá a Bartolome Mitre, *apud* HUX, Meinrado. *Caciques pampa-ranqueles*. Buenos Aires: El Elefante Blanco, 1999, p. 164.

das invasões a um custo mais baixo do que a militarização da fronteira, também não impedia por completo os *malones*.

Para os portenhos, a situação se apresentava melhor do que a vivida durante a década de 1850, mas ainda não era a ideal. A hostilidade oficial voltada contra os Ranquel e eventualmente contra Calfucurá possibilitava a aproximação com caciques de menor poder, para funcionarem como escudos diante das recorrentes invasões.

No começo da década de 1860, com intensas lutas internas e procurando se sustentar no governo, os políticos Unitários – tradicionalmente avessos a gastar com os caciques – deram uma leve guinada em direção a aliança com os indígenas. Se estes revelassem sinais de fidelidade, reconhecessem o governo e autoridade argentinas sobre aquelas terras, e se estabelecessem próximos a vilas e fortes sendo também utilizados na defesa contra os *malones*, os políticos poderiam, então, considerar a assinatura de tratados.

A ascensão de Calfucurá ofuscou o poder de diversos caciques intermediários e o círculo ao seu redor estava restrito a seus familiares e alguns caciques influentes desde a vinda do Chile. Aos demais, restou a sujeição ao poder da Confederação de Salinas Grandes – o que significava, entre outras coisas, acompanhar Calfucurá nos *malones* e não praticar invasões depois dos tratados assinados, configurando uma situação de enfraquecimento do poder destes caciques intermediários e de questionamento de suas autoridades.

Depender de Calfucurá para a obtenção de gado, roupas e *regalos* não era nada favorável. Os caciques menos influentes recebiam quantidades insatisfatórias e eram forçados à caça ou aos *malones* proibidos, situação que geralmente levava à fome e à fragmentação dos grupos menores.

Nos primeiros anos do governo Mitre, a fuga das intimações militares de Calfucurá, a fome, a fragmentação populacional e as atrações da civilização ocidental – tais como melhorias nas condições materiais de vida – foram fundamentais para a aproximação dos caciques intermediários com o governo. Tal aliança representava poder adquirir terras, gado e ferramentas, mas também impedia o livre-trânsito pelos pampas, a caça ao gado dos *criollos*, e proporcionava a desarticulação de seculares relações sociais, transformando os indígenas sedentarizados em alvo de ataques dos *maloneros*.

Segundo os militares, Coliqueo e Catriel, já estabelecidos e sedentarizados, eram considerados os principais aliados, os *índios amigos*. A eles se juntaram duas importantes forças indígenas: Cañumil, um dos caciques de Calfucurá, e Saygueque, o *toqui* Huilliche da estratégica e rica região do rio Neuquén e do lago Nahuel Huapi,[13] nos Andes. O tratado assinado com Saygueque (também chamado de Seihueque), em maio de 1863, foi emblemático. Nele, ficaram acertados os principais pontos referentes à definição territorial argentina, ao pacto contra os *maloneros* e ao estabelecimento de linhas de comércio.

> Art. 1º: A tribo e os índios do Cacique Seihueque [sic], e os amigos dele poderão vir comercializar no povoado de Carmen [de Patagones] (...). De igual modo, todo habitante da República Argentina que queira ir comercializar com a dita tribo e os índios, poderá fazê-lo livremente (...).
> Art. 2º: Se o Governo da República Argentina determinar explorar o rio Negro ou ocupar algum ponto militar em todo o curso dele, o Cacique Seihuque lhe prestará todos os auxílios que lhe sejam possíveis (...).
> Art. 3º: O Cacique Seihueque se obriga a estar sempre pronto com seus índios para proteger e apoiar a defesa de Patagones (...).
> Art. 4º: Fica obrigado o Cacique Seihueque a transmitir ao comandante de Patagones e a quantas autoridades lhe seja possível, toda notícia (...) acerca de intentos ou movimentos de índios inimigos.
> Art. 5º: (...) serão inimigos do Cacique Seihueque todos os índios que sejam inimigos do Governo (...).
> Art. 6º: Em caso de resolução do Governo de atacar ou fazer expedições contra índios inimigos, estará obrigado o Cacique Seihuque a participar da campanha com todos os seus índios (...).
> Art. 8º: O Cacique Seihueque gozará de seiscentos pesos mensais, devendo constar na mesma lista onde estão Chingoleo e Huincabal (...)".[14]

---

13   A região controlada pelos Huilliche de Saygueque era conhecida como *las manzanas*. Nela, destacam-se o rio Neuquén, afluente do rio Negro, e o lago Nahuel Huapi, onde atualmente se encontra a cidade de Bariloche.

14   SHE, 26/01/1865 (tratado assinado em maio de 1863); LEVAGGI, Abelardo. *Paz en la frontera. Historia de las relaciones diplomáticas con las comunidades indígenas en la Argentina (siglos XVI – XIX)*. Buenos Aires: Universidad del Museo Social Argentino, 2001, p. 330-332.

Nota-se que os caciques que ofereciam menor ameaça militar recebiam menor remuneração em dinheiro ou em bens materiais. Comparando-se o tratado assinado com Saygueque – líder de milhares de indígenas e responsável pela área fronteiriça cordilheirana e por passagens ao Chile – com o assinado com Cañumil – um dos principais caciques de Calfucurá, mas líder de um grupo menor e sem uma área geográfica definida – pode-se perceber a diferença no trato. A negociação para a aproximação com Cañumil levou os militares a mais um dilema: sendo um dos caciques de Calfucurá, caberia a ele uma porcentagem do que era regularmente entregue ao líder das Salinas Grandes. Porém, a diminuição da quantidade entregue a Calfucurá, para repassar a Cañumil, poderia ser vista como uma provocação após a deserção de um de seus principais caciques, expondo a fronteira ao risco de sofrer poderosos *malones*. Depois de um mês e meio de negociações, em 10/11/1863, o MGyM decidiu, enfim, não descontar as rações a Cañumil do montante destinado a Calfucurá.

Cacique Valentín Saygueque

O padre Meinrado Hux, sempre afoito às análises, mas preciso na obtenção de preciosas informações, afirma que apesar das intensas negociações em torno do fornecimento de *regalos* a Cañumil, a sedentarização deve ser entendida como uma marca na aproximação entre o governo e a confederação de Salinas Grandes, pois "Calfucurá não se opôs quando seu cunhado, o cacique Cañumil, quis sair da zona salinera para viver próximo de Bahía Blanca".[1]

A correspondência trocada entre os comandantes militares e o MGyM, entretanto, não revela que Calfucurá tenha aceitado tranquilamente a saída de Cañumil. O chefe da Confederação de Salinas Grandes procurou dificultar a aproximação de seu cunhado com o governo, colocando empecilhos ao envio dos *regalos*.

Para o governo, entretanto, era mais vantajoso gastar um pouco mais com Cañumil do que enfrentar a força de Calfucurá. O MGyM receava a força vinda de Salinas Grandes, mas também se sentia ultrajado em ainda ter que manter relações pacíficas com os caciques. Em correspondência interna ao Presidente Mitre, Gelly y Obes afirmou, por exemplo, *"Catriel e Calfucurá, bom par para adornar a forca!"*.[15]

O repúdio portenho às alianças com os indígenas se manteve presente mesmo em momentos de paz com caciques. Para os políticos e militares, havia uma diferença entre os tratados estrategicamente necessários e os projetos nacionais. A aliança com aqueles tidos como bárbaros podia ocorrer dependendo das circunstâncias, não significando um reconhecimento da importância ou de direitos indígenas sobre aquelas terras. Para os portenhos, os tratados eram efêmeros; isso alguns caciques entenderam, outros não.

Um ano inteiro transcorreu até a solução definitiva para a regularização da sedentarização de Cañumil,[16] próximo a Bahía Blanca. Meses antes tinha sido a vez de Coliqueo em Bragado e Chipitruz em Tapalqué. Os principais núcleos populacionais e os principais fortes do sul da província de Buenos Aires estavam, enfim, protegidos pela presença dos caciques amigos e seus centenas de *lanzas*.

A estratégia defensiva do governo, procurando assentar os caciques intermediários e pactuar também com Calfucurá, levou os pampas à inédita situação na qual praticamente todos os principais caciques, exceto os Ranquel, constavam na lista de

---

15 Gelly y Obes a Bartolomé Mitre, *apud* HUX, Meinrado. *Caciques huiliches y salineros, op. cit.*, p. 78.

16 SHE, 21/11/1864.

racionados, como por exemplo, Calfucurá, Catriel, Coliqueo e Raniqueo, enviada pela comissão responsável ao Ministério de Guerra e Marinha, em maio de 1864.[17]

O governo estava mergulhado em guerras civis promovidas por caudilhos aliados aos Ranquel.[18] Nem o Cel. Manuel Baigorria conseguia controlá-los e as maiores invasões eram identificadas com eles, enquanto as pequenas eram creditadas a alguns caciques rebeldes de Calfucurá. Em San Luis, principal alvo dos ataques, a situação chegou a tal ponto que o governador da província escreveu ao Governo pedindo recursos para a manutenção dos 50 Guardas Nacionais enviados para a defesa de Villa Mercedes, pois os *vecinos* ameaçavam abandoná-la devido aos constantes ataques.

A estratégia de usar a Guarda Nacional intensivamente na defesa da fronteira contrapunha-se à sua incumbência original, que era a de ser convocada para ajudar a combater as invasões. Uma proposta enviada pelo Cel. Emilio Mitre, então Gal. Interino do Exército Nacional, aludia à possibilidade de usar 500 Guardas Nacionais para a defesa da fronteira sul de Córdoba por estes serem mais dedicados do que os soldados de linha – compostos por desempregados e presidiários – e visarem a defesa de suas próprias famílias e propriedades contra as *"depredações dos bárbaros do Deserto"*.[19]

Civis também apresentaram projetos de uso de colonos e *índios amigos* para a defesa e expansão da fronteira. Dentre alguns projetos enviados ao MGyM, destacaram-se dois. O primeiro, de junho de 1864, assinado por Euroglio Payan, estava baseado nos *"sofrimentos vividos desde 1847"*,[20] e consistia em lotear uma área de 400 léguas de extensão por 2 de largura, entre Bahía Blanca e Chanar e outra, às margens do rio Colorado, dividindo-a em lotes de meia légua de extensão por duas de profundidade, em uma conquista territorial de 3.000 léguas.

Os terrenos seriam entregues gratuitamente a quem se comprometesse a erguer casas, trazendo consigo pelo menos 2 empregados e 100 vacas ou 500 ovelhas. Os

---

17 SHE, 09/05/1864.

18 No mesmo dia em que a correspondência entre o Ten. Cel. encarregado da negociação com os indígenas, Juan Cornell, e o Min. da Guerra, definiu o fornecimento a Cañumil, os Ranquel invadiam a fronteira de Córdoba e *malonearam* na região de La Carlota (SHE 10/11, 18/11 e 29/11/1863).

19 SHE, 29/09/1864.

20 SHE, 30/06/1864.

colonos estariam livres de impostos e de convocações à Guarda Nacional por 10 anos, e colaborariam no combate às invasões de menor envergadura, devendo as maiores ser combatidas pelo Exército. Segundo Euroglio Payan, os planos estavam baseados em experiências renomadas nos EUA e na América Latina, não identificadas diretamente.

Pouco mais de dois anos depois, outro projeto, assinado por Francisco Eliceo,[21] propunha a militarização dos indígenas Pampa situados próximos a Azul e Tapalqué, ou seja, fundamentalmente os indígenas que se separaram de Catriel, que contabilizavam entre 400 e 500 *lanzas*. A proposta consistia em transformá-los em pequenos proprietários com uma porção de terras e a fundação de um povoado para que, ligados à terra através de vínculos de propriedade, colaborassem na defesa da região sul da província de Buenos Aires.

Nenhum projeto enviado ao MGyM por civis foi implementado, mas eles mostravam os interesses, anseios e receios da população estabelecida na linha de fronteira. Aquelas pessoas se interessavam pela defesa sem acreditar na capacidade dos militares. Para eles, apenas a ocupação física daquelas regiões com colonos – fossem eles imigrantes, *criollos* ou indígenas – poderia impedir a continuidade dos *malones*.

A busca de novos mercados ao gado roubado

A pacificação dos principais caciques, em meados de 1864, possibilitou o entendimento sobre as relações entre os indígenas chilenos e os *malones*. Entretanto, foi a continuidade das invasões que mostrou aos comandantes militares que havia outro centro fomentador de saques, além dos Ranquel: o Chile. O governo chileno informou várias vezes ao argentino a respeito da organização e saída de araucanos rumo aos pampas, como ocorrido entre fevereiro e março de 1864, por exemplo. Começando pelo Intendente de Valdívia, a informação passou pelo Ministério do Interior do Chile[22] e depois ao Ministério do Exterior daquele mesmo país até ser transmitida ao Cônsul Argentino no Chile,[23] que a remeteu ao Governador de

---

21 SHE, 22/08/1866.
22 SHE, 29/02/1864.
23 SHE, 02/03/1864.

Mendoza.[24] Duas semanas após ter sido iniciado o elo comunicativo, o alerta era retransmitido ao MGyM[25] e ao governador de San Luis.[26] Em maio do mesmo ano, a organização da invasão já estava concretizada e os araucanos começaram se reunir para cruzar a Cordilheira. Mais uma vez, o Intendente de Valdívia soou o alarme,[27] retransmitido por todas as instâncias anteriores até chegar ao MGyM.[28] Em agosto, o CM de Patagones escreveu ao Ministério[29] sobre a chegada de 600 indígenas, liderados por Reuque Curá – irmão de Calfucurá que vivia no Chile – a Salinas Grandes, o que reforçou o principal receio de uma união entre os araucanos e Calfucurá. Em setembro, Paghitruz Guor informou[30] a chegada dos chilenos às Salinas e os comandantes ficaram excitados à espera de um grande *malón*.[31] Finalmente, em novembro, chegou a Buenos Aires a notícia de uma enorme invasão a Frayle Muerto[32] e Saladillo.[33]

Nove meses de comunicações e organizações foram insuficientes para frear a invasão dos araucanos associados a parte dos indígenas de Calfucurá, pois quando estes grandes *malones* eram coordenados e executados, dificilmente eram repelidos, caracterizando uma situação que evidenciava não só a (des)organização da fronteira sul, mas também os receios dos comandantes militares e a colaboração de autoridades chilenas.

Entretanto, um relatório apresentado em abril daquele mesmo ano desfaz a impressão de uma ampla colaboração entre chilenos e argentinos no combate aos

---

24   SHE, 03/03/1864.
25   SHE, 14/03/1864.
26   SHE, 18/03/1864.
27   SHE, 11/05/1864.
28   SHE, 15/06/1864.
29   SHE, 12/08/1864.
30   SHE, 14/09/1864.
31   SHE, 15 – 19/09/1864.
32   A vila de Frayle Muerto, em Córdoba, situava-se nas margens do rio Tercero (atualmente denominado Ctalamochita). Em 1871, mudou de nome para Bell Ville em homenagem ao imigrante inglês de sobrenome Bell que lá habitava.
33   SHE, 14/11/1864.

indígenas. Segundo o chefe da fronteira de Mendoza, Manuel José Olascoaga,[34] exímio conhecedor da geografia e das relações políticas, econômicas e sociais entre indígenas e *criollos* de ambos os lados da Cordilheira, os *malones* focavam o comércio e, mais importante, o abastecimento do Chile.

A momentânea paz entre os indígenas dos pampas e o governo argentino estimolou a ida de araucanos aos pampas. Porém, o usual, segundo Olascoaga, era a colaboração, o comércio e as alianças entre os principais caciques dos pampas. Nas palavras do comandante,

> Hoje V.S. pode contar com toda segurança que, quando se intercepte a passagem dos índios do Chile, e para o Chile, diminuirão pelo menos em sete oitavas partes dos roubos de fazenda e cavalos na República; porque então, caso não se fizesse isso e os índios pudessem seguir roubando, é seguro que não roubariam, senão para manter-se, enquanto que roubam – se pode dizer sem exagerar – para abastecer ao Chile (…). Estas relações dos índios com os comerciantes chilenos e com o governo do Chile em geral constam a mim, senhor general, porque estou neste ponto tendo provas palpáveis delas a cada momento.[35]

Olascoaga desmontou um dos maiores mistérios que envolviam os *malones*. Se, durante o governo de Urquiza, os caciques se aliaram à Confederação Argentina para desestabilizar Buenos Aires e vender o gado lá roubado para as demais províncias, tal sistema passou por adaptações depois da batalha de Pavón. Após 1861, o

---

34 Manuel José Olascoaga (1835-1911) nasceu em Mendoza. Foi comandante militar na fronteira sul, secretário do Quartel General Expedicionário das Campanhas do Deserto (1877-1885), chefe do Gabinete Militar do Gal. Julio Argentino Roca e autor de um relato sobre as expedições militares, *Estudio topográfico de la Pampa y Rio Negro*. Foi o primeiro governador dos Territórios Nacionais do Neuquén, tendo realizado diversas expedições científico-militares pela região. Sobre ele: JONG, Ingrid de. "Indio, nación y soberanía en la cordillera norpatagónica: fronteras de la inclusión y la exclusión en el discurso de Manuel José Olascoaga". In: NACUZZI, Lidia R. (comp.) *Funcionarios, diplomáticos, guerreros: miradas hacia el otro en las fronteras de pampa y patagonia (siglos XVIII y XIX)*. Buenos Aires: Sociedad Argentina de Antropología, 2002.

35 SHE, 09/04/1864; JONG, Ingrid de. "Indio, nación y soberania", *op. cit.*, p. 175.

comércio já existente entre os pampas e o Chile se intensificou e o papel adotado por Urquiza, de aliado, organizador e fomentador de *malones*, passou a ser assumido pelos pecuaristas e comerciantes chilenos, auxiliados tacitamente pelo governo local. Por outro lado, ele reforçava a ideia de que os caciques, ao *malonear*, executavam crime de lesa pátria, pois seguiam ordens de estrangeiros e roubavam para abastecê-los. Para complicar, parte dos indígenas, como o próprio Calfucurá, eram nascidos em terras juridicamente reclamadas pelo governo chileno.

Os planos defensivos de Olascoaga diferiam profundamente dos comumente apresentados pelos militares do período. O mendocino descreveu a estratégia para frear os constantes *malones* à Argentina, da seguinte forma:

> estabeleça desde S. Carlos até o rio Negro um cordão de destacamentos militares que faça o duplo serviço de perseguir os índios e fechar todas as passagens que apresenta a Cordilheira ao comércio ilícito que vem e vai para o Chile.[36]

Olascoaga foi uma voz dissonante entre os militares argentinos do período. Sua vivência e experiência nos Andes permitiram-lhe as peculiares observações sobre as relações entre os indígenas e os pecuaristas chilenos. Sua estratégia defensiva, pautada no controle dos vales que ofereciam a conexão entre os dois lados da Cordilheira, diferia das propostas até então apresentadas, marcadas pela prática advinda do período colonial.

O CM de Patagones, por exemplo, em 1862, levou ao MGyM a tradicional proposta de ocupar os pampas até o rio Negro, entendendo que esta ação impediria os *malones* e possibilitaria a aquisição de férteis terrenos. Segundo ele,

> organizada uma Divisão de 500 a 600 homens das três armas neste local, mover-me-ia quanto oportuno, e em sigilo, para Choele Choel e pontos imediatos de trânsito indispensáveis para os indios chilenos que se evadem.[37]

---

36   SHE, 09/04/1864.
37   SHE, 07/06/1862.

Os comandantes militares e o MGyM negociaram e sustentaram os caciques enquanto procuravam soluções para as invasões e projetavam a ocupação dos territórios dos pampas e da Patagônia. Políticos, militares e pecuaristas entendiam que a conquista daqueles vastos territórios era fundamental para estabelecer as fronteiras tidas como naturais da Argentina, ou seja, o Atlântico a leste, o estreito de Magalhães a sul e a cordilheira a oeste. Naquele momento, faltava defesa a territórios ocupados por indígenas sem vínculos nacionais, havendo cuidados apenas em pontos isolados da costa atlântica conquistados por Viedma no século XVIII.

Os chilenos, nessa época, começavam a mostrar um interesse crescente e preocupante – do ponto de vista argentino – pelo controle do estreito de Magalhães e pela ocupação da vertente leste dos Andes. Os receios dos argentinos aumentavam quando atentavam para a origem de Calfucurá, o principal cacique dos pampas. Apesar de nascido na Araucania chilena, ele sempre se apresentou vinculado às Salinas Grandes, terras ocupadas desde a década de 1830. Entretanto, esta alegação não sensibilizava os militares argentinos, pois para os políticos e militares *criollos* era impossível compreender o vínculo com a terra característico das sociedades araucanas. Para essas, não havia as oposições "Argentina" e "Chile", pois as terras centenariamente ocupadas na Araucania e as recentemente adquiridas dos pampas não faziam parte desta oposição jurídico-política nacional do Estado moderno, mas representavam conhecimentos e memórias distintos, referidos a séculos de vivências, viagens e disputas, partes de uma outra história.

Desconfiando de Calfucurá, o CM de Bahía Blanca, Cte. Llano, conseguiu infiltrar um espião nos *toldos* de Salinas Grandes. Em 27/06/1864, afirmava ao comandante Benito Machado:

> Por um indivíduo que tenho nos toldos de Calfucurá observando os movimentos dos índios, sei com toda a certeza que a força [militar], que não conta com menos de oitocentos índios, se prepara para invadir a Três Arroyos no mês próximo vindouro.

A naturalidade com que Llano avisou ao Cel. Machado sobre os dados obtidos com o informante em Salinas mostra que o emprego desta estratégia não era raro. Desconhece-se quem foi o informante, mas podemos supor que se tratava de algum indígena próximo a Calfucurá, tanto pelas informações, quanto pela periodicidade com que se dirigia a Bahía Blanca. Um espião que não conseguisse repassar as informações era considerado inútil; portanto, neste caso, deveria ser algum dos indígenas de confiança de Calfucurá, talvez até um parente que era enviado para receber as rações e negociar com o comandante Llano.

A participação política indígena nos primeiros anos do governo dos Unitários foi marcada pela gradual aproximação dos líderes das confederações e pela submissão dos demais caciques. Com pouca margem de negociação, estes caciques procuraram aliados no Chile e entre os Federalistas que restavam em território argentino, mas principalmente visavam uma paz, ainda que instável, com o governo, que lhes permitisse a manutenção de suas independências territoriais e políticas, o recebimento de importantes recursos, a paz nas *tolderias* e o apoio velado às pequenas invasões que garantiam a manutenção das características sociais daqueles povos.

Desarticulação da defesa e aumento dos malones: a Guerra do Paraguai

Assim que o Paraguai decretou guerra à Argentina, em 19 de março de 1865, por não obter permissão para a passagem das tropas paraguaias pela província de Misiones rumo ao sul do Brasil, o presidente Bartolomé Mitre transferiu o Gal. Gelly y Obes do MGyM e entregou-lhe o comando do Estado-Maior do Exército Argentino em operações. Neste momento, Julian Martinez passou a ser o ministro responsável, portanto, pela fronteira sul.

A situação enfrentada por Gelly y Obes era bastante desfavorável, mas a conhecida por Julian Martinez, no sul, era igualmente problemática. O desenrolar da Guerra do Paraguai exauriu recursos financeiros, tropas, armas, munições e cavalos, retirando parte delas da fronteira sul. O período entre março de 1865 e março de 1870 foi marcado por relações tensas com os indígenas e pela transferência de comandantes militares veteranos ao *front* paraguaio, levando ao comando do sul uma nova geração de militares.

O comandante Benito Machado, um dos expoentes da antiga geração, mostrava-se bastante irritado, em 05/07/1865, com as seguidas invasões promovidas por Calfucurá. Segundo ele,

> Hoje a indiarada sabe que a República Argentina está em guerra e as fronteiras em completa acefalia, por essa razão preparam invasões.[38]

Para Juan Carlos Walther, numa interpretação militarista,

> a guerra contra o Paraguai e as novas convulsões internas logo se encarregariam de colocar um freio a todos os bons desejos das autoridades de então, absorvendo os recursos militares dos quais o país podia utilizar para terminar definitivamente com os problemas relacionados com o deserto.[39]

Os principais caciques do sul mantinham-se constantemente informados sobre o que ocorria entre os *criollos* e certamente sabiam mais sobre seus inimigos do que estes sobre eles. Dispunham, além dos espiões, da mídia impressa, em especial os jornais portenhos. Ao perceberem o desdobramento do conflito ao norte e ao observarem o desmanche da estrutura repressiva no sul, os caciques prontamente iniciaram mobilizações para *malonear*. Desta forma, foram intensificados, também, os alertas de invasão enviados por caciques para as *comandancias* militares.

Segundo o Comandante em Chefe da Fronteira Norte e o Juiz de Paz de Junin, os principais caciques do sul se sublevaram em 1865. Paghitruz Guor denunciou Calfucurá[40] e Baigorrita[41] – outro cacique Ranquel –, antes de se juntar ao movimento que já contava com o *índio amigo* Coliqueo[42] e o apoio dos araucanos trazidos por Reuque Curá. A situação chegou a ficar insustentável, a ponto do Inspetor Geral de Armas da Província de Córdoba, Manuel Baigorria, dizer:

> os índios declararam abertamente a guerra, descumprindo aos tratados de paz que têm celebrados em todos os locais, pois as invasões

---

38 SHE, 05/07/1865.
39 WALTHER, Juan Carlos. *La Conquista del Desierto, op. cit.*, p. 415.
40 SHE, 17/06/1865.
41 SHE, 21/08/1865.
42 SHE, 28/09/1865.

se sucederam, ainda que em um pequeno número, com intervalo de três dias, mais ou menos, entre uma e a outra, de outubro até hoje.[43]

Com o início da Guerra do Paraguai, aumentou significativamente o número de invasões na fronteira sul. Os primeiros avisos alertaram sobre Calfucurá[44] e Reuque Curá,[45] mas logo se estenderam para todos os indígenas. Chegara ao fim a situação do ano anterior, com apenas alguns caciques Ranquel mantendo a independência frente aos *regalos*. A situação passava a ser favorável à execução dos *malones*. Os pedidos de armas e soldados, além das convocações extraordinárias para a Guarda Nacional, passaram a ser constantes.[46] Em julho de 1865,[47] por exemplo, os *hacendados* de Junin solicitaram a convocação da Guarda, negado pelo MGyM por falta de verbas. Neste momento, nem *vecinos* nem comandantes conseguiam lidar com a situação e, gradativamente, a opção encontrada foi a de retomar os tratados e os *regalos* visando impedir a volta das grandes invasões que impossibilitariam a continuidade da produção e da colonização da fronteira.

O CM de Bahía Blanca, Cel. Llano, chegou a prender *chasques* enviados por Calfucurá e Cañumil pouco após um violento *malón*, para pressioná-los a devolver o gado roubado e impedir novas invasões. Porém, um mês e meio depois, o mesmo comandante libertou os indígenas, pois "tendo em vista as circunstâncias atuais do país, concedi o que solicitam e mando cartas a vários caciques",[48] sem deixar de recorrer à solicitação de envio de tropas para ajudar na defesa.[49]

---

43   SHE, Novembro de 1865.

44   SHE, 06/04/1865.

45   SHE, 21/04/1865.

46   Reforçando o discurso dos militares do século XIX, Juan Carlos Walther desconsidera os diversos problemas que envolviam as convocações e usos da Guarda Nacional. Em seu discurso triunfalista, o autor afirma que "o ousado heroísmo com que muitas vezes se batiam os guardas nacionais não conseguiu impedir que os desmandos dos nômades do deserto se sucedessem contra os estabelecimentos dos pobres colonos, os quais pagavam dolorosos e sangrentos tributos a esta desenfreada pilhagem e crueldade", WALTHER, Juan Carlos. *La Conquista del Desierto, op. cit.*, p. 421.

47   SHE, 20/07/1865.

48   SHE, 04/08/1865.

49   SHE, 17/08/1865.

Naquele momento, estes pedidos de reforços eram inúteis e os tratados se tornavam paliativos e ainda mais vergonhosos aos olhos do governo.[50] A situação se agravou quando armamentos e munições pararam de chegar. O comandante Estanislao Frias solicitou 400 sabres para as carabinas. Sem resposta do MGyM, passou a pressionar o IGA Nacional, Benito Nazar, para intermediar a requisição,[51] mas somente um mês e meio depois o MGyM respondeu afirmando que enviaria a metade dos sabres solicitados.[52] Mas esta não era a regra. Os pedidos e reclamações dos comandantes militares não surtiam efeitos nos gabinetes do MGyM, mais preocupado com Solano López do que com Juan Calfucurá e Paghitruz Guor. As constantes negativas do ministério levaram, então, os militares a pedir o auxílio das autoridades civis. Em outubro, o Ministério de Governo de Mendoza escreveu ao MGyM[53] reclamando da retirada de tropas de sua fronteira e da falta de armas, mas nem este pedido nem o do Juiz de Paz de Tapalqué tiveram repercussões favoráveis.

> Dirigi-me ao Sr. Ministro com data de 12 do corrente, fazendo conhecer a necessidade de armas e munições de que se carece neste ponto, para a defesa desta localidade; com tal motivo dirigi também uma carta, com data de 10 do corrente, ao Sr. Inspetor General de Milícias da Província, pedindo a provisão deste elemento tão necessário, e ainda muito mais nas atuais circunstâncias, em que todos os dias nos vemos ameaçados pelas invasões dos índios selvagens.[54]

A situação caótica enfrentada por colonos e militares da fronteira sul levou alguns comandantes a adotar políticas heterodoxas diante dos caciques. Foi o caso da estratégia do veterano Cel. Machado, Comandante-em-Chefe da Fronteira Sul

---

50   Em 24/05/1865, o Cel. Manuel Baigorria assinou um tratado de paz com Paghitruz Guor e Baigorrita, caciques Ranquel. O conflito com o Paraguai havia apenas começado e se fazia necessário desguarnecer a fronteira. Os líderes indígenas perceberam a movimentação, aceitaram o tratado, mas, também, não deixaram de realizar importantes invasões.

51   SHE, 12/09/1865.

52   SHE, 30/10/1865.

53   SHE, 31/10/1865.

54   SHE, 21/12/1865.

(CCFS), frente a Calfucurá. Em decorrência de incontáveis *malones* seguidos de *chasques* solicitando *regalos*, Machado sequestrou alguns parentes[55] do cacique que se encontravam em comitivas.

Assim como Llano havia feito cinco meses antes,[56] Machado supunha desta maneira conter os *malones*. Mas, ao contrário de seu colega de Bahía Blanca, optou por estender o cativeiro, entrando em atrito com o MGyM e outros comandantes da fronteira. Para eles, apesar da paz temporária adquirida com o aprisionamento dos parentes do cacique, a situação não se sustentaria por muito tempo. Se o desfecho fosse a devolução pacífica dos indígenas, poderia haver menos danos às relações com Calfucurá, mas caso este optasse pelo resgate armado, estaria declarada a guerra.

Duas semanas após a retenção dos indígenas, chegou a comitiva de Calfucurá a Llano,[57] afirmando ter algumas famílias sequestradas no último *malón* e aceitando trocá-las pelos parentes retidos por Machado. Mais duas semanas se passaram. O coronel, por fim, foi retirado de seu comando e transferido para outro, de menor importância e recém-criado, a Comandância Chefe da Fronteira Costa Sul (CCFCostas). Relutante, o comandante passou ao novo posto, mas negou entregar os indígenas ao novo ocupante, o Cel. Álvaro Barros, afirmando ser o mais experiente para negociar com Calfucurá. Um mês mais tarde, voltou a escrever a Barros, alegando os mesmos motivos para manter os indígenas em cativeiro.[58] No dia 07/03/1866, o novo CCFS dirigiu-se indignado e preocupado ao MGyM:

> A negociação de que fala o Coronel Machado (…), na minha opinião está encerrada, e já não pode dar outros frutos, senão que aquele cacique, perdendo a esperança de obter a liberdade de seus índios, empreenda (…) novas e mais ativas invasões (…). Na minha opinião, ele tem razão para se queixar. Nós não podemos exigir nem esperar que Calfucurá estorve as invasões que querem fazer seus capitanejos, muito menos que os castigue, nem entregue o fruto delas, mas sim devemos aproveitar seus avisos (…). Calfucurá deu

---

55 SHE, 04/01/1866.
56 SHE, 04/08/1865, acima citado.
57 SHE, 18/01/1866.
58 SHE, 27/02/1866.

oportunos e exatos [avisos] nas últimas invasões, e é indubitável que, se houvesse sabido mover as forças, haveriam impedido os estragos. A detenção das comissões produziu o resgate de cinco ou seis cristãs, se ela continua pode produzir ainda o cativeiro de muitas novas vítimas e a perda de valiosos interesses, com a declaração aberta [de guerra] de Calfucurá.[59]

Além de criticar a estratégia de Machado, Barros, implicitamente, denunciou a sua falta de habilidade como defensor da fronteira e, mais importante, mostrou conhecer e reconhecer os padrões de autoridade das sociedades de base araucana. Ao concordar com Calfucurá sobre não poder impedir todos os *malones*, Barros mostrou um entendimento maior das sociedades indígenas, uma característica da nova geração de militares, profundamente marcada pelas análises científicas das populações e dos territórios.

Calfucurá procurou colaborar, pretendendo libertar seus parentes. Devolveu as famílias raptadas no *malón* e alertou sobre uma invasão em direção de Córdoba.[60] Mas, apesar da boa-vontade do cacique, Machado mostrou-se implacável. Não entregava os índios nem a Calfucurá nem a Barros, afirmando – corretamente – saber que o CCFS encerraria aquela negociação quando recebesse os indígenas e que, com a celeuma em torno da situação, sofreria uma vingança vinda das Salinas Grandes.[61]

Após mais uma negativa de Machado em cumprir as ordens e enviar os indígenas cativados, Barros escreveu ao MGyM indignado e preocupado.

> Este que assina enviou um oficial com vinte e cinco homens, e com eles, dois índios, dos que vieram de Calfucurá, para que estes falassem com os detidos e os tranquilizassem a respeito de seu regresso a este local. Os índios de Calfucurá apresentaram-se hoje para mim, pedindo-me para regressar a seus *toldos* porque o Chefe da Fronteira da Costa lhes disse o seguinte: que não entregará os presos de nenhuma maneira, que se o governo ordená-lo de novo, preferirá soltá-los,

---

59 SHE, 07/03/1866.
60 SHE, 28/03/1866.
61 SHE, 29/03/1866.

para que se vão aos *toldos*, e que ele os seguirá de perto com sua Divisão para atacá-los.[62]

As declarações de Barros procuraram ser as mais equilibradas naquele momento. Ernesto Olmedo, em "Los relatos militares de la frontera", apresenta significativas considerações sobre a atuação de Álvaro Barros, suas disputas com outros comandantes e revolta diante da situação vivida pelos militares na fronteira indígena. Segundo ele, Barros, em seus escritos, realiza "uma constante denúncia dos vínculos entre indígenas, chefes de fronteira, juízes de paz e autoridades governamentais (...)".[63] Para Barros, "os erros cometidos em assuntos públicos fizeram com que o habitante do interior, o povoador do deserto e o bárbaro, tenham se unido, na luta pela vida, cooperando com o aniquilamento do país".[64]

Ainda segundo Álvaro Barros, Machado foi longe demais ao se recusar a entregar os indígenas após Calfucurá devolver os cativos, arriscando provocar a maior força militar dos pampas por muito pouco A tensa situação, iniciada em janeiro, continuava em abril, com Machado procurando negociar com Calfucurá. Conseguiu mais dois cativos e escreveu ao MGyM:

> Eu havia proposto a mim mesmo ganhar todo o tempo possível nestas negociações com Calfucurá, e valer-me de meios que as fizessem duradouras, até o término da guerra contra o Paraguai, em que poderia melhorar a condução destas fronteiras, e [fazer com que fossem] menos terríveis suas invasões.[65]

O comandante sabia que dentro da forma personalista de negociação dos indígenas, ele estava fadado a ser visto como um negociador cruel e aproveitador. Calfucurá mostrava-se impaciente. Segundo Llano, estava sendo organizada uma

---

62   SHE, 30/03/1866.

63   OLMEDO, Ernesto. "Los relatos militares de la frontera". In: *Primeras Jornadas de Investigación Científica del Departamento de Historia*. Rio Cuarto: UNRC, 1999, p. 17-18.

64   *Idem, ibidem.*

65   SHE, 02/04/1866.

invasão de grandes proporções à fronteira de Tres Arroyos,[66] em aliança com os Ranquel, podendo levar ao que Barros mais receava, uma declaração de guerra dos indígenas. Em carta, o Ministro de Relações Exteriores do Chile repassou informe do Intendente de Valdivia, sobre um importante cacique chileno se organizando para ajudar Calfucurá em uma leva de *malones* aos pampas.[67] A tensão cresceu e Machado admitiu as alianças indígenas, pois os araucanos de Reuque Curá estavam se reunindo com os Ranquel.[68] A chegada do irmão de Calfucurá, com 3.000 *lanzas*[69] era o início da organização para uma sangrenta vingança dos Curá contra os *criollos* que haviam sequestrado seus parentes. Percebendo esta movimentação, o MGyM retirou Machado da *comandancia* e a primeira ação do novo CCFCostas foi a de enviar os parentes de Calfucurá para o Cel. Barros com a esperança de frear o *malón*.[70] Entretanto, os comandantes sabiam que, iniciado o movimento proveniente do Chile, era impossível conter a invasão. O máximo que conseguiriam seria amenizá-las com o envio de *regalos*. O estrago já fora feito por Machado e isto era confirmado por Saygueque.[71]

O pânico tomou conta da fronteira e atingiu diretamente o governo de San Luis, principal foco dos ataques dos Ranquel, que enfrentou ameaças de abandono da população instalada tanto na fronteira quanto na própria cidade, amedrontada com *malones* cada vez mais próximos.[72]

Álvaro Barros pediu, em vão, 2.000 soldados para tentar um ataque surpresa aos Curá nas Salinas Grandes.[73] No ápice da Guerra do Paraguai, o MGyM sequer respondeu ao pedido. Um mês depois, chegaram comissões de Reuque e Calfucurá para negociar com o governo e foram autorizadas a ir a Buenos Aires[74]

---

66 SHE, 17/04/1866.
67 SHE, 07/04/1866.
68 SHE, 30/04/1866.
69 SHE, 22/08/1866.
70 SHE, 04/07/1866.
71 SHE, 03/07/1866.
72 SHE, 17/07/1866.
73 SHE, 20/07/1866.
74 SHE, 22/08/1866.

sob a liderança de um dos principais filhos de Calfucurá, Bernardo Namuncurá, pois Barros entendia ser impossível enfrentá-los naquele momento.[75]

Meinrado Hux, com uma percepção diferente da de Walther, afirmou que "Bernardo Namuncurá (...) nasceu no Chile, onde recebeu esmerada educação. Teve muita influência benéfica sobre esta tribo, mesmo quando seu tio Calfucurá já havia morrido. Será o autor de vários projetos de tratados de paz que os índios proporão ao Governo da Nação (...)".[76] O padre Hux entende que os caciques deveriam ter se aproximado dos *criollos* e se civilizado a partir da educação religiosa. Ele nota o movimento de aproximação e distanciamento entre os caciques e os governos, procurando compreender como se davam as trocas culturais, destacando as influências hispânicas sobre os caciques no século XIX. Ao acompanhar a atuação de Calfucurá, afirmou que o cacique esteve

> sempre atento, registrava todo movimento nas fronteiras e reclamava sobre os novos avanços (...). Logo após o início da Revolução Federal em Cuyo, Calfucurá já sabia. Se saía um grupo de 'índios gauchos' para *malonear*, ele sabia e também comunicava ao Governo, desculpando-se e negando responsabilidades (...). Sabia que 500 Ranquel acompanhavam o general Saá em sua campanha revolucionária e soube, bem rapidamente, que os coronéis Paunero[77] e Arredondo haviam vencido.[78]

---

75 SHE, 22/09/1866.

76 HUX, Meinrado. *Caciques huiliches y salineros*, op. cit., p. 83.

77 Wenceslao Paunero (1805-1871) nasceu na Banda Oriental, atual Uruguai, e participou da guerra contra o Império Brasileiro que levou à independência daquele país. Após a chegada de Juan Manuel de Rosas ao governo, exilou-se na Bolívia, casando-se com a irmã do presidente José Ballivián. Estabeleceu amizade com Bartolomé Mitre e participou ao seu lado da batalha de Caseros, juntamente com Sarmiento e Urquiza, contra Rosas. Após a cisão entre Buenos Aires e a Confederação, participou do Exército portenho, sendo alocado na fronteira sul, onde comandou, entre outros, os fortes de Azul e Bahía Blanca. Foi o chefe do Estado Maior de Mitre e lutou nas batalhas de Cepeda e Pavón. Após a vitória de Buenos Aires, foi responsável pelas lutas contra os caudilhos do Interior, entre eles Chacho Peñaloza. Durante a presidência de Sarmiento, foi embaixador no Rio de Janeiro, onde faleceu.

78 HUX, Meinrado. *Caciques huiliches y salineros*, op. cit., p. 83.

Hux é dos raros pesquisadores a entender Calfucurá como uma força política atuante e interessada. Apesar de sua formação religiosa que o leva a focar o olhar sobre as influências dos missionários sobre os indígenas, é um dos autores que percebeu as sutilezas da atuação do líder das Salinas Grandes, diferentemente da maioria, que só vê manipulações.

Enquanto as comitivas dirigiam-se a Buenos Aires, Barros organizava[79] o *vecindario* de Azul para a obtenção de doações de *regalos* para Reuque numa tentativa de conter ao menos a violência, mas não a execução, dos *malones*. Sabia-se que estes ocorreriam entre novembro e dezembro e, segundo o comandante, até aquele momento – início de setembro – já haviam sido arrecadadas 1.200 cabeças de gado, além de roupas, açúcar e erva mate.

O governo de Mitre não parecia muito disposto a enfrentar, além de Solano Lopez e dos caudilhos, uma guerra contra Calfucurá. Em meados de outubro era assinado um tratado de paz com o cacique das Salinas Grandes no qual eram definidos:

> Art. 1º: Ficam estabelecidas a paz e a amizade permanente entre o governo e o cacique general D. Juan Calfucurá e os caciques que obedecem às suas ordens (…).
>
> Art. 3º: O governo permitirá a estas tribos fazer suas caçadas nos campos que ocupam para seu comércio de peles, bem entendido que estas caçadas não poderão por nenhum motivo fazer-se nos campos de propriedade pública e particular e muito menos nos campos que ocupam as tribos amigas de Catriel, Cachul etc., nem mesmo nos que estes fazem suas caçadas.
>
> Art. 4º: Fica estabelecido o comércio entre o governo e as tribos do cacique general Calfucurá e os caciques que obedecem a suas ordens com sujeições policiais e sob o conhecimento das autoridades da fronteira pelo Azul, Tandil e Bahía Blanca (…).
>
> Art. 7º: O cacique general D. Juan Calfucurá e os demais caciques que obedecem às suas ordens cuidarão de que os índios de sua

---

79 SHE, 03/09/1866.

dependência não entrem para roubar estancias nem cometer crimes de outra natureza (...).⁸⁰

Este é um típico tratado de armistício. Nota-se a preocupação do governo em evitar desagradar aos índios amigos já estabelecidos e o baixo comprometimento entre as partes. Trata-se mais de uma troca de paz por produtos e recursos materiais.

Enquanto Calfucurá enfrentava a estratégia heterodoxa de Machado e conseguia o tratado de paz, os Ranquel mantiveram-se alinhados com os levantes federalistas contra o governo de Mitre. Se o líder das Salinas Grandes era um astuto político, bem informado sobre todos os movimentos *criollos*, os Ranquel procuraram, além das informações, tomar partido. Eram inimigos históricos dos Unitários, estavam cientes dos constantes planos de expansão fronteiriça e procuraram se aproximar daqueles que se opunham à centralização: os *montoneros*.

Em março e novembro de 1866 centenas de *lanzas* dos Ranquel invadiram ricas e importantes regiões de Córdoba para derrubar o governo alinhado a Buenos Aires e colaborar na tomada do poder pelos federalistas. Em 22 de novembro de 1866, segundo Hux,

> ocorreu a mais espantosa invasão sobre o sul de Córdoba, que chegou aos subúrbios de Río Cuarto, tendo participado mais de quinhentos Ranquel às ordens de um sobrinho de Paghitruz Guor. Na batalha do Corral de Barracas, a cinco léguas de Río Cuarto, pôde ser constatada, também, a presença dos *montoneros* Vargas e Molina. Trinta e quatro propriedades foram saqueadas. Os invasores levaram entre oito e dez mil animais e tomaram setenta e nove cativos. Alguns documentos falam de setenta mortos. A invasão chegou de surpresa.⁸¹

Uma invasão como esta, coordenada e com centenas de *lanzas*, não passava despercebida pelos informantes de Calfucurá. Por que o cacique das Salinas Grandes não alertou o governo? A resposta pode ser encontrada possivelmente nas discussões

---

80   SHE, 12/10/1866; LEVAGGI, Abelardo. *Paz en la frontera*, op. cit., p. 362-363.
81   HUX, Meinrado. *Caciques pampa-ranqueles*, op. cit., p. 176.

do Poder Legislativo Nacional sobre a fronteira, das quais tanto os Ranquel quanto Calfucurá estavam informados.

A situação enfrentada com Solano López não deslocou o foco argentino sobre o avanço territorial e a contenção aos *malones*. Durante um dos momentos mais tensos e sangrentos da Guerra, em 1867, foi aprovada uma lei que alterou as relações sócio-políticas na fronteira sul argentina. O texto da lei nº 215, de 13 de agosto de 1867, dizia:

> Art. 1º: Se ocupará, por forças do exército da República, ao rio 'Neuquén' ou 'Nelquen', desde seu nascimento nos Andes até sua confluência, no rio Negro, no Oceano Atlântico, estabelecendo a linha na margem setentrional do citado rio da cordilheira ao mar.
> Art. 2º: Às tribos nômades existentes no território nacional compreendido entre a atual linha de fronteira e a fixada pelo artigo 1º desta lei, será concedido tudo o que seja necessário para sua existência fixa e pacífica.
> Art. 3º: A extensão e limite dos territórios que se outorguem em virtude do artigo anterior, serão fixados por convênios entre as tribos que se submetam voluntariamente e o Executivo da Nação. Ficará exclusivamente ao arbítrio do Governo Nacional fixar a extensão e o limite das terras outorgadas às tribos submetidas pela força (…).
> Art. 4º: Em caso de todas ou algumas das tribos resistirem à submissão pacífica à autoridade nacional, será organizada contra elas uma expedição geral até que sejam submetidas e empurradas para o sul dos rios 'Negro' e 'Neuquén'.
> Art.5º: À margem esquerda ou setentrional dos citados rios e, sobretudo nos vales e caminhos que possam dar acesso às incursões dos índios, serão formados estabelecimentos militares no número e na distância que julgue conveniente o Poder Executivo para sua completa segurança.
> Art. 6º: Autoriza-se o Poder Executivo a investir fundos na aquisição de vapores adequados e na exploração e navegação do rio Negro, como uma medida auxiliar da expedição por terra; bem como para o estabelecimento de uma linha telegráfica que ligue todos os estabelecimentos dispostos às margens do citado rio (…).

> Art. 8º: Por uma lei especial serão fixadas as condições, o tempo e a extensão de terras que por via de gratificação se concederá em propriedade aos indivíduos que componham a expedição, seja como forças regulares ou como voluntários agregados.
> Art. 9º: Todo o conteúdo da presente lei começará a ter efeito imediatamente após a guerra que hoje sustenta a Nação contra o Paraguai, ou antes, se for possível. O relativo ao pacto de índios, deverá começar sua execução imediatamente após sancionada pelo Executivo (…)".[82]

Esta lei regulamentou as ações dos comandantes de fronteira durante os anos seguintes. A mensagem do Congresso indicava uma única meta, a fronteira natural dos rios Neuquén e Negro. Aos indígenas, que viviam nesta vasta região compreendida entre os rios e a zona onde se situava naquele momento a linha fronteiriça, oferecia-se a paz e a civilização em troca de vastos e férteis territórios, fim dos *malones* e sedentarização.

A legislação era clara ao estabelecer que apenas os indígenas que se submetessem voluntariamente seriam agraciados pela cessão de parcelas das terras ocupadas, sem escolherem localização nem a extensão de seus novos territórios.

Segundo Marcela Tamagnini, as deliberações em torno da elaboração da Lei nº 215 incluíam a discussão sobre a submissão forçada ou o reconhecimento dos territórios indígenas.

> No projeto desta lei, um dos artigos "reconhecia aos indígenas o direito original para a possessão do território dado que este era necessário para sua existência como sociedade pacífica e fixa", mas, no debate parlamentar surgido diante desta postulação, um senador sinalizou que se suspendesse ou limitasse o artigo "considerando aos

---

82   Ley nº 215 de 13 de Agosto de 1867, *apud* WALTHER, J. C. *La Conquista del Desierto, op. cit.*, p. 775-776.

indígenas como corporação civil sem direitos políticos ou internacionais e desta forma não reconhecer-lhes direitos originários".[83]

Os congressistas já supunham a resistência de alguns – ou a maioria – dos indígenas do sul e previram que a ação a ser desenvolvida contra eles seria uma extensa campanha militar até conseguir para transferi-los para as zonas secas e frias ao sul dos rios Neuquén e Negro. Como se daria esta transferência? Afinal, se já supunham encontrar focos de resistências, como imaginavam ser possível transferi-los? O texto mostra-se ambíguo e impreciso, permitindo interpretações diversas oscilando entre a perseguição e o despejo dos indígenas até o assassinato dos resistentes, passando pela prisão e pelo degredo.

Foi a partir desta lei que o governo procurou realizar dois movimentos distintos: de um lado, assinar tratados apenas com os caciques que se sujeitassem à sedentarização pacífica e, de outro, avançar constantemente em direção aos rios. Os caciques souberam do teor da lei pelos jornais e constataram seu destino: alguns optaram pela sedentarização, outros se engajaram nas lutas de resistência.

Martin de Gainza, envolvido diretamente com o exército em operações no Paraguai, foi o responsável pela elaboração do projeto militar para a execução da Lei nº 215. Segundo sua estratégia, o Gal. Arredondo deveria sair de Mendoza rumo a Leuvucó, Borges levaria a CCFO até Blanca Grande e os comandantes Rivas e Murga partiriam de Bahía Blanca, passariam pelas Salinas Grandes e se instalariam na ilha de Choele Choel, no rio Negro.

Calfucurá e os Ranquel estavam atentos às discussões parlamentares que levaram à aprovação desta lei. Segundo Hux,

> Calfucurá se convencia cada vez mais de que, enquanto o Governo Nacional lhe concedia rações e *regalos*, não tinha alterado sua tática de 'guerra de fronteiras', de avançar palmo a palmo sobre terras indígenas. Compreendeu que as deliberações, debates e resoluções

---

83 TAMAGNINI, Marcela; ZAVALA, Graciana Pérez. "El debilitamiento de los ranqueles: el tratado de paz de 1872 y los conflictos intraétnicos". In NACUZZI, Lídia R. (comp). *Funcionários, diplomáticos, guerreros, op. cit.*, p. 134.

sobre a transposição das fronteiras interiores equivaliam a uma nova declaração de guerra.[84]

Além dos empecilhos trazidos pelos caciques e *capitanejos* de Salinas e do Chile e da oposição de parte dos comandantes militares, as negociações com Calfucurá eram dificultadas pela rivalidade interétnica. Alguns caciques, alinhados ao governo central, procuraram dificultar a aproximação entre os *criollos* e Calfucurá, pois isto os subjugaria novamente ao cacique do qual se desvincularam, deslocando-os a um papel secundário para o recebimento de *regalos* e retirando-lhes do papel de intermediadores políticos indígenas. Este foi o caso de Coliqueo, cacique que, durante o período de Rosas procurou se afastar da influência das Salinas Grandes e se aproximar gradativamente da esfera política portenha. Em 3 de janeiro de 1867, ele escreveu ao CCFO, afirmando não permitir que a comitiva de Calfucurá atravessasse seus campos porque não havia recebido a autorização necessária, uma alegação burocrática entendida por Álvaro Barros como invejosa, além de desnecessária.

> Todos os caciques das tribos amigas, a quem antes se incitou a guerra contra as outras tribos, têm interesse em que não haja a paz, porque o governo, com a esperança de sua ajuda, os presenteia e lhes faz concessões que não lhes faria estando todos em paz.[85]

Aos militares Unitários, que se viam superiores intelectual, racial, social, militar e politicamente aos caciques, era inaceitável constatar a percepção política e a exterioração de interesses e projetos pelos indígenas, tidos como ignorantes e manipuláveis. Isto eles não eram, e alguns comandantes demoraram a compreender. A situação política e militar enfrentada pela Argentina estava clara. Os caciques souberam da declaração de guerra de Solano Lopez, praticamente ao mesmo tempo em que a população de Buenos Aires, pois compunham o público leitor dos periódicos portenhos. Perceberam o enfraquecimento militar e sua consequência política, e aproveitaram da fragilidade circunstancial para invadir e pressionar por

---

84 HUX, Meinrado. *Caciques huiliches y salineros, op. cit.*, p. 84.
85 SHE, 15/01/1867.

proveitosos tratados e *regalos*. A estratégia Unitária frente aos indígenas a contragosto – em especial do presidente Bartolomé Mitre, sempre arredio a qualquer contato que não demonstrasse a superioridade *criolla* – foi modificada, passando de bélica a pacífica, pois era necessário reconhecer ser impossível o combate em tantas frentes simultâneas. As pazes foram celebradas, não representando, entretanto, o encerramento das invasões.

Tanto as denúncias de invasão encaminhadas por caciques,[86] quanto as cartas solicitando armas, munição e soldados continuaram,[87] apenas se tornando mais dramáticas com o prolongamento da Guerra do Paraguai. Os principais comandantes não conseguiam elaborar estratégias defensivas, pois sua constante meta, o rio Negro, era inatingível sem o devido planejamento e o auxílio considerável de soldados, armas e cavalos.

No meio do caos que se instaurou na fronteira sul, uma solicitação encaminhada ao Subsecretário encarregado do despacho do MGyM, em julho de 1867, chamava a atenção. Nela, as reclamações também giravam em torno dos constantes *malones*, da violência e da falta de soldados, mas seu diferencial estava na veemência pela qual era solicitado o reforço na defesa. Tratava-se de uma colônia de ingleses em Frayle Muerto:

> (...) os índios do sul invadiram (...) onde estão estabelecidos há algum tempo alguns imigrantes ingleses que compraram uma considerável extensão de terras (...). Este evento desagradável produziu, naturalmente, grande alarme entre os colonos (...), o que poderá causar muito dano ao crédito do país no exterior e interromper a corrente de imigração felizmente estabelecida e que se distingue por sua gana de trabalho, pelo capital que introduz e pela coragem com que se lança ao povoamento e exploração dos territórios desertos. Nessa circunstância o governo acreditou conveniente fundar, imediatamente ao sul das possessões referidas, um estabelecimento militar que lhes servisse de especial defesa.[88]

---

86 SHE, 14/03 e 28/05/1867.
87 SHE, 22/01 e 03/12/1867.
88 SHE, 23/07/1867.

Julian Martinez foi substituído por Wenceslao Paunero no comando do MGyM em janeiro de 1868. O curto mandato do novo ministro foi marcado por relações relativamente pacíficas na fronteira sul e uma política conciliatória pensada para os indígenas, apesar do tom militarista da Lei de 1867. Em fins de abril, em correspondência ao governador da província de Santa Fé, o novo ministro apresentava sua nova política frente aos indígenas:

> (...) tenho a satisfação de informar (...) que o Governo Nacional está disposto a (...) reduzir os selvagens aos hábitos pacíficos do trabalho.[89]

As indicações de Paunero oficializaram a estratégia de lançar mão de tratados para evitar o confronto com os indígenas enquanto durasse a Guerra do Paraguai. Manteve-se a proposta de conquistar os territórios e despojá-los das terras, mas a resolução levantada durante o ápice da Guerra propunha a transformação dos indígenas em mão de obra barata, e não seu extermínio.

As aspirações pacíficas do MGyM não encontraram ecos nem na população civil da fronteira, tampouco entre muitos caciques. Segundo o comandante da Guarda Nacional de Bragado, as invasões haviam se tornado constantes na região, com a contabilização de oito em apenas quarenta dias. Fazia-se então necessária uma campanha militar para localizá-los e combatê-los, pois certamente estavam utilizando pontos pouco recuados da fronteira para guardar o gado roubado e descansar os cavalos.[90] O comandante dizia também contar com o apoio de militares e *vecinos* de importantes vilas da região, em especial 25 de Mayo, Bragado e 9 de Julio. A ação foi autorizada pelo MGyM,[91] mas a mudança na presidência e no ministério impediu a organização efetiva da campanha.

---

89   SHE, 27/04/1868.
90   SHE, 23/10/1868.
91   SHE, 26/10/1868.

Domingo Faustino Sarmiento assumiu a presidência argentina em 1868 e o Gal. Martin de Gainza[92] foi nomeado seu MGyM. O autor de *Facundo* viu-se em uma situação na qual os esforços estavam concentrados no combate contra uma daquelas barbáries descritas em seu livro, o caudilhismo de López. A outra, a indígena, deveria esperar o momento oportuno para ser combatida.

Calfucurá e Bernardo Namuncurá reconheciam a importância e a força política de Álvaro Barros e escreveram para pressioná-lo em setembro de 1868, procurando impedir a ocupação de Choele Choel, vista como o primeiro estágio da execução da Lei nº 215 e uma declaração de guerra. Ameaçaram com a possibilidade de uma sublevação indígena e a abertura de uma nova guerra, paralela à do Paraguai. Segundo eles:

> Nós dois somos amigos, (...) mas sinto muito, porque não me avisaram de sua parte, da ocupação que fizeram em Choele Choel; pois me dizem que já chegaram as forças e que vem fazer-me a guerra; mas eu também, já mandei minha comitiva para meu irmão Reuquecurá para que mande gente e forças. Mas se se retiram de Choele Choel, não haverá nada e estaremos bem (...). Juan Calfucurá.[93]

> Diz-me meu general que informe a você da vinda do irmão Reuquecurá e que já está em Choele Choel com 3.500 lanças, sem contar os que vem ainda a caminho e a vinda deles é por conta do povoamento que se vai fazer em Choele Choel (...). Bernardo Namuncurá.[94]

O recado enviado a partir das Salinas Grandes era claro: o governo deveria ordenar a retirada das tropas da ilha de Choele Choel ou se veria diante da guerra com os indígenas. Sob tais ameaças, foi ordenada a desocupação da ilha.

---

92   Martin de Gainza (1814-1888), militar de carreira, participou da batalha de Pavón (17/09/1861), ao lado das tropas de Mitre, contra Urquiza. Durante sua gestão no MGyM, foram criados importantes estabelecimentos pensados por Sarmiento, como o Colégio Militar e a Escola Naval.
93   Juan Calfucurá a Álvaro Barros, *apud* HUX, Meinrado. *Caciques huiliches y salineros, op. cit.*, p. 85.
94   Bernardo Namuncurá a Álvaro Barros, *apud* HUX, Meinrado. *Caciques huiliches y salineros, op. cit.*, p. 85.

As relações também estavam estremecidas com os Ranquel. Paghitruz Guor também tentou ameaçar os comandantes após a ocupação de Choele Choel e a aprovação da Lei nº 215. Em carta de novembro de 1868, o Cel. Francisco de Elia escreveu aos caciques para responder outra recebida e afirmando:

> Sobre ameaça que você me faz, direi a você que isso já é falar demais, ou seja, que não quererá que vivamos em boa harmonia, porque não é o meio de conquistar a boa vontade. Eu por minha parte estou disposto ao que você disponha. Se você quer mandar sua comissão, mande-a, e se você quer invadir-me, pode fazê-lo; quem sabe, mais tarde, qual será o que terá que chorar mais".[95]

No segundo semestre de 1868 houve um movimento diplomático, de pressão dos caciques, para impedir a execução da Lei nº 215. Eles estavam informados de seu conteúdo, procuraram bloquear qualquer tentativa de avanço, mas sabiam que esta seria uma tarefa extremamente árdua.

Lucio Mansilla, os Ranquel e o avanço da fronteira sul

Lucio Victorio Mansilla[96] se tornou o novo Comandante Chefe da Fronteira Sul de Córdoba (CCFSCba) e procurou seguir os planos do MGyM de paz e expansão. Estabeleceu bons contatos tanto com os principais indígenas da região – os Ranquel – quanto com missionários franciscanos de Río Cuarto e militares experientes, caso de Manuel Baigorria. Mansilla era um portenho culto, viajado e experimentado e pretendia realizar grandes feitos para se tornar um personagem

---

95 Francisco de Elia a Paghitruz Guor *apud* HUX, Meinrado. *Caciques pampa-ranqueles, op. cit.*, p. 179.

96 Lucio Victorio Mansilla (1837-1913), sobrinho de Juan Manuel de Rosas, foi escritor, viajante, militar e político. Na carreira militar, combateu durante a Guerra do Paraguai e foi chefe da fronteira Sul de Córdoba, San Luis e Mendoza, entre 1868 e 1870. Foi Presidente da Câmara dos Deputados da Argentina, Governador da Província do Chaco e embaixador junto aos Impérios Alemão, Austro-Húngaro e Russo.

histórico.[97] No início de sua gestão, contatou Paghitruz e enviou alguns *regalos*, imediatamente devolvidos, pois o cacique não estava interessado em cavalos, mas sim em erva-mate e açúcar.[98]

O grupo em torno de Paghitruz Guor já havia iniciado uma aproximação com os comandantes da fronteira sul, distanciando-se gradativamente das estratégias ofensivas do cacique Baigorrita – afilhado do Cel. Manuel Baigorria. A chegada de Mansilla se apresentava como uma oportunidade para formalizar um tratado de paz com os *criollos*, já que estes também se mostravam disposto a negociar a paz.

Mansilla escreveu ao MGyM confiante na possibilidade de assegurar a paz nas fronteiras sul de Córdoba e San Luis com um tratado que faria o governo gastar menos recursos do que na guerra aberta contra os indígenas. Procurando convencer o ministério a empenhar mais recursos em tratados de paz, argumentava que

> os índios desejam a paz mais do que nós, porque hoje estão acostumados aos vícios de nossa civilização (…), conversei longamente com o reverendo Padre Frei Marcos Donati e sei por ele que o Exmo. Sr. Presidente da República está com as melhores intenções de acordos de paz com os índios.[99]

Os franciscanos, representados pelo padre Donati, não foram os únicos a se aproximar e intermediar o tratado de paz.[100] Objetivando catequizar e civilizar os Ranquel, os dominicanos também investiram nos caciques. Segundo Hux, "o

---

97 Lucio Mansilla escreveu diversos livros. O mais conhecido é seu relato de viagem às *tolderias* de Paghitruz Guor. Em *Una excursión a los índios ranqueles*, procurou construir sua imagem como a de um herói nacional, por ir pessoalmente negociar com os indígenas mais hostis.
98 SHE, 27/01/1869 (1).
99 SHE, 27/01/1869 (2).
100 Os franciscanos sediados em Río Cuarto, província de Córdoba, tornaram-se os principais interlocutores entre os caciques, os militares e as autoridades civis da região. Esta atuação encontra-se registrada no Archivo del Convento de San Francisco de Río Cuarto (ACSFRC), compiladas por Marcela Tamagnini em *Cartas de frontera. Los documentos del conflicto interetnico*.

padre Burela [dominicano] gozava de muita confiança entre os caciques, que o nomearam assessor do representante do cacique e encarregado de levar o tratado a Buenos Aires para sua ratificação pelas autoridades nacionais".[101] Apesar do padre Meinrado Hux constantemente sobre-valorizar a influência dos religiosos, é notável a aproximação entre Burela, Donati e dois dos mais importantes caciques Ranquel, Paghitruz Guor e Manuel Baigorrita.

Ao estudar o material referente à negociação do tratado de paz de 1869, Hux apresenta uma interessante interpretação para a crescente busca dos Ranquel pela paz. Segundo ele, durante o período em que esteve preso, Paghitruz Guor foi catequizado e alfabetizado na *estancia* de Juan Manuel de Rosas e isto foi fundamental para que se familiarizasse com alguns importantes aspectos da cultura católica.

Foi depois da trágica morte de Calbán que Paghitruz Guor assumiu a liderança do mais expressivo e populoso grupo Ranquel – a Confederação de Leuvucó – e insistentemente procurou os comandantes militares em busca de tratados. Além de vetar a expansão territorial *criolla* e de exigir rações, o cacique autorizou a instalação de missões religiosas em seus campos, objetivando a introdução de algumas técnicas civilizadas, principalmente de agricultura e construção, além de valores católicos, em especial os relativos ao respeito ao superior hierárquico e à cultura letrada.

Mansilla, paralelamente à negociação com os Ranquel, procurou convencer os *vecinos* da vila de Río Cuarto e região sobre a importância e a viabilidade econômica e militar de transpor a fronteira do rio Cuarto para o rio Quinto, aproximadamente cinquenta quilômetros ao sul. Entre março e abril de 1869, começaram a encaminhar ao MGyM petições, planos e estratégias para a ampliação da fronteira, levantadas pelos *vecinos*,[102] referendadas por Mansilla,[103] pelo Comandante Geral das Fronteiras do Sul,[104] D. José Arredondo e pelo governador de Córdoba.[105]

---

101 HUX, Meinrado. *Caciques pampa-ranqueles, op. cit.*, p. 189-190.

102 SHE, 31/03/1869.

103 SHE, 22/04/1869.

104 SHE, 03/05/1869.

105 SHE, 15/05/1869.

Numa ação coordenada por Mansilla, o avanço fronteiriço começou pela região de Córdoba e continuou até as demais províncias, abarcando Mendoza, San Luis, Santa Fé e Buenos Aires.[106] O primeiro movimento executado por Manuel Baigorria alcançou o rio Quinto no final de maio de 1869,[107] 30 léguas ao sul do rio Quarto, em um acréscimo de 1.500 léguas à zona *criolla* dos pampas.

Baigorria executou os planos de Mansilla ocupando as margens do rio Quinto, estabelecendo *fortines* nas zonas onde encontrava melhores pastagens e lenhas para o sustento da tropa e do gado. Com o avanço realizado, o governo de Córdoba enviou 500 soldados, sabendo de antemão que os indígenas não deixariam impune tal ocupação territorial.[108]

Estabelecida e fortificada a defesa cordobesa, Mansilla se reuniu com os comandantes das fronteiras de Buenos Aires e Santa Fé para coordenar seus respectivos avanços e formar uma nova linha de defesa, que partiria do Cerro Nevado,[109] em Mendoza, e chegaria à Bahía Blanca, em Buenos Aires,[110] reduzindo a linha a ser defendida de 340 para 230 léguas. Convencidos da possibilidade de tal avanço, os comandantes pensaram ser possível ocupar militarmente a região das Salinas Grandes, mas recuaram por considerarem que um avanço tão grande poderia ser um erro, ao deixar uma área muito vasta e despovoada entre a nova e a antiga linha de fronteiras.[111]

A nova fronteira reunia as *comandancias* Norte de Buenos Aires e Sul de Santa Fé sob a nova *comandancia* da fronteira nordeste de Buenos Aires (CCFNEBsAs). Mansilla coordenou[112] e os comandantes Federico Melcheró e Antonio Benavides

---

106 Para a efetivação do avanço fronteiriço, foi fundamental a participação de Juan Federico Czetz, engenheiro húngaro responsável por grande parte do levantamento territorial e dos estudos sobre a melhor localização para a nova defesa fronteiriça.

107 SHE, 16/05/1869.

108 SHE, 18/06/1869.

109 O Cerro Nevado, a 3.810m de altitude, localiza-se na Província de Mendoza, próximo da confluência dos rios Atuel, Diamante e Salado.

110 SHE, 19/08/1869.

111 SHE, 19/08/1869.

112 SHE, 05, 12, 13 e 28/08/1869.

executaram o avanço no começo de outubro, a tempo de plantar alfafa para alimentar o gado durante a seca do verão.[113]

Depois de concretizado o avanço da fronteira, Mansilla voltou a negociar com os Ranquel. Foram inúmeros os textos negociados e modificados até que, em meados de dezembro, um primeiro esboço foi enviado ao presidente Sarmiento para sua aprovação.

> Tenho a honra de apresentar (...) o tratado de paz que, depois de longos debates, consegui celebrar com os índios Ranquel. Creio desnecessário atentá-lo sobre as vantagens aos cristãos (...). A paz (...) não pode ser mais barata, (...) pelo seguinte cálculo baseado na hipótese de que os habitantes que compõem as tribos ranquelinas não passam de dez ou doze mil (...). Dividindo os quatro mil, oitoscentos e vinte e nove pesos que o Exmo. Governo Nacional pagará, pelos dez mil habitantes, (...) resulta que cada um deles apenas custará mensalmente quarenta e oito e quatro centavos bolivianos (...) mais trezentos pesos mais ou menos por gastos reservados para gratificação dos agentes secretos (...) que são homens da confiança dos caciques mais importantes (...). Atente ao artigo do tratado que fala sobre (...) as vinte léguas de terras. Estas são, na realidade, (...) parte de um território que não passará de 2.100 a 3.000 léguas quadradas (...). O reverendo Padre Frei Vicente Burela [dominicano], pode dar muitas explicações.[114]

---

113 SHE, 07/10/1869.
114 SHE, 15/12/1869.

Indígenas e criollos

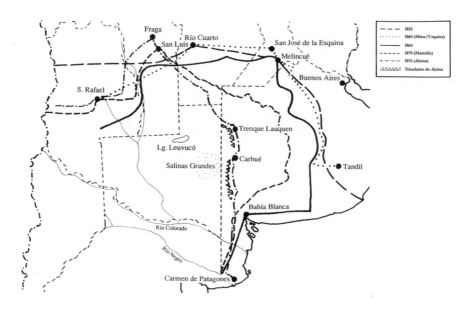

Principais avanços na linha de fronteira entre 1852 e 1870

Mansilla e Arredondo, principais cabos eleitorais de Sarmiento no Exército antes das eleições de 1868, acabaram sendo os responsáveis pelo mais contundente avanço do território *criollo*, na Argentina, desde as campanhas militares de Rosas em 1833. A confiança do presidente era imensa e a missão à qual foram enviados era considerada muito importante, pois ambos deviam elaborar os planos para o cumprimento da lei de ocupação dos rios Negro e Neuquén, tendo em vista que a Guerra do Paraguai, em fins de 1869, já era uma vitória sacramentada. Restava apenas alcançar o ponto culminante – a caça e morte de Solano López.

Tensão e pacificação na fronteira de Buenos Aires

Enquanto Sarmiento deslocou dois de seus principais colaboradores para a fronteira no Interior, as *comandancias* de Buenos Aires continuaram com Barros na fronteira sul e Llano em Bahía Blanca. Calfucurá e os caciques intermediários que buscavam a paz eram seus principais interlocutores indígenas. Barros continuou lidando com os problemas decorrentes da falta de soldados, cavalos e armas e com a reduzida cooperação angariada de outros comandantes, dos juízes de paz e dos comandantes da Guarda Nacional. Sem conseguir organizar a defesa, recorreu constantemente ao uso dos *lanzas amigos* instalados próximos aos fortes sem, no entanto, deixar de reclamar ao MGyM[115] dos gastos e inconvenientes de tal prática.

Apesar do tratado com Calfucurá e das intensas e constantes negociações com os demais caciques, a paz estava longe de ser estabelecida na fronteira. No final de janeiro de 1869, por exemplo, os *vecinos* de Bragado, 25 de Mayo e 9 de Julio enviaram um abaixo-assinado[116] ao governador da província, criticando duramente a realização de obras de infra-estrutura apenas na cidade de Buenos Aires. Afirmavam que a *campaña* (o interior da província) também pagava impostos e era responsável pelo abastecimento da cidade. O abaixo-assinado estendeu a solicitação enviada pelo comandante da Guarda Nacional de Bragado, em 23/10/1868, quando alertava para a proximidade dos acampamentos indígenas e a decorrente leva de *malones* que chegara a oito em um período de 40 dias,[117] como vimos anteriormente.

As invasões se sucediam e *vecinos* e comandantes alertavam para um processo lento e gradual de despovoamento da região sul da província de Buenos Aires. O Cte. Barros, em 3 de fevereiro, mostrou sua costumeira inquietação com os *malones* e enviou, mais uma vez, outra solicitação para reunir milhares de soldados para marchar sobre as *tolderias*.

> Sendo, sem dúvida, um ataque geral o que se prepara, não há defesa possível com as forças fracionadas como estão. As pequenas divisões serão atacadas sucessivamente e tanto por seu número quanto por sua natureza, facilmente destruídas. Reconcentrar o todos em um único ponto e marchar sobre o centro de reunião do inimigo é o verdadeiro plano de defesa que dará resultado (...). Declarando a campanha em estado de sítio, em poucos dias haver-se-ão reunidos mil e quinhentos ou dois mil homens e as manadas de cavalo

---

115 SHE, 21/01 e 21/02/1869.

116 SHE, 29/01/1869.

117 SHE, 23/10/1868.

suficientes. Em oito dias esta força haverá ocupado as Salinas e tudo estará salvo.[118]

Álvaro Barros estava indignado com a forma como Calfucurá lidava com os *criollos*, assinando tratados, pedindo *regalos* e incentivando invasões. O comandante, que havia enviado seus planos para o IGA Emilio Conesa, optou por escrever nova correspondência, desta vez ao próprio MGyM.

> Calfucurá e os Ranquel podem por de mil e quinhentas a duas mil lanças. O cacique Limonao com uma tribo numerosa está hoje com Calfucurá chegado há dois meses das Cordilheiras, e Reuque Curá, que dispõe de outra tribo numerosa, também está a caminho para se unir a Calfucurá. Os índios amigos situados entre este povoado [Olavarria] e Azul (1.500 lanças) até agora permanecem impassíveis, mas se não dominarmos os invasores, perder-se-á a eles (…). Com forças suficientes é necessário adotar outro sistema de defesa (…). A urgência de resolver todo o exposto (…) porque talvez sejam movidos pelos mesmos (…) que agitam as montoneras do Interior".[119]

Apesar da indignação e, provavelmente, causando mais ira no comandante, o IGA Emilio Conesa respondeu desautorizando o ataque à região das Salinas Grandes. Para os chefes do Exército, não era um momento apropriado para enfrentar mais um inimigo forte, organizado e muito armado. A ordem era a mesma: esperar o final da Guerra do Paraguai.

Enquanto Barros procurou defender a fronteira com o auxílio de indígenas, continuaram as movimentações de aproximação entre caciques menores e o governo. Em abril foi o caso do cacique Miguel Linares, que escreveu:

> Até aqui tive a honra de expor a V.S. a boa disposição da tribo de naturais que me reconhece como superior para adiantar alguns

---

118 SHE, 03/02/1869.
119 SHE, 06/02/1869.

passos no caminho da civilização. Sua residência por alguns anos no lugar que se assinalou, o abandono da vida errante (...) são razões suficientes para persuadir-se de que estamos maduros para avançar algo mais (...) se nos concede o seguinte:

1º: A opção de fundar e construir a um povoado na mesma localidade em que estamos estabelecidos (...) até que contraídos certos hábitos nesta vida nova (...) até colocarmos ao nível dos demais povos da província (...) [com] os mesmos direitos que os cidadãos, sob a lei comum (...).

2º: Que o Exmo. Governo dote nosso novo povoado de uma escola. Muitos de meus companheiros falam castelhano, que é minha língua tão natural para mim como é a dos indígenas. Esta escola contribuiria poderosamente não só para desenvolver nossa civilização, mas dos naturais em geral (...) ela viria a ser um Colégio dos Indígenas do Sul. V.S. conhece nossas relações de parentesco e de amizade com outras muitas tribos que nos confiariam seus filhos (...). Poderíamos quiçá alargar os efeitos desta medida até convertê-la por meio eficaz de trazer ao caminho da civilização a tanta populações indígenas hoje sumidas nos erros do atraso e da miséria. Ninguém pode afirmar que não sairão deste plantel grandes homens que, arrancados da vida bárbara, empreguem o que valem em trazer seus povos à civilização [como] o Presidente Juárez do México e (...) o Presidente Santa Cruz da Bolívia, e (...) o Presidente Gamarra do Peru (...)".[120]

Além de apresentar-se interessado na instalação de um povoado, o cacique mostrou uma minuciosa compreensão da civilização ocidental ao pedir a instalação de um colégio, não só para os seus, mas também aos demais indígenas dos pampas. Para justificar este investimento do governo, elencou diversos políticos de outros países das Américas com o intuito de desmontar o discurso sobre a barbárie intrínseca ao indígena, mostrando como estes povos poderiam colaborar para a construção da Argentina.

Linares escreveu e se apresentou como um argentino. Buscou abandonar os "erros e ignorância" e contribuir para o crescimento de "seu" país, colaborando na

---

120 SHE, Abril de 1869.

edificação de uma nova sociedade, voltada para o trabalho. Ele era apenas mais um cacique que procurava o governo interessado na sedentarização, no aprendizado das técnicas de trabalho e na obtenção de melhorias materiais, mostrando como o discurso civilizatório havia sido incorporado pelos indígenas sob diversos espectros, mas também buscando manter o controle sobre os pampas, adquirir as técnicas de trabalho e contribuir autonomamente para a construção da Argentina.

Calfucurá e seu filho mais importante, Manuel Namuncurá, contrapondo-se a caciques de pouca força política como Linares, escreveram duras críticas e graves ameaças ao comandante Osorno. O herdeiro político da Confederação de Salinas Grandes começou, nesta época, a assumir parte da linha de frente da diplomacia de seu pai. Em carta, salientou:

> (...) nós também temos o bem pensar para o viver bem e não estarmos como inimigos, sendo filho de uma mesma terra que não podemos defender ambos mortos (...). Senhor também (...) meu pai e eu estamos muito sentidos, e outros capitães mais, por conta do Chefe de Azul pelo que está fazendo, de assassinar a nossa gente que vai a negócio (...), se ele não marcha bem conosco teremos que nos voltar sobre o governo.[121]

É interessante notar a relação que se construía entre Osorno e Namuncurá. O cacique passou a chamar o comandante de padrinho – Calfucurá, no mesmo dia, chamou-o de compadre –, e a afirmar que ambos eram filhos da mesma terra. A identificação com a terra passou a ser uma estratégia adotada pelos caciques de Salinas Grandes para legitimar suas ações e procurar frear o avanço da linha de fronteiras sobre os pampas.

As ameaças e as denúncias descritas por Namuncurá explicitaram a força político-militar que ele concentrava em suas mãos, escrevendo a um importante comandante militar para exigir a retirada de outro comandante. Álvaro Barros havia saído da *comandancia* em 20/05/1869, e o novo responsável pela fronteira, Francisco Borges, não se mostrava inclinado às pressões provenientes de Salinas Grandes. No

---

121 SHE, 19/09/1869 (1).

começo de 1870, a nova linha de fronteiras já era uma realidade[122] e o avanço não passou despercebido pelos indígenas. O tratado com os Ranquel estava sendo encaminhado por Lucio Mansilla e diversos caciques dos pampas se ofereciam para a incorporação numa sedentarização pacífica, incluindo Caepé, um dos mais importantes chefes indígenas dos Andes, que também não tardou a aderir.

A confiança e força dos comandantes começaram a crescer após a consolidação da expansão da fronteira. Em janeiro de 1870, o CCFO, Juan de Baer, destituiu o secretário do cacique Raniqueo[123] em uma intervenção direta nas relações pessoais de poder do cacique. Esta, porém, não foi a única ingerência *criolla* em Raniqueo. Em 15 de maio, após mais um alerta de possível invasão de Calfucurá, o Secretário da IGA,[124] Rufino Victorica, ordenou ao cacique que permanecesse em estado de alerta, podendo ser convocado a enviar *lanzas*, assim como já havia ocorrido com Coliqueo.[125] Desde o primeiro aviso de invasão proveniente de Calfucurá, em fevereiro,[126] o Cte. Juan de Baer procurava angariar este apoio do cacique, que se mostrava reticente e atuando com uma estratégia, vista pelo CCFO, como sendo um suporte disfarçado aos *malones*. A alegação indígena era de que ainda não haviam recebido o fornecimento de *regalos* relativos ao tratado e, estando o governo em dívida com eles, não se sentiam obrigados a colaborar.[127] De fevereiro a maio, com os constantes avisos de organização de *malón* nas Salinas, o governo encaminhou o que estava atrasado e Coliqueo se viu obrigado a ajudar na defesa.

---

122   SHE, 05/01/1870.

123   SHE, 04/01/1870.

124   O nome oficial da função é Encarregado Geral do Despacho da Intendência Geral de Armas da Nação, com sigla EGDIGA.

125   SHE, 16/05/1870.

126   SHE, 12/02/1870.

127   SHE, 20/02/1870.

Lucio Mansilla e sua
Excursión a los Indios Ranqueles

Na fronteira de Córdoba, Lucio Mansilla elaborou o tratado com Paghitruz Guor, em fevereiro de 1870, e enviou o texto para a sanção presidencial. Porém, não foi bem sucedido, pois diversas alterações foram sugeridas. O comandante, então, optou por ir negociar diretamente nas *tolderias* de Paghitruz. Reuniu dois franciscanos, alguns soldados e partiu em direção de Leuvucó. A viagem, que começou em 30 de março, durou dezoito dias, não foi a primeira nem a última de um comandante militar às *tolderias*, mas certamente foi uma das mais importantes por se tratar da negociação direta de um tratado e por ter sido inteiramente registrada por cartas, posteriormente publicadas sob o título de *Una excursión a los índios ranqueles*.[128]

Nas cartas, Mansilla registrou a leitura cotidiana dos jornais portenhos por Paghitruz Guor (Mariano Rosas), acrescentando componentes até então inesperados à negociação do tratado.

> Mariano me disse:
> — Já sabe, irmão, que os índios são muito desconfiados.
> — Já sei disso, mas do atual Presidente da República, com cuja autorização fiz estas pazes, não devem desconfiar – contestei.
> — Você me assegura que é bom homem? – me perguntou.
> — Sim, irmão, asseguro – repus.
> — E para quê querem tanta terra quando ao sul do rio Quinto, entre Langhelo e Melincué, entre Aucaló e o Chañar, há tantos campos despovoados?
> Expliquei-lhe que para a segurança da fronteira e para o bom resultado do tratado de paz, era conveniente que detrás da linha houvesse pelo menos quinze léguas de deserto (…). Arguiu-me que a terra era deles. Expliquei-lhe que a terra não era senão dos que a faziam produtiva; que o governo lhes comprava, não o direito a ela, mas sua posse, reconhecendo que em alguma parte haveriam de viver (…). Expliquei-lhe que o fato

---
[128] Utilizo aqui a edição de 1993, publicada pela *Ediciones de Cultura Hispánica*. O original é de 1870.

de viver ou haver vivido em um lugar não constituía domínio sobre ele (...) dissimulando mal sua contrariedade, me disse:
— Veja, irmão, por que não me fala a verdade?
— Disse-lhe a verdade – contestei.
— Agora verá, irmão.
E isto dito, se levantou, entrou no toldo e voltou trazendo um caixote de pinho, com tampa corrediça. Abriu-o e tirou dele uma porção de bolsas de algodão fino. Era seu arquivo. Cada bolsinha continha notas oficiais, cartas, rascunhos, periódicos. Ele conhecia cada papel perfeitamente. Podia apontar com o dedo o parágrafo que queria referir-se. Remexeu seu arquivo, tomou uma bolsinha, correu a bainha e tirou dela um impresso muito dobrado e enrugado, revelando que havia sido manuseado muitas vezes. Era La Tribuna de Buenos Aires. Nela havia marcado um artigo sobre a grande estrada de ferro interoceânica. A qual me indicou dizendo:
— Leia, irmão
Conhecia o artigo e lhe disse:
— Já sei, irmão, do que se trata.
— E então, por que não é franco?
— Como franco?
— Sim, você não me disse que querem comprar as terras para que passe pelo Cuero uma estrada de ferro.
Aqui me vi sumamente embaraçado. Havia previsto tudo menos o argumento como o que se me acabava de fazer.[129]

Paghitruz Guor aceitou negociar as pazes com Mansilla apesar da expansão da fronteira rumo às *tolderias*, coordenada pelo comandante com o qual negociava. Mas as leituras que realizava dos jornais de Buenos Aires, permitiam-lhe o conhecimento do contexto político portenho e dos planos governamentais, entre eles o

---

129 MANSILLA, Lucio Victorio. *Una excursión a los indios ranqueles*. Madri: Ediciones de Cultura Hispánica, 1993, p. 375-377.

da expansão da linha férrea pelas áreas então ocupadas pelos Ranquel[130] e os planos da Lei nº 215, de 1867.

A viagem de Mansilla foi uma aventura em diversos sentidos. O comandante, ao assinar o tratado de paz com os Ranquel e conseguir levantar boas informações geográficas sobre a zona entre o rio Quinto e Leuvucó, concretizava seu esperado passo para o ingresso na História Nacional.

Para Paghitruz Guor e outros caciques de menor expressão, como Ramón Platero e Baigorrita, era a oportunidade para celebrar as pazes e, imaginavam, frear o avanço *criollo* sobre suas terras, gados e famílias. A negociação indígena para a assinatura do tratado foi difícil. Segundo Mansilla, houve forte oposição de outros caciques e dos anciãos, pois os Ranquel sempre haviam se mostrado arredios a tratados e ferrenhos defensores de sua autonomia e liberdade nos pampas.

Manuel Baigorrita e Paghitruz Guor procuraram conseguir com Mansilla algumas técnicas da civilização ocidental, em especial em relação ao cultivo da terra, mas segundo o dominicano Burela – que havia se dirigido às *tolderias* assim que soube da ida de Mansilla – o comandante usou estratégias escusas para conseguir a aprovação do tratado. Para Hux,

> o padre Burela disse que houve alguns momentos desagradáveis devido ao estado de embriaguez dos homens, porque Mansilla oferecia muito álcool e não se falava dos tratados de paz. O mesmo afirma o padre Moisés Álvarez [franciscano] em sua *Crónica del convento de San Francisco de Río Cuarto*. Mariano Rosas não bebia muito e zelava para que não houvesse nenhum desmando. O padre Moisés afirma que, se os sacerdotes não tivessem acompanhado o Cel. Mansilla, os indígenas teriam matado a ele e sua escolta militar.[131]

---

130 Em 16/09/1868 (SHE), o diretor do Ferrocarril General Argentino, o inglês Thomas Armstrong, escreveu ao MGyM para reclamar das constantes invasões dos indígenas. Segundo ele, os *malones* estavam atacando as cercanias das obras da expansão ferroviária e muitos trabalhadores haviam abandonado os trabalhos. Segundo ele, uma nova invasão, sabidamente planejada para "a próxima lua", levaria à interrupção temporária das obras, causando incontáveis prejuízos a todos.

131 HUX, Meinrado. *Caciques pampa-ranqueles, op. cit.*, p. 193.

Os escritos do padre Álvarez não foram publicados e tampouco conseguiram a notoriedade do *Una excursión a los índios ranqueles* de Mansilla, mas compõem um instigante contraponto à imagem construída pelo coronel. A análise de Hux possibilita a compreensão da rivalidade entre franciscanos e dominicanos pela influência sobre os Ranquel, bem como a importância do cacique Paghitruz Guor – arredio à bebedeira e disposto à negociação de paz – e dos religiosos para o encaminhamento da situação, tendo em vista que Mansilla procurou alcoolizar o *parlamento* para ter facilitada a sua tarefa.

Por fim, a chamada *excursión* também era a porta de entrada para os franciscanos, até então meros espectadores da aproximação entre os dominicanos e os Ranquel. As relações entre o frade Marcos Donati e Paghitruz Guor se estreitaram e o religioso se tornou o intermediador político entre os indígenas e os *criollos* após a saída de Mansilla de seu comando, em maio de 1870. Donati, anos depois, escreveu para afirmar que os caciques estavam mais propensos à paz do que os militares.

> Desgraçadamente muito pouco durou o tratado de Mansilla (...). Depois as rações do tratado não eram entregues aos índios completas e as razões que os empregados aduziam eram que o Congresso não havia aprovado o dito tratado. Outra vez fui a Buenos Aires; fui ao Ministro do Culto, insistindo que apresentasse o dito tratado ao Congresso, como efetivamente fez. Não houve aprovação, por motivo que há alguns anos atrás existe uma lei do Congresso que ordena ao Governo Argentino, que extenda a fronteira até o rio Negro (...). Esta disposição estava em contradição com um artigo do tratado de Mansilla que dizia que os fortins não passariam muito adiante.[132]

As negociações de paz entre Lucio Mansilla e os caciques Ranquel ocorreram simultaneamente com o fim da Guerra do Paraguai. O término do conflito com Solano López fez com que retornassem à Argentina milhares de veteranos de guerra, os principais comandantes militares e um imenso aparato de guerra que incluía

---

132 Marcos Donati, 12/08/1871 *apud* TAMAGNINI, Marcela; ZAVALA, Graciana Pérez. "El debilitamiento de los ranqueles", *op. cit.*, p. 126-127.

rifles, canhões, linhas telegráficas e meios de transportes. A experiência e o material resultantes do conflito paraguaio foram, a partir de 1870, canalizados para a guerra interna, a guerra de expansão da fronteira sul, e os militares chegaram com muita confiança, experiência e ímpeto.

Estação telegráfica do *fortín 1ª División*, c. 1883

Durante a Guerra do Paraguai, as alianças entre caciques e o governo estiveram condicionadas às adaptações às circunstâncias. De um lado, havia o aumento considerável no número de *malones* e, por outro, a busca governamental por tratados que controlassem o tamanho das invasões. Com a lei nº 215, de 13 de agosto de 1867, as opções passaram a ser a submissão ou a pressão, possibilitando o surgimento de um movimento unificado de resistências ao avanço branco, com ataques a *fortines*, tentativas de despovoamento da fronteira e a união entre as confederações indígenas de Salinas Grandes (Calfucurá) e Leuvucó (Paghitruz Guor), com o auxílio de alguns caciques intermediários e independentes.

O Exército Argentino e a nova meta: de Assunção para o rio Negro

Os avisos sobre a organização de uma grande invasão vinda de Salinas Grandes levaram à convocação de Coliqueo e Raniqueo para a defesa[133] e mostraram-se verídicos em meados de junho. O primeiro foco do *malón* de Calfucurá foi o forte Gal. Arredondo, que repeliu o ataque soando o alarme geral,[134] dando um tiro de canhão. Sob esta condição, os *maloneros* recuaram e foram vistos apenas próximos ao *fortín* Libertad.

Levando quase 9.000 cabeças de gado roubadas da região, os indígenas procuraram destruir a base militar para forçar o recuo da linha de fronteiras. Quando foram efetivar uma segunda leva de ataques ao *fortín*, foram surpreendidos pela chegada das tropas do CM Julio Campos[135] e fugiram. A perseguição durou horas e somente foi interrompida quando os 800 indígenas fizeram meia-volta para enfrentar os perseguidores, que ao constatarem que os invasores não abandonariam o gado roubado e notando a grande quantidade de *lanzas*, bateram em retirada. Os indígenas, bem organizados e coordenados, perceberam que, com a expansão da linha fronteiriça e com a sua militarização, apenas com grandes invasões podiam enfrentar a defesa armada e ser bem sucedidos, pois os pequenos *malones*, mesmo mantidos, obtinham eficácia menor.

Depois da saída dos 800 *maloneros*, o Cte. de Baer escreveu aos seus superiores para comunicar que um *índio amigo* soube da organização de um novo *malón*, agora com 2.000 indígenas, saindo das Salinas Grandes.

Calfucurá havia declarado guerra, levando o governo a procurar manter a paz a qualquer custo com os Ranquel de Paghitruz Guor. Este, que fora responsabilizado por pequenos *malones* ocorridos em março,[136] respondeu imediatamente após o ataque de Calfucurá, mostrando-se incomodado com a atitude dos militares:

---

133   SHE, 15/05/1870.
134   SHE, 16/06/1870.
135   SHE, 21/06/1870.
136   SHE, 09/03/1870.

(...) e lhe digo ser muito estranho que me diga que se não entregam as tais éguas, deve colocar em conhecimento do Governo Nacional, pois penso hoje em nosso tratado de paz. Por matéria de trinta éguas, perderam tudo o que trabalhamos, tanto eu, como o Padre Vicente Burela, e o Coronel Mansilla (...). Mesmo que Calfucurá tenha provocado caçadas, creio que vai voltar a fazê-lo, porque chegaram mil e quinhentos huiliches (...) [e] para que não ocorresse prejuízo às províncias, era melhor que entregassem a filha e o genro. Calfucurá não prejudicará, é certo, e coloco em seu conhecimento.[137]

Paghitruz Guor, sabendo o resultado da recente invasão de Calfucurá, sentiu-se forte para pressionar os militares com ameaças de rompimento do tratado, assinado "a tanto custo" com Mansilla e Burela. Aos comandantes, já informados da nova reunião de indígenas, em Salinas, não interessava o rompimento também com os Ranquel. Procuraram, então, contemporizar e relativizar os pequenos *malones*.

A carta de Paghitruz Guor é o primeiro documento que cita um novo cativeiro de parentes de Calfucurá realizado por comandantes da fronteira. No começo de outubro[138] chegou um cativo do cacique com a notícia de que a confederação de Salinas Grandes estava disposta a manter a paz até resgatar Cañumil e a filha de Calfucurá, e que logo após seriam realizados ataques maciços objetivando a retomada de importantes zonas, entre elas algumas ocupadas há muitas décadas, como Carmen de Patagones e Bahía Blanca. Calfucurá estava, segundo o cativo, disposto a uma guerra longa e definitiva contra os *criollos*, inconformado com os constantes avanços – sempre acompanhados de promessas de fim da expansão fronteiriça – e com as recorrentes prisões de seus parentes.

Enquanto lidavam com a declaração de guerra de Calfucurá, os militares se defrontaram com mais um foco de desestabilidade entre os *índios amigos*: a morte do cacique Juan Catriel.[139] Seguindo a linha sucessória, assumiu seu filho Cipriano em um *parlamento* em que se desentendeu com seu irmão Juan José e alguns importantes caciques antigos aliados de Calfucurá, como Manoel Grande, Ramón

---

137   SHE, 19/07/1870.
138   SHE, 02/10/1870.
139   SHE, 15/10/1870.

Lopez, Cachul e Chipitruz. Enquanto os dois primeiros foram convencidos pelo secretário *criollo* dos Catriel, Santiago Avendaño,[140] a aceitar o novo cacique, os outros dois fugiram. Perseguidos e capturados, foram submetidos à força. Este processo sucessório, iniciado com diversas querelas, jamais foi esclarecido e terminou em sangrentas disputas internas anos mais tarde.

O principal problema de então era Juan Calfucurá. Os Ranquel continuaram comunicando a organização de um grande *malón*,[141] até que este finalmente se concretizou da maneira como fora antecipado pelo cativo, sobre Bahía Blanca. Mesmo não tendo sido possível localizar a documentação sobre a grande invasão de 2.000 indígenas, comandados por Manuel Namuncurá, sobre aquela cidade, a historiografia é consensual quanto a afirmar a importância deste evento.[142] Calfucurá estava disposto a expor sua força político-militar e forçar uma solução definitiva que incluísse seus interesses.

Na sequência da grande invasão a Bahía Blanca, o governo procurou elaborar um novo tratado de paz. As negociações transcorreram em novembro,[143] sob

---

140 Santiago Avendaño (1834-1874) foi talvez o civil mais importante para as relações entre os *criollos* e os indígenas na fronteira sul argentina, na segunda metade do século XIX. Aos sete anos, foi raptado pelos Ranquel, dos quais fugiu aos quinze. A partir da queda do governo de Rosas, tornou-se o principal intermediador portenho – cabendo ressaltar ainda a importância de Manuel Baigorria para os confederados –, para a concretização dos tratados de paz. Sua atuação foi especialmente importante entre os indígenas liderados pela dinastia dos Catriel, tendo chegado ao posto de secretário dos caciques. Avendaño foi assassinado em 1874, durante a rebelião que destituiu e matou o cacique Cipriano, levando ao poder central seu irmão, Juan José. Duas obras de sua autoria são reveladoras de sua atuação política e de seu entendimento das sociedades indígenas: *Memórias del ex cautivo Santiago Avendaño* e *Usos y costumbres de los índios de la pampa*, ambos recompilados por Meinrado Hux e publicadas no final da década de 1990, pela editora El Elefante Blanco.

141 SHE, 27/10/1870.

142 Juan Carlos Walther, Carlos Martinez Sarasola, Marcela Tamaginini e Abelardo Levaggi confirmam a importância e grandiosidade da invasão comandada por Namuncurá. Os alertas emitidos pelos Ranquel levam a supor que esta invasão realmente se concretizou e o silêncio da documentação sobre ela é compreensível em virtude das perdas documentais ocorridas tanto no Archivo Histórico del Ejército como no General de la Nación.

143 SHE, 20/11/1870.

a coordenação do novo comandante local, sobressaltado com o estado em que se encontrava o forte e a região após os ataques de Namuncurá. Segundo ele,

> me dirigi à Bahía Blanca, onde cheguei às 5 da tarde. Sinto dever manifestar a V.S. que aqui não encontrei absolutamente nada, não há nem forças, nem cavalos, ao ponto de não ter nem como enviar um emissário (…), [e vou] procurar por todos os meios iniciar tratados de paz com Calfucurá até que o tempo me permita reunir os elementos mais precisos.[144]

As intenções de Calfucurá de forçar o abandono de Bahía Blanca, se não foram plenamente concretizadas, chegaram próximas a isso. A descrição do comandante provisório do forte Defensor Argentino atesta a capacidade destrutiva concentrada nas mãos da confederação de Salinas Grandes e a força política capaz de exigir a reabertura das negociações de paz.

O *vecindario* de Bahía Blanca contribuiu oferecendo animais, tabaco e bebida a serem enviados a Calfucurá. A negociação foi rápida,[145] e em dezembro foram estabelecidas as bases para um novo tratado de paz entre o governo e a confederação de Salinas Grandes, sob a intermediação do Cel. Julián Murga. O pré-tratado definia:

> Art. 1º: Esquecimento completo do passado, sem reivindicações de nenhum tipo, sob a condição de que a boa paz há de seguir de novo franca e leal (…)
> Art 2º: O cacique geral D. Juan Calfucurá se compromete em não permitir que se faça efetiva nenhuma invasão pelos índios que dependem dele, e a dar aviso toda vez que se prepare alguma, sem seu consentimento.
> 3º: O Sr. Cel. Comandante desta fronteira se empenhará para que o Governo Nacional siga outra vez com o tratado de paz que tinha antes estabelecido, acordando-lhes as rações que antes recebiam para

---

144   SHE, 12/11/1870.
145   SHE, 20/11/1870.

ser-lhes entregues, se possível, aqui mesmo em Bahía Blanca (...) e isso para satisfazer ao desejo do mesmo cacique geral.[146]

Este era mais um tratado com característica de armistício. No texto, constavam alguns pontos certamente impostos por Calfucurá, como o que instituiu que o passado deveria ser esquecido para o fortalecimento de novas relações e a declaração de livre comércio. O cacique, no auge de sua força, demonstrou ao governo que devia ser respeitado – ou eliminado.

Na outra frente, os Ranquel mantinham a paz com Arredondo e, apesar de algumas pequenas invasões,[147] após as quais Paghitruz Guor fora obrigado a devolver o gado roubado, as relações se mantinham relativamente pacíficas. No começo de dezembro, o cacique Ramón, um Ranquel, escreveu a Arredondo para se mostrar alerta quanto ao avanço fronteiriço. Criticou a militarização da fronteira e provocou o militar ao afirmar que "também me espanto com tantos Chefes que há agora na linha de fronteiras, e [imagino] se entrarão e não perseguirão [aos indígenas] (...)".[148]

Os caciques constatavam que estavam sendo cercados e demonstravam irritação e inquietação com os pequenos avanços *criollos* em sua direção. Sabiam que em breve voltariam a ser desalojados, empurrados cada vez mais para o sul. Contudo, a manutenção do tratado de paz, era, momentaneamente, um fato: as linhas de comércio estavam estabelecidas e, segundo um *vecino* que foi às *tolderias* comerciar, não havia o menor indício de preparação de *malón*.[149]

A situação estava fadada ao fracasso. Os caciques desconfiavam dos projetos governamentais, os militares contribuíam para melhorar as relações e com uma diferença de apenas quatro dias, aconteceram duas correspondências contundentes. A contadoria do MGyM escreveu ao então inspetor geral de armas Emilio Mitre informando que os contratos assinados para o fornecimento de gado aos Ranquel haviam sido feitos em menor quantidade do que fora acordado com os caciques.[150]

---

146 SHE, 06/12/1870; LEVAGGI, Abelardo. *Paz en la frontera, op. cit.*, p. 437-438.

147 SHE, 16/11/1870.

148 SHE, 07/12/1780 (2).

149 SHE, 16/02/1871.

150 SHE, 01/05/1870.

Diante da situação, o principal responsável pela manutenção dos tratados, Gal. Arredondo, mostrou-se desinteressado, dizendo que apenas mudaria os contratos após a aprovação do Congresso, o que significava meses de espera.

Os Ranquel perderam a paciência e Calfucurá alertou.[151] Em 3 de maio, quatro dias antes do envio do primeiro telegrama na fronteira sul, o Exército conseguiu impedir um *malón* de gigantescas proporções[152] comandado pelo cacique Epumer, irmão de Paghitruz Guor em uma derrota indígena como não se via há décadas.

Os objetivos do ataque eram as regiões de Pergamino, Rojas e Junin. Os caciques Chipitruz e Manoel Grande, submetidos à força ao poder de Cipriano Catriel, aliaram-se a Calfuquir na ação comandada por Epumer, sem imaginar o que lhes aconteceria. O filho de Chipitruz foi preso e Calfuquir morto em combate.

Entre os *lanzas* de Calfuquir, cinquenta se entregaram e seus destinos foram disputados pelo comandante e pelo juiz de paz de Azul. O CM Francisco de Elia manteve os indígenas presos, sem concordar com a proposta levada pelo juiz de paz em nome dos *vecinos* locais. Para eles, aquela era a oportunidade ideal para:

> retirar para outras localidades da Província ou da Nação a imensa maioria dos índios derrotados no dia 3, sem esforço e sacrifício algum, seja para destiná-los ao serviço das armas ou para fecundar a indústria rural.[153]

Os *vecinos* pretendiam afastar os *lanzas* da influência de Calfucurá e Cipriano Catriel e utilizá-los como mão de obra barata, desarticulando suas culturas em nome da civilização e de sua preservação física. Apesar dos séculos de relações conflituosas e do discurso militar que muitas vezes considerava os indígenas inaptos ao trabalho, os *vecinos* procuraram dar um fim prático para aqueles homens, unindo o útil – a obtenção de mão de obra, vital naquele momento anterior às grandes levas de imigrantes – ao necessário – o combate aos *malones*.

---

151 SHE, 28/04/1870.

152 SHE, 07/05/1870.

153 SHE, 07/05/1871 (2).

Os planos civis muitas vezes mostravam-se menos hostis do que os militares, refletindo diferenças na maneira de lidar com vizinhos indesejáveis, mas reais. Enquanto os militares procuraram alocar os indígenas como escudos ou sedentarizá-los em zonas distantes, aos proprietários rurais era mais conveniente a utilização de tais indivíduos, não muito diferentes dos *gauchos*, em atividades produtivas na própria região. Para ambos os projetos, os indígenas eram úteis e deveriam ser civilizados, mas entre os *vecinos* e eles havia uma relação mais próxima e cotidiana que permitia solicitações como esta de 7 de maio de 1871.

A contundente derrota em 3 de maio não impediu que os *maloneros* conseguissem invadir outras regiões e roubar todo o gado de importantes fortes, como o Gal. Lavalle,[154] o Gal. Gainza,[155] além da região de Melincué.[156] A estratégia indígena esteve focada na desarticulação da defesa da fronteira, com o saque específico ao gado das *comandancias*, impedindo, desta forma, a organização da repressão a outras invasões.[157]

Apesar do rompimento do tratado Ranquel, em virtude da má-gestão no fornecimento de rações acordado, os militares mantiveram a mesma postura frente a Calfucurá, numa atitude próxima à provocação. Duas semanas após a invasão Ranquel, o AGEDICA Rufino Victorica escreveu ao MGyM[158] para informar que o CCFO havia recebido informe da organização de um *malón* proveniente das Salinas Grandes em função do não cumprimento do fornecimento de gado. Ainda por algum tempo, Calfucurá ficou calmo, mas os planos de invasão eram algo ainda maior do que foi realizado contra Bahía Blanca por Namuncurá, em outubro de 1870.

---

154   O forte Gal. Lavalle situava-se ao sul de Junin e foi estabelecido após a expansão da fronteira de 1869-1870, na região onde hoje se encontra a cidade de General Pinto, na província de Buenos Aires.

155   O forte Gal. Gainza também foi estabelecido durante a expansão de 1869-1870. Situava-se na lagoa de Guaminí, importante centro indígena até 1869, onde hoje está a cidade de Guaminí, na província de Buenos Aires.

156   Melincué, *fortin* levantado ainda durante o vice-reinado, situa-se ao sul da província de Santa Fé.

157   SHE, 11/05/1871.

158   SHE, 20/05/1871.

Enquanto Calfucurá manteve a paz, o foco recaiu nos Ranquel. Logo após os *malones* do começo de maio de 1871, foi organizada uma expedição[159] de grandes proporções para atacar a região de Leuvucó. As tropas alcançaram as *tolderias*, então praticamente vazias. Os principais caciques haviam fugido e os soldados encontraram apenas pouco gado, alguns indígenas – que foram presos – e os acampamentos, que foram destruídos e incendiados.

Segundo um cativo fugitivo de Calfucurá, assim que os Ranquel perceberam a aproximação das tropas comandadas por Antonio Baigorria, filho do já citado Manuel, recolheram gado e parentes e fugiram rumo às Salinas Grandes. Lá, foram recebidos por Calfucurá e mostraram-se bastante impressionados com a ação executada pelo Exército. O cacique das Salinas hospedou os Ranquel até a saída das tropas, em mais um movimento de aproximação e cooperação entre as duas principais confederações indígenas dos pampas.

A aliança gerada após esta campanha militar foi fundamental para o desenrolar das ações dos meses seguintes. Os Ranquel retornaram a Leuvucó apreensivos e dispostos a enfrentar os *criollos* em uma guerra contra a expansão fronteiriça. Já em 21 de junho correu o alarme de *malón*[160] nos locais em que a invasão de maio liquidara com o estoque de equinos.

Os fortes e *fortines* ainda estavam enfraquecidos[161] quando, em meados de julho, chegou o *malón* ranquelino. Três mil cabeças de gado foram roubadas na região sul da província de Buenos Aires, sem que houvesse qualquer esboço de reação.[162]

Os militares sabiam que as relações com Calfucurá eram sempre temporárias e receberam a notícia de que Reuque Curá estava se dirigindo às Salinas Grandes, no final de julho, significando o início de uma nova leva de *malones*.[163] A situação começou a ficar mais complexa quando os caciques das serras que precedem os Andes, em Mendoza, não enviaram *chasques* para receber as rações.[164]

---

159 SHE, 03/06/1871.
160 SHE, 21/06/1871.
161 SHE, 27/06/1871.
162 SHE, 15/07/1871.
163 SHE, 31/07/1871.
164 SHE, 12/06/1871.

O Gal. Arredondo começou a se preocupar quando alguns pecuaristas que mantinham gado em terras do cacique Caepé foram comunicados por este para retirarem os animais porque estava sendo organizado um ataque[165] com o auxílio do cacique chileno Purrán.[166] As notícias diziam que Reuque e Calfucurá comandariam uma grande invasão. A ordem do comandante geral da fronteira[167] foi manter prontidão total e castigar eventuais *malones*. Os alarmes, boatos e informes eram tantos que a defesa começou a se preparar para uma grande invasão. Catriel foi acionado para manter-se alerta,[168] pois seria convocado, caso ocorresse o ataque indígena.

Contudo, nenhuma grande invasão ocorrera. Então, organizou-se uma expedição contra os *toldos* de Pincén, um dos caciques independentes mais arredios e surpreendentes, comandada pelo Cel. Juan de Baer, que não foi bem sucedida porque um indígena avistou os militares e deu o sinal de alerta nas *tolderias*.[169] O comandante, não satisfeito com a campanha, escreveu:

> Lamento sobremaneira este incidente, não obstante sou de opinião persistir, uma vez que passe um pouco tempo e entre a calma nos toldos (…). Os índios de Coliqueo deram uma prova de decisão e vontade e uma subordinação estranha ao sistema de organização que têm os índios (…) me permita recomendá-los e dos que espero utilizar em maior escala seus serviços.[170]

O MGyM mostrava-se inquieto, no início de 1872, com a peculiar situação enfrentada pela fronteira sul, pois apenas pequenas invasões eram relatadas, apesar dos recorrentes avisos sobre a chegada de araucanos às Salinas e o sumiço dos *chasques* dos caciques das serras de Mendoza.

---

165 SHE, 20/08/1871.
166 SHE, 22/08/1871.
167 SHE, 31/08/1871.
168 SHE, 15/09/1871.
169 SHE, 19/12/1871.
170 SHE, 20/12/1871.

Sabia-se que algo estava sendo planejado, mas não conseguiam descobrir como, quando nem onde o(s) ataque(s) ocorreria(m). Poucos, pequenos e espaçados *malones*[171] significavam que os grandes caciques estavam em paz – o que não era o caso – ou preparando uma invasão.

O ministro Martin de Gainza enviou uma circular, em janeiro de 1872, aos comandantes da fronteira. Nela, afirmava:

> Ordena-se realizar uma coleta de todos os informes transmitidos pelos comandantes dos diversos pontos onde ocorreram invasões, para poder julgar por seus números e importância a eficácia dos meios e sistema de defesa postos em prática até aqui. Para melhor chegar aos resultados que se deseja, o Sr. Presidente necessita da opinião dos Chefes de Fronteira sobre alguns pontos (...), dada a impossibilidade de extinguir aos índios ou de submetê-los.[172]

A circular do MGyM foi uma tentativa de caracterizar cientificamente a fronteira, com a obtenção, catalogação e análise dos dados para melhor coordenar a defesa. Dentre as questões levantadas pelo ministério, destaca-se a frase: "dada a impossibilidade de extinguir aos índios ou de submetê-los", evidenciando a ordem de preferência dada pelo comando de Buenos Aires para a solução das disputas na fronteira sul, primeiro a extinção, depois a submissão.

A cientificidade e a opção pelo extermínio foram características gestadas pela geração de militares que assumiu o comando da fronteira a partir da ida dos principais comandantes para a Guerra do Paraguai. A nova geração, na qual se incluíam Álvaro Barros, Lucio Victorio Mansilla e Juan de Baer, opunha-se aos antigos chefes de fronteira, em especial Benito Machado e Manuel Baigorria, defensores das negociações com determinados caciques e das estratégias defensivas para a fronteira.

O primeiro alerta de invasão de Calfucurá foi repassado por Victorica ao MGyM em 20 de fevereiro de 1872. Segundo o Gal. Arredondo, boatos diziam que

---

171   SHE, 28/12/1871.
172   SHE, Janeiro de 1872.

Calfucurá estava se preparando para invadir,[173] mas os militares não imaginavam a magnitude da invasão que chegaria, em 6 de março de 1872, à vila de 25 de Mayo e ao forte San Carlos, no sul de Mendoza.

Segundo Carlos Martinez Sarasola, "uma das maiores invasões levadas a cabo por Calfucurá em 1872 foi motivada pelo saque a Manuel Grande e Gervasio Chipitruz (também assentados nas proximidades de Azul), realizado por Cipriano Catriel, aliado do coronel Elía, chefe da fronteira (…)".[174]

Calfucurá reuniu milhares de indígenas e comandou pessoalmente, com seus filhos, o enorme e histórico *malón* sobre a região de San Carlos. Ao chegar, escreveu ao Cel. Juan de Boer para justificar sua atitude a partir de um discurso que recorreu a uma defesa étnica da exploração militar *criolla*. Calfucurá, sendo o cacique mais importante, procurou legitimar suas ações como resposta aos desmandos dos militares sobre indígenas mais fracos, disposto a se vingar de Catriel, da morte de Calfuquir e da prisão do filho de Chipitruz, em maio de 1870:

> Hoje lhe informo que no dia 5 vim a surpreender ao cacique maior, D. Andres Raninqueo, com toda a indiarada, assim é que vim com seis mil índios vingar-me pela grande baixaria que fizeram com Manuel Grande, e creio mandaram fazer o mesmo com Raninqueo, e por esse motivo hoje me levo ao cacique Raninqueo, para que vocês não repitam isso mais uma vez com ele.[175]

Nicolas Levalle, chefe do batalhão de linha de San Carlos escreveu, às 9 da manhã, para informar que milhares de indígenas de Calfucurá estavam acampados em "La Verde" após terem sequestrado o cacique Raniqueo e todos os que o acompanhavam.[176] Segundo o comandante, era impossível pensar em reprimir este ataque, pois contava com apenas oitenta soldados de infantaria e quarenta de cavalaria. A

---

173 SHE, 20/02/1872.

174 SARASOLA, Carlos Martinez. *Nuestros paisanos, los indios. Vida, historia y destino de las comunidades indígenas en la Argentina*. Buenos Aires: Emecé, 1999, p. 249.

175 Juan Calfucurá a Juan de Boer, 05/03/1872 *apud* WALTHER, Juan Carlos. *La Conquista del Desierto*, op. cit., p. 451-452.

176 SHE, 06/03/1872, 09h00.

defesa, porém, logo começou a ser organizada. Em poucas horas, o comandante Ignácio Rivas (CCFCostas, de Bahía Blanca), com mil homens, que se encontravam não muito distantes, e Juan de Baer, com cem Guardas Nacionais e os *lanzas* de Coliqueo,[177] já haviam sido alertados e estavam a caminho.

No dia seguinte, tanto Levalle quanto o juiz de paz de 25 de Mayo escreveram. Segundo este último, os indígenas haviam estabelecido acampamento em "La Verde" e, em pequenos grupos, invadiam a região, roubando gado. Ele é enfático ao pedir ajuda:

> Este *vecindario* espera que o Superior Governo envie algumas armas e munições para poder marchar em perseguição aos índios (...). Apesar de fazer três dias que temos os índios à nossa frente, até o momento não temos nenhuma proteção (...) e os índios levaram aos seus toldos infinidades de famílias cativas e cento e cinquenta mil cabeças, pouco mais ou menos, de gado vacum e equino (...).[178]

Pelo tom de desespero do juiz de paz, pode-se observar que a estratégia de Calfucurá foi de liquidar com a vila. A estratégia, nova e ousada, pressupunha o estabelecimento de um acampamento militar indígena próximo à vila e dias seguidos de invasões para levar todo o gado, fazer cativos mulheres e crianças e destruir todas as unidades produtivas da região em uma estratégia para forçar o retrocesso da linha fronteiriça.

O juiz de paz da vila de 9 de Julio, não muito distante do local do ataque, escreveu também alarmado com a invasão. Seus dados não conferiam plenamente com os enviados inicialmente por Levalle, mas talvez resultassem de uma análise mais criteriosa da situação. Segundo ele, eram 1.500 *lanzas* sob o comando de Calfucurá e com o apoio – e não a submissão forçada – de Coliqueo. Segundo o juiz, devido à quantidade incrível de gado roubado, seria impossível um deslocamento rápido dos indígenas, o que poderia ser um ponto positivo para a defesa *criolla*.[179]

---

177   SHE, 06/03/1872, 10h00.
178   SHE, 07/03/1872 (3).
179   SHE, 07/03/1872 (1).

No mesmo dia 7 de março o comandante Juan de Baer chegou ao *fortin* San Carlos. Havia conseguido angariar 70 Guardas Nacionais e 200 *lanzas* de Coliqueo, acrescidos dos 110 soldados de sua *comandancia*. Em carta ao CCFCostas, Ignácio Rivas, afirmou precisar de cavalos e armas porque os *maloneros*, em número superior a 2.000, pareciam se dirigir para sitiar o *fortin*.[180]

No dia seguinte, às 6h25 da manhã, o sub-inspetor da vila de 9 de Julio escreveu ao Ministério e informou:

> (…) os índios vão em retirada para fora da linha de fronteira: levam um imenso arreio que se calcula em mais de cinquenta mil vacas deste região e de 25 de Maio, e mais de dez mil éguas, ovelhas, muitas famílias cativas, e queimaram e saquearam vários estabelecimentos. Os invasores são Calfucurá, Mariano Rosas, aos quais se agregou Raniqueo com toda sua gente. Se calcula até aqui três mil índios.[181]

O desespero retratado nesta carta, após a constatação de que os indígenas começavam a se retirar levando dezenas de milhares de animais, inúmeras cativas, resultado da destruição de muitas propriedades, explicita a grandeza da invasão orquestrada por Calfucurá – que havia se disposto a frear o avanço da fronteira –, Paghitruz Guor – respondendo à invasão de Leuvucó – e Raniqueo – talvez um aliado de última hora.

Mas nem os caciques nem o sub-inspetor da vila de 9 de Julio sabiam que as tropas comandadas pelo Gal. Ignácio Rivas já se aproximavam para executar o maior e mais incrível combate entre tropas *criollas* – auxiliadas por muitos *lanzas amigos* – e os principais caciques do sul da Argentina.[182]

Milhares de homens de ambos os lados e uma manada imensa de cavalos, vacas e ovelhas formavam o campo da batalha que ficou conhecida como San Carlos. Após quilômetros de perseguição, na qual os *criollos* desenvolveram uma velocidade muito maior – estavam a cavalo perseguindo dezenas de milhares de vacas – as

---

180 SHE, 07/03/1872 (2).
181 SHE, 08/03/1872, 6h25.
182 SHE, 09/03/1872.

tropas se encontraram e lutaram. Segundo a mítica que se formou em torno deste momento, Calfucurá, ao perceber que o combate era inevitável, ordenou aos *lanzas* que descessem dos cavalos e lutassem homem-a-homem com os *criollos*, para provar que os boatos de que indígenas não lutavam a pé eram falsos.

Verdade ou mentira, pouco importa. Nunca se saberá se isto realmente ocorreu. A documentação sobrevivente retrata uma batalha duríssima, na qual o auxílio de 300 *lanzas* de Catriel, além dos 200 de Coliqueo, foi fundamental para acontecer a mais contundente vitória *criolla*[183] dentro de uma série que alterou a curva ascendente do poder militar dos caciques independentes dos pampas e suas confederações indígenas.

Após horas de duros combates, Calfucurá deu o toque de recolher. A debandada indígena deixou o gado roubado, as cativas e 200 mortos para trás. A vitória de Rivas[184] sobre a grande aliança indígena não deve ser creditada apenas a uma batalha pontual ou fruto da sorte, mas sim decorrente da experiência da Guerra do Paraguai, da superioridade no armamento e das novas estratégias de guerra e significou o ponto de virada na curva que ilustra o poder indígena.

Para Carlos Martinez Sarasola, a derrota na batalha de San Carlos deve ser entendida como um marco na auto-confiança indígena, em decadência desde os embates

---

[183] SHE, 11/03/1872.

[184] A inimizade entre Calfucurá e Ignácio Rivas, um dos mais importantes e fortes generais de Mitre, foi constante desde o período da Confederação Argentina. Calfucurá, em 1861, escreveu a Urquiza e mostrou estar ciente dos planos portenhos, cuja execução passou a ser um fato na década seguinte. Para ele, "Bartolomé Mitre e Buenos Aires querem me agarrar, e Rivas e Machado dizem que quando me agarrarem, Calfucurá verá onde irá parar (...). Podem vir para verem se me agarram. Nunca irão me agarrar, nunca. Também ouvi que Coliqueo está pactuado com o governo de Buenos Aires. Creio que estão querendo colocá-lo para me trair: será para facilitar que me agarrem. Rivas e Machado quiseram colocar Catriel para me trair, porque sabiam que ele estava de inimizade comigo. Machado reuniu 2.000 homens, e Rivas a outros 2.000. Amigos federistas avisaram e Catriel conseguiu se preparar para se defender. Rivas, ao saber, disse: estes índios souberam de nossas intenções: é preciso fazer paz com eles. Catriel jurou amizade aos federalistas (...). Quiseram enganar a mim, como fizeram com Chiquito: eles acreditam que sou um tonto, mas sou muito mais esperto do que eles, que não me enganam assim nunca mais. O coronel Rivas, com seus tratados de paz, quer me enganar, para poder me agarrar ou expulsar, mas é mais fácil que eu o engane ou o façaele fugir (...)". Calfucurá a Urquiza, 09/03/1861 *apud* HUX, Meinrado. *Caciques huiliches y salineros, op. cit.*, p. 73.

de março. Para ele, "a enorme quantidade de *malones* é o apogeu de Calfucurá até que, em 1872, se produz San Carlos, uma batalha alucinante, símbolo de todo um momento da história indígena, marca do início do ocaso do grande chefe".[185]

Desde a chegada das levas de migrantes araucanos aos pampas, entre o final do século XVIII e XIX, a força política e militar indígena cresceu e transformou os caciques em inimigos e aliados das forças *criollas*. A vitória dos Unitários em Pavón e a vitória de Rivas em San Carlos foram marcos definidores para o futuro dos indígenas no sul da Argentina. A partir de 8 de março de 1872, tudo seria diferente.

Calfucurá, Paghitruz Guor e a defesa de interesses comuns

Apesar de concorrerem no campo comercial, as confederações indígenas do sul da Argentina se originavam de uma mesma matriz cultural, a araucana. O crescente fortalecimento político em torno das figuras dos caciques principais – Calfucurá no caso de Salinas Grandes e Paghitruz Guor no de Leuvucó – permitiu um maior controle sobre quando e onde *malonear*, quando, como e com quem pactuar.

O período entre 1852 e 1861, marcado pela oposição bélica entre a Confederação Argentina e a Província de Buenos Aires, permitiu às confederações indígenas a manutenção de políticas de aproximação e distanciamento dos grupos em disputa pelo Estado Argentino. Naquele período, as íntimas relações entre os Ranquel e a Confederação Argentina e os dúbios movimentos de Calfucurá, originados na disputa militar e alimentados pelas distâncias entre os projetos político-sociais dos grupos *criollos*, permitiram o fortalecimento das confederações indígenas e a independência de alguns caciques de poder mediano, como Catriel e José Maria Yanquetruz.

A queda de Urquiza e a ascensão dos unitários portenhos, em 1862, alteraram drasticamente a paz nas *tolderias*, as rotas comerciais de gado roubado e os fluxos de *regalos* e rações para os caciques. O auge do poder político dos caciques foi a vitória confederada em 1859, mas a derrota de 1861 praticamente aniquilou as possibilidades de atuação política direta. Os militares responsáveis pelas fronteiras indígenas após 1862 não entendiam os caciques como interlocutores e procuraram executar os

---

[185] SARASOLA, Carlos Martinez. *Nuestros paisanos, los índios, op. cit.*, p. 248.

planos do Executivo e do Legislativo nacionais, visando a supressão dos indígenas e a conquista territorial dos pampas.

As negociações políticas estavam esgotadas, mas a compreensão e os projetos dos caciques não foram derrotados com Urquiza. Paghitruz Guor e Calfucurá estavam constantemente interessados nas notícias provenientes de Buenos Aires – às quais tinham acesso com relativa facilidade, através dos jornais – e souberam aproveitar momentos de fraqueza político-militar para defender seus territórios e suas soberanias.

As alianças militares – e não políticas – entre os Ranquel e os caudilhos e suas *montoneras*[186] são um exemplo da mudança nas capacidades organizativas e negociadoras dos líderes indígenas. Sem poder jogar com as rivalidades entre Estados – como a Confederação e Buenos Aires, no período do cisma político – os caciques procuraram novamente se aliar a inimigos dos portenhos, mesmo reconhecendo a força menor que estes representavam em comparação com aquela concentrada anteriormente pela Confederação. A intenção era desestabilizar Buenos Aires e tentar reviver o período de auge político da década anterior.

Estas novas alianças, entretanto, não estavam baseadas em projetos políticos comuns, mas em inimigos comuns. Se o discurso da Confederação afirmava ser possível a união e a integração social – leia-se civilização – dos indígenas, a aproximação com os últimos caudilhos, na década de 1860, não se deu através de um suposto conteúdo programático, mas sim em virtude de inimigos em comum: Mitre, Sarmiento e os militares Unitários.

Segundo Carlos Martinez Sarasola, este período foi marcado pela figura de

> Calfucurá (…) a quem recorre uma infinidade de caciques e *capitanejos* para se colocarem sob a asa protetora da 'Confederação de Salinas

---

[186] Segundo Ariel de la Fuente, a palavra *montonera* se originou na Banda Oriental durante os anos de independência. Nas Províncias do Interior da Argentina, na década de 1860, "a palavra, *montonera* fazia referência a mobilizações – fossem no âmbito *departamental*, provincial ou nacional – de rebeldes contra as autoridades. *Montonera*, então, eram grupos de *gauchos* mobilizados que poderiam ir de poucos, como seis rebeldes, até muitos, como quatrocentos". DE LA FUENTE, Ariel. *Los hijos de Facundo: caudillos y montoneras en la Provincia de La Rioja durante el proceso de formación del Estado Nacional Argentino (1853-1870)*. Buenos Aires: Prometeo, 2007, p. 78.

Grandes', máxima expressão organizativa dos grupos indígenas da época. O poder deste singular homem chegava inclusive aos Ranquel que, defensores acirrados de sua autonomia como entidade cultural, assumiam que Calfucurá era o único que não podiam enfrentar. Os Ranquel opuseram à Confederação de Salinas Grandes sua própria Confederação, a de Leuvucó, o que acentuou ainda mais sua especificidade. Mas, o respeito mútuo entre eles e Calfucurá foi a regra, impedindo um enfrentamento que seguramente os haveria destruído.[187]

Sarasola é enfático ao defender a importância alcançada por Calfucurá no período entre a queda de Rosas e a derrota na batalha de San Carlos. Para ele,

> o certo é que se desencadeia uma era de *malones* que, encabeçados por Calfucurá, levam seu poderio ao máximo. Os tratados desta época demonstram que o governo nacional realiza concessões e não defende a distribuição equitativa de direitos e obrigações. Recuperadas um tanto dos estragos sofridos na primeira metade do século, as comunidades levam adiante a última tentativa em defesa de sua terra e cultura. Por mais de vinte anos, entre 1850 e 1870 aproximadamente, dominam os pampas.[188]

A imensa força militar concentrada nas mãos de Calfucurá e Paghitruz Guor, no período entre 1862 e 1872, foi entendida pela historiografia de distintas maneiras. Para Juan Carlos Walther foi apenas mais uma demonstração da ousadia indígena, já segundo autores como Carlos Martinez Sarasola, Martha Bechis e Marcela Tamagnini, tratou-se do momento em que os caciques conseguiram lutar por suas soberanias, procurando, em especial no caso Ranquel, ligeiras aproximações com o governo.

Baseado em sua formação religiosa, Meinrado Hux procurou defender a força indígena e seu gradual movimento rumo à civilização, salientando a importância dos missionários dominicanos e franciscanos para o enfraquecimento do

---

187 SARASOLA, Carlos Martinez. *Nuestros paisanos, los indios, op. cit.*, p. 247.

188 *Idem*, p. 259.

militarismo entre os Ranquel. Para ele, "os tratados de paz foram oferecidos aos indígenas como se se tratassem de estrangeiros, sem oferecer a integração e a posse de suas terras";[189] "ao mesmo tempo, havia empreendido uma viagem apostólica a Los Toldos o mui venerável missionário dominicano, frei Moisés Vicente Burela"[190] e "naquele momento, os missionários franciscanos de Río Cuarto iniciaram sua obra pacificadora e evangelizadora entre as tribos que obedeciam aos caciques Mariano Rosas e Manuel Baigorrita".[191] O genocídio empreendido no final da década de 1870 pode ser entendido, segundo Hux, como uma ação que, além de sanguinária, foi também cruel com os esforços civilizadores de missionários e parte dos caciques. Para ele, somente era possível a integração social dos indígenas à sociedade argentina, desde que sob a tutela da Igreja Católica.

A década de 1860 foi marcante para os indígenas na Argentina. Enquanto no período anterior aumentaram os antagonismos – não militares, mas diplomáticos – entre as duas Confederações Indígenas dos pampas, a nova situação enfrentada, marcada pela negativa de negociação política e pelo aumento da pressão militar, levou os caciques a gestarem ideais de unidade étnica contra os *criollos*. Constata-se no período o movimento de aproximação entre os Ranquel e Calfucurá. Nas duas principais expedições militares a Leuvucó, os militares encontraram as *tolderias* vazias, recentemente abandonadas após o alerta proveniente de Salinas Grandes. Além de terem sido informados, também foram acolhidos e albergados por Calfucurá enquanto eram caçados pelos militares.

Embora este movimento possa ser entendido, sem dúvida, como uma estratégia de Calfucurá para gerar uma dívida moral dos Ranquel para com ele, ao se observar o estopim para a grande invasão a San Carlos, em 1872, nota-se naquele cacique um movimento incipiente de fortalecimento político em busca de reconhecimento como autoridade única e independente dos *criollos*. Os *malones* a San Carlos ultrapassaram os interesses diretos em gado e cativas, e se constituíram em uma enorme demonstração de força dos líderes indígenas unidos em torno de Calfucurá, em defesa de alguns caciques que haviam sido traídos por Ignácio Rivas, Emilio Mitre e Cipriano Catriel.

---

189 HUX, Meinrado. *Caciques pampa-ranqueles, op. cit.*, p. 183.
190 *Idem*, p. 191.
191 *Idem*, p. 178.

O período de dez anos, entre 1862 e 1872, foi marcado pelo apogeu do poder militar indígena. Aproveitando as rebeliões *montoneras* e, principalmente, a Guerra do Paraguai, os caciques procuraram conter o avanço territorial *criollo* e manter suas autonomias. Entretanto, a guerra contra Solano López, que enfraqueceu temporariamente as fronteiras, impulsionou o avanço militar entre 1870 e 1872.

O conflito com os paraguaios possibilitou a militares de uma nova geração o acesso às *comandancias*, pois os mais experientes foram levados ao *front* internacional. Com o fim da guerra, a nova geração havia elaborado uma nova estratégia militar para frear os indígenas, passando da defensiva à ofensiva. O telégrafo, as novas armas e a experiência do embate contra o poderoso exército paraguaio tornaram-se fundamentais para a reviravolta estratégica em direção ao enfrentamento direto. Para eles, as longas planícies dos pampas defendidas pelas zonas áridas permitiam aos indígenas avanços e recuos rápidos auxiliados pelos cavalos. Desta forma, as estratégias defensivas estariam sempre fadadas ao fracasso. A única forma de contê-los seria a ocupação territorial para provocar o êxodo indígena para a Patagônia, ao sul do rio Negro.

O transcorrer do século XIX e os acontecimentos na Europa trouxeram à América Latina indivíduos que introduziram novas estratégias militares, novas armas e, principalmente, o cientificismo. A chegada de alguns cientistas europeus, como o já citado Juan Federico Czetz, vindo do Império Austro-Húngaro, proporcionou o uso em larga escala dos levantamentos geográficos, geológicos e climáticos. Com isso, o uso de guias indígenas durante as expedições militares, sempre problemático em virtude das deserções, foi gradativamente substituído pelo dos estudiosos da geografia do território.

O imaginário social portenho, hostil aos indígenas desde a década de 1830 e alimentado pelos sucessivos *malones* da década de 1850, foi potencializado ao incorporar as teorias evolucionistas sociais europeias. Para a geração posterior a de Mitre e Sarmiento – aquela que havia alcançado as *comandancias* com a Guerra do Paraguai, cujos expoentes máximos foram Álvaro Barros e Julio Argentino Roca –, a dicotomia argentina apresentada por Sarmiento em *Facundo* exigia atualização, passando de "civilização e barbárie", a "civilização ou barbárie".

Calfucurá e Paghitruz Guor acompanharam diretamente a vida política do período e vivenciaram seu apogeu militar. Lutaram contra Buenos Aires e, notando o interminável avanço *criollo* sobre suas terras, iniciaram movimentos de unificação política indígena sob uma suposta identidade étnica araucana, paralelamente aos tratados de paz que os abasteciam de gado e *vícios*, mantinham seu status político interno e permitiam a conquista de alguns dos chamados avanços da civilização.

As lideranças indígenas, pelos meandros da política, se beneficiaram temporariamente da situação, oscilando entre crer em tênues alianças com os *criollos* e discursos civilizadores, ou visualizar a própria dizimação, mas sabendo que jamais poderiam manter suas próprias autonomias, pois o território não podia mais ser de todos. Ele era do Estado.

Capítulo 4

A encruzilhada indígena: submissão e etnocídio ou resistência e genocídio

"El regreso de la cautiva", óleo s/ tela de Johann-Moritz Rugendas

> Ontem às 8 e 15 da manhã, derrotei completamente ao audaz Calfucurá, que com toda indolência desafiava ao poder do governo com mais de três mil índios há quatro dias. A vitória sobre os invasores não pode ter sido mais completa, pois sofrendo uma perseguição tenaz de dezoito léguas, consegui tomar-lhe todo o arreio, constante de mais de setenta mil cabeças de gado vacum, de quinze a dezesseis mil éguas e cavalos, e todas as manadas de ovelhas. A perseguição teria sido mais completa e os invasores detidos totalmente, se a absoluta falta de água não a houvesse feito impossível (...). A mortandade dos índios inimigos foi tão espantosa, que há muitos anos não se via igual, ela passa de duzentos mortos, entre os quais se contam um cacique muito importante de Calfucurá que se dizem ser seu cunhado e outros muitos de menor importância.[1]

Com estas palavras, Ignacio Rivas descreveu, em 9 de março de 1872, a retumbante vitória do Exército Argentino sobre Calfucurá, um divisor de águas nas relações entre indígenas e *criollos* na Argentina.

A participação ativa dos *índios amigos*, as crescentes demarcações territoriais decorrentes de missões de reconhecimento geográfico, a catalogação das estratégias, datas e durações das invasões indígenas, e a agilidade na comunicação decorrente do uso dos telégrafos, foram fundamentais para a vitória de Rivas e para os subsequentes avanços dos militares. O cientificismo, as novas tecnologias de guerra e a ascensão de uma nova geração de militares marcaram o conjunto que inverteu a balança a favor dos *criollos* e permitiu a expansão da ocupação territorial argentina sobre as populações indígenas.

---

[1] Servicio Histórico del Ejército (SHE), 09/03/1872.

Reflexos de San Carlos: novos tratados, novos avanços fronteiriços

No relatório da batalha de San Carlos, Rivas ressaltou a importância da vitória sobre Calfucurá. O *malón* de março de 1872, além do saque e da obtenção de cativas, pretendia ser a mais expressiva demonstração de força militar indígena, constituindo a coluna de sustentação de uma estratégia militar conjunta entre diferentes caciques para impedir os avanços *criollos* e provocar retrocessos à linha de fronteira, cada vez mais próxima das *tolderias*.

Os milhares de indígenas reunidos para esta invasão somente foram arregimentados devido à concentração de forças nas mãos de Calfucurá. Conscientes dos projetos militares e extremamente preocupados com a constante e vigorosa aproximação *criolla*, as três principais forças indígenas que atacavam as unidades produtivas do sul da Argentina – a confederação de Salinas Grandes (de Calfucurá), a confederação de Leuvucó (sob a chancela de Epumer, irmão de Paghitruz Guor), e os araucanos chilenos (liderados por Reuque Curá) – se uniram sob um comando único.

Os danos causados pelos dias seguidos de *malones* à fronteira oeste de Buenos Aires foram impressionantes, como declarou o juiz de paz de 9 de Julio.[2] Assustado com as mortes, raptos e destruição de propriedades, ele assistiu à organização de uma possível retirada *criolla* da região. Apesar da derrota no enfrentamento direto com os *criollos*, o plano de Calfucurá e Epumer foi relativamente bem sucedido.

Abalados politicamente com a derrota, a maioria dos caciques partiu em busca de tratados. Os primeiros e esperados acordos ocorreram com caciques tradicionalmente pacíficos e distantes da área de influência de Calfucurá. Entre agosto e outubro[3] a ação se dirigiu para caciques de Mendoza e do Neuquén, celebrando-se tratados que definiam as áreas indígenas como "campos neutros", sob a autoridade mútua de comandantes militares e caciques, mas exigindo a instalação de capelas e escolas para a educação das crianças indígenas e definindo um prazo de validade de cinco anos, até agosto de 1877.[4]

---

2   SHE, 15/03/1872.

3   SHE, 01/10 e 20/10/1872.

4   LEVAGGI, Abelardo. *Paz en la frontera. Historia de las relaciones diplomáticas con las comunidades indígenas en la Argentina (siglos XVI-XIX)*. Buenos Aires: Universidad del Museo Social Argentino, 2001, p. 455-466.

Em outubro,[5] Cipriano Catriel renovou seu tratado,[6] obtendo vantagens após sua exemplar atuação no combate contra Calfucurá, fazendo com que Manuel Grande, Ramón López, Cachul e Chipitruf, os caciques que haviam se sublevado em maio de 1870 e colaborado com Calfucurá, fossem novamente subordinados à sua força e autoridade.

O sinal de paz enviado de Buenos Aires ao Neuquén refletiu em Leuvucó. Abalados pelo massacre de San Carlos, convencidos pelos argumentos dos missionários e seduzidos pela experiência e pela afinidade de Paghitruz Guor com os cristãos, os Ranquel abriram negociações para a elaboração de um tratado de paz em novembro,[7] marcando "uma ruptura definitiva do equilíbrio de poder nas relações inter-étnicas, permitindo observar uma forte deterioração na capacidade de negociação dos Ranquel que, em pouco tempo, estariam subordinados não apenas no plano jurídico, mas também no militar".[8]

O texto negociado entre Paghitruz Guor (Mariano Rosas), Epumer, Baigorrita, Cayupan e Ramón Platero com o Gal. Arredondo, com a intermediação dos dominicanos, afirmava:

> 1º – Fica solenemente acordado que existirá para sempre paz e amizade entre os povos cristãos da República e as tribos ranquelinas, e estas asseguram por este tratado fidelidade ao governo da República e a seus povos, e o governo lhes promete igualmente proteção paternal (...).
> 2º – O governo Nacional pagará mensalmente, ao cacique Mariano Rosas 150$ Bolivianos, ao cacique Epumer 100$ (...).

---

5   LEVAGGI, Abelardo. *Paz en la frontera*, op. cit., p. 443-446.

6   O tratado entre o governo e Cipriano Catriel foi assinado em outubro de 1870, após o falecimento do cacique Juan Catriel, *el viejo* (Cf. Cap. III).

7   SHE, 27/11/1872.

8   TAMAGNINI, Marcela; ZAVALA, Graciana Pérez. "El debilitamiento de los ranqueles: el tratado de paz de 1872 y los conflictos intraétnicos". In: NACUZZI, Lídia R. (comp). *Funcionários, diplomáticos, guerreros. Miradas hacia el otro en las fronteras de pampa y patagonia (siglos XVIII y XIX)*. Buenos Aires: Sociedad Argentina de Antropología, 2002, p. 120.

3º – O governo Nacional pagará mensalmente ao cacique Manuel Baigorria 150 Bolivianos (...).

4º O governo Nacional pagará mensalmente aos caciques Yanquetruz Cayupan e Ramón 50 Bolivianos (...).

5º O governo se obriga a entregar aos caciques acima mencionados a cada três meses 1500 libras de erva mate, 1000 libras de tabaco, 500 caderninhos de papel, 750 libras de farinha, 500 libras de açúcar branco, 200 libras de sabão e dois tonéis de aguardente.

6º O Governo se obriga a entregar aos caciques, a cada três meses, 2000 éguas para repartirem entre eles e seus capitanejos (...).

12º – Mariano Rosas e Baigorria se obrigam a entregar os desertores e criminosos que se refugiem Terra Adentro (...).

13º – Nenhum cristão poderá ir à Terra Adentro sem receber das autoridades militares fronteiriças um passaporte que explique o objetivo de sua viagem (...).

14º – Nenhum índio poderá vir da Terra Adentro, sem passaporte de seu correspondente cacique (...).

16º – À primeira invasão, grande ou pequena, de Mariano ou de Baigorria, e dos demais que lhes estão subordinados, o presente tratado ficará sem efeito (...).

17º – Igualmente ficará sem efeito o presente tratado, e se romperá a paz quando alguma das partes contratantes faltar-se ao estipulado nos artigos anteriores e seguintes (...).

18º – O governo Nacional oferece indulto a todos os cristãos refugiados em Terra Adentro que queiram retornar a seus lares (...).

20º – Em caso de invasão estrangeira, os índios de Mariano Rosas e de Baigorria, e todos os dependentes prestarão todo seu apoio ao governo Nacional (...).

21º – Em caso de alguma das outras tribos se sublevar contra o governo Nacional, os caciques Mariano Rosas e Baigorria, se comprometem a prestar o auxílio que se lhes requeira (...).

22º – Este tratado durará seis anos, contados a partir do dia em que se faça sua permuta, e poderá ser renovado por conveniência mútua (...).

23º – Os reverendos padres ficam encarregados de fazer a retificação do presente tratado, assim como todo o demais conveniente.[9]

Além dos artigos tradicionais, envolvendo financiamento dos caciques, ajudas recíprocas, troca de cativas/presos, determinação de situações que levariam ao rompimento da paz, os artigos inovadores deste tratado são justamente o primeiro e os dois últimos. Neles, definiu-se a submissão dos Ranquel – e consequentemente de seus territórios – à autoridade nacional argentina, elegeram-se os religiosos como intermediadores políticos e estipulou-se um prazo de validade para a paz até outubro de 1878.

Foi a partir de 1872 que os tratados começaram a conter prazos de validade, um artifício antes não utilizado, e que passou a ser a marca do enfraquecimento político dos caciques. Os tratados visavam controlar os principais caciques – exceto Calfucurá – oferecendo-lhes a civilização. Enquanto isso, o Exército se organizava para vir a executar a fatídica Lei nº 215.

Dentre os caciques que participaram das grandes invasões de março de 1872, restavam não pacificados Calfucurá e Pincén – um salinero semi-independente. Enquanto o primeiro voltou a procurar os instáveis *regalos* e trocas de cativos, o segundo se negou a negociar. O comandante Hilário Lagos não titubeou e utilizou o crescente contingente militar para atacá-lo, raptando sua família, e forçando um tratado, celebrado em fevereiro de 1873.[10]

Calfucurá ainda acreditava na possibilidade de um tratado. Segundo Meinrado Hux, "manteve o estado de guerra. Explicou em diversas cartas sua situação e protestou diante do projeto de avanço do Exército e da fronteira, projeto que não respeitava seus direitos ancestrais (...)". Enviou outra carta ao ministro De Gainza reafirmando que ele, Mariano Rosas e Baigorrita eram indígenas que queriam a paz e viver *"como irmãos que somos"*, que ele não mandava nos indígenas como fazia Catriel. Os seus eram muitos e a maior parte era dono dos campos que habitavam. Como notavam que ano após ano avançavam as *guardias* (*fortines* e fortes), sentem-se chamados à guerra e ao roubo. Por fim, Calfucurá criticava os chefes de fronteiras

---

9   *Idem*, p. 149-152.
10 SHE, 03/02/1873.

que não entregavam as rações como deveriam".[11] Procurou justificar as ações em San Carlos como uma resposta ao avanço sobre suas terras, que gerava descontrole sobre os caciques e *caciquillos* e o descumprimento dos tratados de paz.[12] Temendo a força militar e os constantes avanços da fronteira, mas também consciente de sua força, propôs um novo tratado, assim como haviam feito os Ranquel.

O comandante Ignácio Rivas sabia que era possível invadir as Salinas Grandes. Entretanto, considerava a paz estrategicamente mais interessante, desde que Calfucurá cedesse espaço para duas guarnições militares, uma em Carhué e outra em Guaminí. O cacique escreveu diretamente ao presidente, Domingos Faustino Sarmiento: "sobre o povoado que dizem que virá, por suas ordens: a isto peço que seja abdicado. Nós, que somos donos desta América, não é justo que nos deixem sem campos. Mas, espero que o Sr. se esqueça de Cargue, se é que deu estas ordens".[13]

Calfucurá refinou suas justificativas sobre a defesa da posse da terra. Não mais lançou mão do argumento que o situava como o detentor legítimo não só por ter colaborado durante o processo de independência, mas também por ter respondido favoravelmente à convocação de Rosas para pacificar caciques rebeldes. Em 1873, recorreu à ancestralidade indígena para afirmar seu pleito e validar suas ações de combate ao avanço *criollo*.

A retórica de Calfucurá não incomodava os comandantes militares. Apesar de suas ameaças, Rivas ordenou ao comandante Murga, de Bahía Blanca, uma marcha sobre Carhué e o confisco dos cavalos que lá estivessem, plano abortado porque se soube antecipadamente que os animais tinham sido transferidos para as Salinas em virtude de fortes temporais.

Informado sobre esta traiçoeira estratégia, Calfucurá convocou nova reunião com os araucanos de Reuque Curá e com diversos caciques dos pampas, objetivando preparar uma nova invasão.[14] Ocorreram pequenos *malones* visando conter a fronteira e tentar pressionar a assinatura de tratados. Segundo Meinrado Hux, "errados estavam os que criam que Calfucurá se considerava vencido e seu poderio quebrado. O

---

[11] HUX, Meinrado. *Caciques huiliches y salineros*. Buenos Aires: Marymar, 1991, p. 98.

[12] Cf. Cap. III.

[13] Juan Calfucurá ao Presidente Domingo Faustino Sarmiento. 30/01/1873 *apud* HUX, Meinrado. *Caciques huiliches y salineros*, op. cit., p. 100.

[14] SHE, 13/03/1873.

velho dono de Salinas Grandes e de Carhué defendia seus direitos contra exércitos combinados e o general Ignácio Rivas não se atreveu a operar contra ele".[15]

Entretanto, as negociações foram subitamente interrompidas no final de maio de 1873, pois Calfucurá contraiu uma pneumonia. Aos 83 anos, não resistiu e faleceu dias depois, em 3 de junho. Seu enterro foi espetacular e impressionante. Compareceram os principais caciques, outros enviaram representantes às Salinas. Estavam lá seu irmão Reuque Curá e o antigo companheiro Pincén, junto com os recentes aliados Paghitruz Guor e Baigorrita, antigos desafetos como Catriel e Coliqueo, até caciques distantes como Saygueque e outros do Neuquén, além de muitos parentes vindos da Araucania. Formou-se uma reunião de mais de 2000 indígenas.[16] Os militares observaram com atenção e não pensaram em aproveitar a oportunidade para atacar as Salinas.

A morte de Calfucurá, como era esperado, gerou uma luta pelo poder. José Millaqueo era primogênito, Juan Morales Catricurá o segundo filho, Manuel Namuncurá o terceiro, Alvarito Reumay o quarto. Estes, além do importante sobrinho, Bernardo Namuncurá, pleiteavam o lugar do cacique. Seguindo o costume araucano e linha de hereditariedade fortalecida pelo próprio Calfucurá, José Millaqueo seria o mais propenso a assumir, porém ele não foi referendado pelo parlamento indígena reunido nas Salinas.

As disputas e os interesses começaram a ameaçar as unidades étnicas e familiares, e isto forçou a intervenção de um dos mais respeitados anciãos, Faustino Huenchuquir, propondo um inédito triunvirato. Assumiram o poder o mais preparado líder militar, Manuel Namuncurá; um importante conciliador interno, Alvarito Reumay; e um diplomata, Bernardo Namuncurá. Com o breve passar do tempo, Manuel Namuncurá – chamado apenas pelo sobrenome – destacou-se dos demais, assumindo a liderança da confederação das Salinas Grandes.

---

15   HUX, Meinrado. *Caciques huiliches y salineros*, op. cit., p. 102.
16   SHE, 16/06/1873.

Principais pontos citados neste capítulo

Investindo na catequização dos mais poderosos indígenas dos pampas, o bispo de Buenos Aires, D. Federico Aneiros, havia anteriormente se aproximado de Calfucurá propondo colaboração para a concretização dos tratados, que pretendiam o estabelecimento de missões nas Salinas. Foi a ele que Reumay escreveu, pedindo sua intervenção:

> Meu muito respeitado Senhor Bispo: Por esta tenho a honra de escrever-lhe, ilustríssimo Bispo, ainda que com dor e a grande pena que tenho no coração com a perda de meu pai, para pedir sua ajuda e amparo (…) [envio] um rascunho de tratado de paz do grande parlamento que tivemos ao dia seguinte do falecimento de meu pai que são os bons desejos que temos para viver tranquilos e como irmãos e mandamos ante o Superior Governo a inteirá-lo do modo que queremos marchar.[17]

O triunvirato estava disposto a levar adiante as negociações de paz e, seguindo os passos dos Ranquel, procuraram o apoio religioso, sabedores que os clérigos não

---

17   Alvarito Reumay ao Bispo de Buenos Aires, junho de 1873, *apud* HUX, Meinrado. *Caciques huiliches y salineros, op. cit.*, p. 103.

estavam interessados em sua dizimação e que eram disseminadores do ensino das técnicas da civilização.

Namuncurá procurou conservar as relações seguindo o estilo de seu pai. Buscava, por um lado, tratados para impedir o avanço fronteiriço e que oferecessem boas quantidades de gado e *regalos*; por outro, mantinha a estratégia de organizar grandes ataques vingativos quando ocorriam avanços na linha de fortes e *fortines*, como no ano de 1873. Quando seu pai faleceu, Namuncurá já havia convocado os araucanos de Reuque Curá, mas os eventos em torno do sepultamento e do luto posterior atrasaram temporariamente, mas não impediram os *malones*, destinados a reprimir o avanço militar. Em 11 de dezembro, eles invadiram Bahía Blanca e depois voltaram às Salinas, mesmo sabendo que em breve viria a vingança do Exército.

Ignácio Rivas escreveu em 26 de dezembro, informando a organização de uma expedição repressora duas semanas após o *malón* de Namuncurá[18] que, em janeiro der 1874, chegou às proximidades de Salinas, agora já esvaziadas preventivamente pelo cacique. Rivas tentou, em vão, localizar a quem combater, mas a *chusma* havia sido enviada ao rio Colorado e os *lanzas* se posicionaram a uma distância segura, com a intenção de acompanhar os movimentos. A expedição de Rivas poderia ter sido um fiasco total, mas não foi o que ocorreu, pois ela possibilitou estabelecer o reconhecimento geográfico das míticas Salinas Grandes:

> (…) mas a deserção de um índio do capitanejo amigo Ancalao, de Bahía Blanca, (…) levou o alarme às primeiras tolderias (…) e não obstante forçar minha marcha até este local, não foi possível tomar as famílias que ocuparam essas tolderias, nas quais se encontraram vestígios recentes de sua ocupação (…), demonstrará assim mesmo que é bem fácil a ocupação, pelas forças do governo, do deserto ocupado pelos índios que, (…) sem razão, foi reputado como barreira insuperável para o castigo a seus índios.[19]

---

18   SHE, 26/12/1873.
19   SHE, 14/01/1874.

No mesmo início de janeiro, o Comandante-em-Chefe das Fronteiras Noroeste de Buenos Aires e Sul de Santa Fé, o Cte. Francisco Borges, escreveu ao Inspetor e Comandante Geral de Armas (ICGA), Rufino Victorica, com uma interessante dúvida:

> (...) me dê instruções a respeito do castigo que se deve aplicar aos índios, que se tomem prisioneiros, ou bombeiros, que se apreendam por dentro da fronteira (...). Existem ordens anteriores (...) que mandam que todo índio ou indivíduo que se encontre fora da linha de frontera, sem estar munido de seu correspondente passaporte, seja passado pelas armas por considerar-lhe bombeiro ou deserto.[20]

A resposta do ICGA foi enfática. Tratando-se de uma situação de guerra, os *bomberos*[21] deveriam ser vistos como espiões e executados.[22] A compreensão sobre a situação mudou. Enquanto para Borges era possível o estabelecimento de relações moderadas com o inimigo interno, para seu superior, Victorica, a execução deveria ser sumária.

De maneira semelhante, o comandante Hilário Lagos escreveu a Victorica, no início de fevereiro, depois que chegaram comissões de Pincén e Namuncurá,[23] pretendendo retomar os tratados rompidos pelos *malones* de 11 de dezembro de 1873. Nos primeiros dias de março, o MGyM determinou não entregar as rações.[24] Os militares exigiam que as negociações dos tratados ocorressem sob seu comando e suas condições, redesenhando o caminho tradicional dos tratados, afirmando serem superiores étnica, cultural, política, moral e belicamente.

---

20 SHE, 06/01/1874.

21 "Bombeiro" (*bombero*) era o termo utilizado para os indígenas enviados à linha de frente, responsáveis por fazer o levantamento do terreno e das movimentações das tropas.

22 SHE, 09/01/1874.

23 SHE, 08/02/1874.

24 SHE, 04/03/1874.

Ao contrário de Pincén,[25] Namuncurá tentou continuar a negociação. Em junho, o comandante Rivas escreveu ao ICGA para informar que o cacique de Salinas Grandes havia enviado dois cativos para tentar uma nova aproximação,[26] em um movimento vinculado a problemas internos à confederação sob seu mando. Mas, em três meses, dois importantes *caciquillos*, Calfuquir[27] e Lorenzo,[28] apresentaram-se aos comandantes de fronteira com o intuito de abandonar Namuncurá e encontrar a sedentarização em alguma vila.

Segundo o depoimento do primeiro deles, a que se tem acesso, ocorria uma crise de autoridade na confederação de Salinas Grandes. Informado por um espião em Bahía Blanca sobre a expedição de Rivas, Namuncurá solicitou auxílio, mas diversos caciques não só o negaram, como fugiram para o rio Colorado. Raniqueo, um dos mais destacados, chegou a ser preso por Namuncurá para evitar que ele se entregasse às tropas *criollas*. O cacique das Salinas Grandes sofria para controlar seus milhares de indígenas. Enquanto isso, as relações entre os Ranquel de Paghitruz Guor e Baigorrita e os comandantes militares, caminhavam para uma maior afinação, orquestrada pelo franciscano Marcos Donati. Segundo o novo comandante militar de Río Cuarto, Julio Argentino Roca, o missionário conseguiu o envio de nove cativos, algo considerável favorável, devido "à condição horrível a que estão sujeitos os cativos entre os índios, e ao valor que representam como escravos entre eles".[29]

A aproximação entre os franciscanos e os caciques esteve fundamentada na confiança conquistada pelos religiosos. Enquanto os comandantes militares eram constantemente alterados e vistos como traidores, os missionários se mantiveram por anos na mesma região, realizando um trabalho mais sutil dentro das *tolderias*, de catequização e civilização.

Enquanto relações pacíficas eram estabelecidas com os caciques do sul, exceto Calfucurá, problemas ocorriam entre os *índios amigos*. O velho cacique Justo Coliqueo enfrentou a sublevação de seu irmão, Simón, que considerava o cacique um óbice nas relações com o governo ao se recusar a entregar cativas e ao não

---

25 SHE, 27/02/1874.
26 SHE, 15/06/1874 (1).
27 SHE, 08/03/1874.
28 SHE, 15/06/1874 (2).
29 SHE, 07/06/1874.

participar de expedições militares quando solicitado.[30] Esta disputa interna não se deu por fatores endógenos, mas foi instigada pelo comandante Francisco Borges que, em 10 de março, avançou sobre as *tolderias* com as tropas, sob o pretexto de falta de cooperação do cacique Justo. Prendeu-o juntamente com seus principais *capitanejos*, e colocou Simón Coliqueo na chefia.[31]

Em novembro de 1874, Bartolomé Mitre foi derrotado por Nicolás Avellaneda[32] nas eleições presidenciais. Disposto a impedir a posse do adversário, o antigo presidente iniciou um levante apoiado por algumas tropas e pelos *índios amigos* de Cipriano Catriel. O movimento foi logo derrotado pelas tropas legalistas e pouco depois seus líderes anistiados. Entretanto, sobre Catriel recaiu uma dura repressão. As *tolderias* foram cercadas, iniciando-se uma sublevação encabeçada por Juan José Catriel, irmão do cacique, logo instituído novo líder daqueles indígenas. Seduzido pelo poder e instigado pelos militares *criollos*, Juan José comandou um julgamento que resultou na morte de seu irmão e antigo cacique, Cipriano, além da de seu secretário particular, o ex-cativo Santiago Avendaño.

Este grupo Pampa estava politicamente instável desde a morte de Juan Catriel, *el viejo*, pai dos irmãos Cipriano, Juan José e Marcelino, em outubro de 1870. Em março de 1875, Juan José foi a Buenos Aires negociar novas bases para tratados de paz, mas a demora em retornar angustiou os indígenas, em especial seu irmão Marcelino, provocando uma sublevação[33] que supunha a prisão do cacique em Buenos Aires, em Azul ou na ilha Martin Garcia.[34]

---

30   SHE, 03/01/1874.

31   SHE, 10/03/1874.

32   Natural de Tucumã, o economista Nicolás Avellaneda (1837-1885) foi ministro da Justiça e Educação durante a presidência de Sarmiento. Em 1874, colaborou na fundação do Partido Nacional, pelo qual concorreu e se elegeu presidente, enfrentando a oposição de Bartolomé Mitre. Durante sua gestão, houve um grande investimento em ferrovias e na resolução de questões territoriais, tanto com os indígenas quanto com os países vizinhos.

33   SHE, 09/04/1875.

34   A ilha Martin Garcia situa-se no rio da Prata, alguns quilômetros a oeste de Buenos Aires. Abrigou importantes fortalezas espanholas e foi assediada durante séculos pelos portugueses instalados em Colônia de Sacramento. Após as independências, Argentina e Uruguai herdaram as disputas sobre a ilha, ficando esta finalmente com os argentinos após décadas de escaramuças. Naquele local, foram instaladas bases militares e prisões utilizadas até a década de 1990.

O resultado do levante, contido pela repentina chegada de Juan José, foi a morte de mais de uma centena de indígenas nas proximidades do forte Lavalle, a prisão de outros 175 e a elaboração de planos de dispersão e uso das famílias como mão de obra nas lavouras do interior.[35] Juan José Catriel conseguiu certa estabilidade apenas em setembro, quando finalmente o novo tratado de paz foi assinado, definindo:

> 1º. Os índios amigos serão considerados, uma vez firmado o convênio, como Guardas Nacionais mobilizados, sujeitos à disciplina militar e às ordens imediatas do Chefe da Fronteira (...)
> 4º. Os índios Guardas Nacionais deverão acudir aonde se lhes mande, qualquer que seja o ponto da fronteira de Buenos Aires.
> 5º. O cacique geral Catriel, em acordo com o cnel. Levalle, designará dois lugares aparentes para acampamento, um entre a Blanca Grande e o Sauce Corto, e o outro à direita da Blanca e determinará também as áreas a fim de que nelas possam ter seu alojamento, semeado e campos suficientes para o gado.
> 6º. O governo nacional colocará a disposição do cnel. Lavalle e do cacique geral Catriel: 1º. Agrimensores para medir e delinear os campos – 2º. Instrumentos de lavoura e semente – 3º. E todos os elementos necessários para construir alojamentos na forma que os mesmos índios indiquem.
> 7º. O governo nacional (...) estenderá a favor dos chefes de família, ou caciques, a escritura dos terrenos ou campos cuja propriedade se lhes reconhece.
> 8º. Trinta dias após assinatura do convênio, os índios que ocupam posições entre Olavarría e Azul as abandonarão totalmente.[36]

O texto do tratado revela a força do governo, ditando os artigos a serem cumpridos pelos caciques. Para políticos e militares, os *índios amigos* seriam inseridos no mercado de trabalho e de terras, sendo a *chusma* direcionada às fazendas e os

---

35 SHE, 22/04/1875.
36 Tratado de paz assinado por Juan José Catriel e Nicolás Levalle em 09/01/1875, *apud* LEVAGGI, Abelardo. *Paz en la frontera, op. cit.*, p. 495.

caciques agraciados com pequenas parcelas de terras, permitindo levar a cabo a dissolução da organização social tradicional. Todos, transformado em Guardas Nacionais, obedeceriam à hierarquia e aos militares *criollos*. Estariam em um estágio avançado rumo à civilização.

Após assinar o tratado com Juan José Catriel, celebrou-se outro, com Melincurá, em que o mais relevante artigo declarava que as *tolderias* seriam transferidas para a costa do rio Negro, próximas a Carmen de Patagones, fazendo parte de uma estratégia de ocupação do rio e de defesa da mais inóspita vila argentina com *índios amigos*. A ocupação do rio Negro era uma provocação a Namuncurá, que continuava tentando negociar a paz em diversas frentes, enviando comissões tanto a Francisco Borges,[37] na fronteira norte, quanto a Nicolas Levalle, na sul.[38] Sem repercussões favoráveis nas negociações, o cacique entendeu que os militares estavam procurando ganhar tempo enquanto avançavam pelo rio Negro e fortificavam a defesa. Então, segundo o comandante de Bahía Blanca,[39] o cacique passou novamente a considerar a estratégia ofensiva.

Adolfo Alsina e a trincheira da separação entre a civilização e a barbárie

Namuncurá constatou que os militares o deixaram aguardando durante meses, mas não supôs a orquestração do avanço territorial pelo novo MGyM, Adolfo Alsina. Em abril, apareceu o primeiro estudo para instalação de linha telegráfica para a fronteira sul, de Patagones a Mendoza, partindo também dos fortes às principais vilas da região.[40] Segundo a estratégia militar pensada por Alsina, a comunicação e a coordenação da repressão eram fundamentais e supunha que uma barreira militar não apenas impediria os *malones* como possibilitaria um substancial avanço fronteiriço.

---

37 SHE, 18/05/1875.
38 SHE, 22/05/1875.
39 SHE, 14/08/1875.
40 SHE, 20/04/1875.

Uma sequência de correspondências entre Namuncurá e o Comandante Militar de Bahía Blanca (CMBB), Daniel Cerri, evidencia as tensões na fronteira sul e a resistência proporcionada pela confederação de Salinas Grandes aos iminentes avanços. Cerri procurou negociar a autorização de uma expedição, dita científica, a Carhué, procurando convencer Namuncurá sobre a neutralidade de seus integrantes, mas a resposta do indígena afirmava que estava interessado no tratado de paz, mas que ele "e os demais caciques não permitirão ao governo nacional um passo mais além da atual linha de fronteira".[41] O comandante escreveu ao ICGA, Luis Maria Campos, afirmando que Namuncurá deveria respeitar as decisões governamentais e que, em virtude das ameaças, prendeu a comitiva do cacique para impedir eventuais represálias indígenas.[42]

O MGyM, ao ser informado das negociações, sugeriu a Cerri oferecer a compra de Carhué a Namuncurá e evitar o rompimento dos tratados de paz até fevereiro de 1876.[43] Em 25 de outubro, Cerri escreveu ao ICGA para solicitar exclusividade no contato com Namuncurá. Segundo ele, com a existência de mais de um interlocutor, o cacique "concluirá por fazer compreender aos índios o que se pretende, e então desconfiando, começarão com suas devastações".[44]

Apenas três dias após esta carta, o CMBB enviou correspondência às Salinas Grandes, afirmando:

> Estimado amigo, por esta carta verá já você, que fui autorizado para estabelecer convênios de paz com você e seus caciques (...). Atendendo a seu pedido, que lhe fizesse o favor de largar a seus índios, os coloquei em liberdade para fazer-lhe compreender que o que eu desejo é o bem de todos, e que os srs. entrem no bom caminho (...). Isto suposto, espero que você mande seu irmão mais velho, Alvarito, e outros mais, para que comecemos já a questão das pazes. Desejo que venha Reumay, porque a ele mesmo quero presentear,

---

41   SHE, 22/09/1875.

42   *Idem*.

43   SHE, 30/09/1875.

44   SHE, 25/10/1875 (2).

e dar-lhe um abraço (…). Escutem o que lhes digo, que tudo é a verdadeira expressão do governo (…).[45]

A carta contém uma gama impressionante de argumentos ardilosos para convencer o cacique das supostas intenções pacíficas do governo. A orientação do MGyM era clara e foi seguida por Cerri. Namuncurá e seus irmãos deveriam ser mantidos imobilizados até fevereiro, quando provavelmente estaria pronta a organização de um grande avanço fronteiriço. Com esta finalidade, foram enviadas outras correspondências às Salinas Grandes e diversos *regalos*, tanto a Manuel Namuncurá quanto a Bernardo Namuncurá, Alvarito Reumay e Catricurá. Sabendo que o poder de Salinas Grandes estava dividido entre os três parentes, o comandante decidiu agradar a todos.[46]

Procurando manter a paz com a confederação de Salinas Grandes, os comandantes militares foram instruídos[47] a não reprimir pequenas invasões ocorridas em novembro, na região de Bahía Blanca e Tres Arroyos.[48] O ICGA, nesta época, apresentou um plano interessante para a elaboração dos projetos de expansão fronteiriça. Em vez de enviarem uma expedição científica às áreas a serem posteriormente ocupadas, o que poderia aguçar a desconfiança em Namuncurá, seriam interrogados *gauchos*, *índios amigos*, camponeses e soldados da Guarda Nacional que conhecessem o caminho entre o Sauce Corto e Carhué para que fosse elaborado um minucioso relatório sobre o trajeto a ser percorrido.[49] Nova carta foi enviada às Salinas em 10 de dezembro de 1875, e Cerri solicitou o envio de importantes caciques a uma negociação direta e aberta, no Sauce Corto. Procurando mostrar as boas intenções e a paciência do governo, questionou os direitos ancestrais de Namuncurá, ao afirmar que o governo era bondoso ao *regalá-los*.

---

45 SHE, 28/10/1875.
46 SHE, outubro de 1875.
47 SHE, 16/11/1875.
48 SHE, 08 e 12/11/1875.
49 SHE, 16/11/1875.

(...) mas o Sr. não manda uma comissão importante que saiba falar o castelhano, ler e escrever; é inútil que mande casiquillos ou capitanejos com os quais não me é possível entender (...). Agora, enquanto ao que você me diz, a respeito do Carhué, cuja compra lhe propus por minha conta, sem ter autorização do Superior Governo, e crendo fazer-lhes um serviço, lhes direi que os Srs. não tem direito algum sobre esses campos, e que se o Superior Governo não os reclamou já, é porque para nada lhe servia, pois tem campos de sobra. E para provar-lhe que isto é a verdade, vou contar-lhe a história de seu pai, Calfucurá. No ano de 1848, veio seu pai a Salinas Grandes e pediu licença ao Governo do general Rosas (...) para povoar Salinas (...). Seu pai, Calfucurá não nasceu em terras argentinas, mas no Chile (...). Ademais, Salinas Grandes sempre foi o ponto de onde a gente de Buenos Aires tirava sal, e a prova disso é que ainda existe o caminho de carretas que passa próximo a Mulitas e para além de Luján, o que vocês conhecem perfeitamente (...), se o Superior Governo não povoou Salinas foi porque não gostou desse campo. Pois mandou mandar povoar mais longe, o local chamado Livi-Calel (...); pertencem, contudo, ao Superior Governo, com quem se irritam os Srs., porque creem que ele quer comprar uma propriedade que é dele, e de ninguém mais (...); os Srs. verão que lhes convém muito acertar logo os tratados que, com tanta generosidade, lhes oferece o Superior Governo (...), deixando de alegar direitos que não tem, senão no Chile, onde nasceram (...). Os cristãos estão sempre dispostos a dar-lhes a mão direita e auxiliar ao pobre índio que vem, que seja honrado, e não ladrão e assassino. Todos os índios do mundo tiveram e conservam ainda traços de nobreza, mais ainda que me seja duro dizê-lo, os Srs., com sua conduta, vão apagando até o sentimento de gratidão e lealdade que deviam conservar aos governos que sempre tratam de trazê-los ao bom caminho, presenteando-os e alimentando-os.[50]

Namuncurá se negou a vender Carhué, alegando serem aqueles territórios historicamente ligados aos Curá e aos indígenas, verdadeiros donos da América que

---

50 SHE, 10/12/1875.

não poderiam ficar sem os campos.[51] Cerri levantou o histórico de Calfucurá e relatou as antigas relações entre Buenos Aires e as Salinas Grandes para desmontar a argumentação e vincular uma imagem positiva do governo ao envio de *regalos*.

Daniel Cerri, Luis Maria Campos e Adolfo Alsina estavam convictos da vitória e supuseram conseguir enganar Namuncurá. Entretanto, não imaginavam que o cacique os poderia enganar e que poderiam ser envolvidos em uma articulação envolvendo diversos caciques, pois se esqueceram da declaração de guerra da confederação de Salinas Grandes e da necessidade de manter boas relações com os *caciques amigos*.

Sentindo-se poderosos pela vitória em San Carlos, além concentração de soldados na fronteira, pelas novas armas e pela expansão do telégrafo, os militares esqueceram-se momentaneamente de certos aspectos elementares para a manutenção da paz fronteiriça. Esnobes diante dos diversos *caciques amigos* e se sentindo fortes diante de Namuncurá, foram incapazes de perceber a articulação entre os salineros, alguns Ranquel, caciques araucanos e seu principal *índio amigo*, Juan José Catriel.

Os militares supunham que o cacicado entregue a Juan José, depois da execução de seu irmão Cipriano, iria lhes garantir a eterna amizade e obediência do cacique, mas estavam enganados. Revoltado com a prisão de seu irmão Marcelino e a execução de mais de uma centena de indígenas durante o princípio de sublevação de abril, Juan José abandonou as linhas do governo, levando consigo os caciques anteriormente submetidos à força.[52] Além de enfrentarem uma potência militar reunindo 5.000 indígenas nas Salinas Grandes, os militares não podiam mais contar com os escudos humanos de Catriel e Manuel Grande, até então fundamentais para a defesa de importantes vilas da fronteira sul de Buenos Aires.[53]

Diante desta situação, as campanhas expansionistas previstas para fevereiro ou março tiveram que ser antecipadas. Em fevereiro, podem ser acompanhados os preparativos organizacionais enviados do MGyM e do ICGA aos comandantes

---

51   Vide Calfucurá a Sarmiento, 30/01/1873, acima citado – nota 14.
52   SHE, 01/01/1876.
53   SHE, 04/01/1876.

militares, bem como solicitações de que estudantes de engenharia[54] e medicina[55] voluntários acompanhassem as expedições.

Como de costume, os militares procuraram desmontar a aliança indígena recém-formada, buscando uma reaproximação com Baigorrita – o cacique Ranquel que havia rompido o tratado de paz de 1872 – e contando com a atuação ativa de Paghitruz Guor. Diante de um levante indígena de tamanha proporção, os *criollos* procuraram manter a paz ao menos com os Ranquel. Como Paghitruz havia se mantido neutro durante a sublevação de Catriel e exercia bastante influência sobre Baigorrita, este foi o caminho viável. Os Ranquel, comumente entendidos como os principais inimigos dos pampas, tornaram-se, após o tratado de 1872 e o inesperado abandono de Catriel, um alvo da paz na fronteira sul.

Em março de 1876, Baigorrita voltou a estar oficialmente em paz com o governo[56] e o tratado de 1872 foi retomado. Segundo carta enviada pelo comandante das fronteiras de Córdoba, San Luis e Mendoza, o Gal. Julio Argentino Roca,[57] Paghitruz Guor passou a ser o responsável pela manutenção da aliança entre o governo e Baigorrita.

A aproximação com os Ranquel permitiu a execução dos planos elaborados por Alsina desde 1875. Em abril do ano seguinte, ele partiu para ocupar os territórios entre a linha fronteiriça e as desejadas zonas da lagoa de Guaminí e de Carhué, local sobre o qual veio a instalar um acampamento militar em 24 de abril. Ao chegar, o Ministro notou a inesperada falta de resistência indígena, pois esperava duros enfrentamentos com os índios confederados em torno de Namuncurá após a chegada a importantíssimos pontos que controlavam a *rastrillada* que interligava as Salinas Grandes a Buenos Aires.

Os militares elencaram algumas possibilidades para o inesperado desaparecimento dos indígenas. Para eles, os caciques poderiam estar transportando as *tolderias* para as proximidades do rio Colorado, organizando *parlamentos* para montar a defesa, aguardando a curta distância para correr e cansar os cavalos dos *criollos*, ou, por fim, devido à crise de autoridade, eles não teriam conseguido organizar

---

54 SHE, 18/02/1876.
55 SHE, 19/02/1876.
56 SHE, 08/03/1876.
57 SHE, 13/03/1876.

a defesa para batalhas que não gerariam dividendos imediatos – ao contrário dos *malones*, que apresentavam maiores atrativos, como a possibilidade de conquistar gado e cativas.

Alcançando regiões que até então eram refúgio dos principais caciques, Alsina estranhou a quietude. Escrevendo, com orgulho, de um local a apenas seis léguas de onde antes se encontrava Pincén, procurou conter o entusiasmo excessivo dos comandantes militares, ao afirmar:

> Quando as linhas estiverem bem estabelecidas, em uma palavra, quando a ocupação estiver consolidada, logo então haverá chegado a oportunidade de adotar um plano decisivo, operando ativamente ou não, segundo as circunstâncias o aconselhem. De toda maneira, Senhor Ministro [Interino de Guerra e Marinha], nada deve inspirar-nos confiança; e o êxito feliz com que cada uma das Divisões chegou ao lugar que lhe estava designado só deve induzir-nos a completar a obra, assegurando a nova linha. Enquanto isto não se tenha conseguido, não será difícil que uma invasão penetre, mas sim será que consiga sair com animais. Pelo contrário, quando a nova linha, reduzida à metade do que hoje é, esteja assegurada, poderei logo então garantir ao país e ao governo que acabaram as invasões com todo seu cortejo de consequências fatais.[58]

A conquista territorial empreendida por Adolfo Alsina, em abril de 1876, foi surpreendente. As tropas avançaram e ocuparam uma imensa área, empurrando os indígenas para as zonas mais áridas dos pampas e instalando o plano defensivo da fronteira. Para Alsina, a linha de fortes e *fortines* deveria ser densamente ocupada pelos militares, com guarnições militares a no máximo quatro léguas[59] umas das outras,[60] deixando desocupada uma extensa região até o início das zonas pecuaristas, impedindo o rápido acesso dos indígenas ao gado.

---

58 SHE, 08/05/1876.
59 SHE, julho de 1876.
60 SHE, 10/07/1876.

Indígenas e *criollos* 235

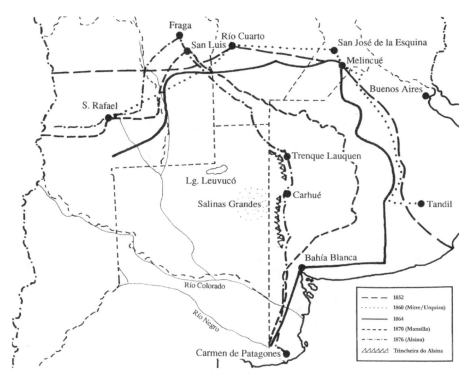

Avanços da fronteira entre 1852 e 1876, incluindo a trincheira (*zanja*) de Alsina

A característica mais importante e peculiar da estratégia executada foi a construção de uma trincheira acompanhando a linha defensiva, chamada em espanhol de *zanja*. Segundo o historiador Vanni Blengino, "(...) se tratava de escavar um canal de 610 quilômetros de extensão, do Atlântico à Cordilheira. Um fosso para conectar todos os *fortines* existentes na zona de fronteira a outros a serem posteriormente construídos, (...) um procedimento semelhante ao idealizado por Adriano para defender os confins do Império [Romano]".[61] Foram executados concretamente os 440 quilômetros iniciais a partir do Atlântico.[62]

---

61 BLENGINO, Vanni. *La zanja de la Patagonia. Los nuevos conquistadores: militares, científicos, sacerdotes y escritores*. Buenos Aires: Fondo de Cultura Económica, 2005, p. 34-35.

62 Segundo Juan Carlos Walther, em *La Conquista del Desierto*, p. 522, foram executados 374 quilômetros, mas em documento de janeiro de 1878, o engenheiro Alfredo Ebelot, responsável pela construção da trincheira, afirmou terem sido construídos 440 quilômetros (SHE, 28/01/1878).

Alsina pode ser entendido como um elo de ligação entre as gerações de militares da fronteira, pois adotou uma estratégia defensiva – característica da geração pré--Paraguai – utilizando-se de conhecimentos práticos e científicos da vivência nos pampas – marca da geração pós-Paraguai – ao elaborar uma barreira física à passagem dos cavalos. Em seu projeto de trincheiras, apesar de adaptações a diferentes terrenos, o vão entre o fundo da vala e o topo da elevação deveria ser de três metros, como mostrado nos projetos abaixo.

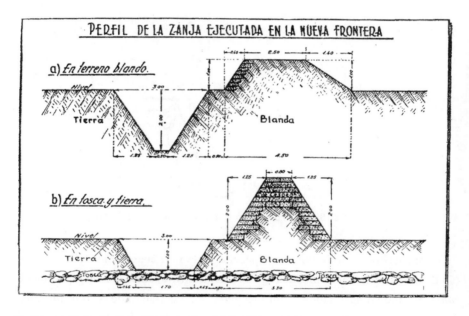

Projetos executivos para a trincheira (*zanja*) de Alsina, 1876

O avanço territorial conquistado pela trincheira de Alsina foi considerável, relegando aos indígenas as zonas mais secas e inóspitas dos pampas, alijados dos mais valiosos campos e lagoas, afastados das zonas de produção pecuária e da principal rota de ligação entre as Salinas Grandes e Buenos Aires. Concretizado o avanço *criollo*, os caciques demoraram alguns meses para transferir os familiares para zonas

---

Recentemente foi publicada seu relato desta experiência: EBELOT, Alfredo. *La pampa*. Buenos Aires: Taurus, 2002.

distantes da nova linha de fronteira e organizar grandes invasões objetivando, novamente, forçar a retirada dos militares.[63]

Um ano após a expansão, o governo da Província de Buenos Aires escreveu ao Ministro, Adolfo Alsina, para congratulá-lo pela notória e impressionante vitória sobre os indígenas. Para ele, a partir das ações de 1876,

> (...) o eterno pesadelo de nossos homens do campo deixará de lhes fatigar, devolvendo a segurança para o trabalho e a esperança alentadora de que o fruto de seus negócios não será a presa do selvagem, (...) são muitos os que levam seus gados a terras ocupadas antes pelo índio ou incessantemente atravessadas pelas invasões desoladoras (...). As novas terras conquistadas para a civilização se transformarão em campo de cria onde a custo relativamente baixo se multiplicará nosso gado.[64]

Em dezembro de 1877, uma carta da *Comisaría General de Imigración* informava a chegada de imigrantes russos e alemães à região de Olavarria. Até aquele momento, as terras recém-ocupadas dos indígenas eram destinadas preferencialmente aos militares e a certos imigrantes, como italianos[65] e ingleses,[66] por exemplo. Os colonos eram tidos como ideais para áreas em que era necessária a utilização de escudos humanos. Após a ocupação territorial orquestrada por Alsina, o enfoque foi outro. Com o perigo indígena reduzido praticamente a zero, as terras passaram a ser cobiçadas por grupos mais fortes política e economicamente: as oligarquias agrárias portenha e santafesina, reunidas sob a *Sociedad Rural Argentina*, principal organizadora do repartimento de terras conquistadas após 1876.

---

63   SHE, 27/05/1876.

64   SHE, 16/10/1877.

65   Em 24/03/1876, uma comissão de mais de uma dezena de colonos italianos escreveu ao MGyM para oferecer serviços de mil homens para o ataque aos indígenas. Segundo o documento, a colônia era principalmente de militares italianos veteranos de guerra, dispostos a marchar contra os indígenas com o intuito de dar fim a este problema da República Argentina.

66   Cf. Capítulo III, SHE, 23/07/1867.

Nesta época, os comandantes se perguntavam por que Juan José Catriel havia se sublevado e abandonado o status de *índio amigo* e Cacique General dos Pampas, o que lhes soava como uma grande e incompreensível traição. Mesmo não sendo localizada nenhuma carta deste cacique para que se possa compreender melhor as razões que o levaram a tomar esta atitude, supõe-se que ele não se sentiu pressionado pela força de Namuncurá, como em outros momentos, pois aquela grande força militar não o atingia.

Contudo, a força política de Namuncurá era incomensurável e ele soube, a partir do diálogo e da negociação, angariar gradativamente a adesão de mais caciques à sua resistência anti-*criollo*. Conseguiu não só a adesão de Reuque Curá e Pincén, como se aproximar de diversos caciques intermediários e eventualmente de alguns Ranquel, convencendo-os de que o projeto governamental não os incluía como partes ativas e importantes de suas sociedades, mas apenas como subjugados trabalhadores braçais.

Após a sublevação de Catriel, a impressionante e violenta expansão fronteiriça e o estabelecimento da trincheira de Alsina, foi a vez de Justo Coliqueo também se rebelar. Desta vez, entretanto, os militares estavam preparados. Segundo *vecinos*, Coliqueo enviou representantes aos principais caciques – Namuncurá, Pincén e Paghitruz Guor – para informar que cooperaria caso *maloneasen* na sua região, transferindo-se, na sequência, à região livre dos pampas.[67] Para o arcebispo de Buenos Aires, isto não passava de uma *demência* do cacique e este deveria ser substituído por seu irmão Simón.[68] O arcebispo, que já havia perdido a influência sobre Namuncurá – em guerra aberta com o governo – e com Catriel – recentemente sublevado –, não pretendia perder também Coliqueo. Diante da possibilidade de rebelião, os religiosos e os militares pretenderam intervir como já tinham feito no caso Cipriano e Juan José Catriel, substituindo o cacique por um irmão que deveria ser mais fiel[69] aos *criollos*, mas isto não foi preciso. A pressão e a vigilância dos militares enclausuraram Coliqueo nos *toldos*, transformando-o em ícone dos *índios amigos*.[70]

---

67 SHE, 08/09/1876.

68 SHE, 15/09/1876.

69 SHE, 21/09/1876.

70 Um livro foi dedicado especialmente à atuação de Coliqueo. HUX, Meinrado. *Coliqueo, el indio amigo de Los Toldos*. Buenos Aires: Eudeba, 1980.

Indígenas e *criollos*

Cacique Coliqueo (ao centro) e *capitanejos* em uniformes militares, mulheres em roupas sociais

Em resposta ao avanço de Alsina, Namuncurá, Catriel e Pincén comandaram os *maloneros*, iniciando uma grande quantidade de *malones*, em junho de 1876. Contudo, um problema afligia os indígenas. Além da imensa concentração de militares e da proximidade entre os *fortines*, a nova linha de fronteiras se situava a centenas de quilômetros das zonas pecuaristas tradicionalmente atacadas, criando um desafio estratégico de difícil solução. Grandes invasões, nos moldes das executadas anteriormente contra Bahía Blanca ou aquela que levou ao embate de San Carlos, eram úteis para a destruição do sistema defensivo, mas inúteis para a obtenção de gado e cativas. Para isto, fazia-se necessário o envio de pequenos grupos – de no máximo cinquenta indígenas – para que sua passagem pela linha de *fortines* fosse possível durante uma noite sem deixar rastros muito aparentes.

Estes pequenos *malones* assolaram as zonas pecuaristas,[71] mas geralmente eram mal-sucedidos, pois não conseguiam finalizar as ações, ou seja, levar o gado rou-

---

71   SHE, 21 (Tapalqué) e 22/06/1876 (Bahía Blanca), por exemplo.

bado para o outro lado da linha defensiva. Com a instalação da rede telegráfica, um *malón* a Tapalqué, por exemplo, era imediatamente comunicado a todos os comandantes militares que se colocavam prontos para o combate[72] aos chamados *índios invasores*. Geralmente, antes dos militares alcançá-los, restava-lhes a fuga. Uma descrição de uma destas repressões pode ser acompanhada seguindo-se um relatório do comandante do forte Gal. Lavalle:

> com o objetivo de chegar sorrateiro, tirei os freios dos animais, pois minha ideia era alcançá-los à noite, para atacá-los ao raiar do dia (...). Foi tão rápido e audaz o ataque aos índios que eles não trataram de se defender e só procuraram levar um pouco de gado (...). O resultado desta jornada, Sr. Inspetor, foi deixar no campo trinta e três índios mortos (...), deixando o campo semeado de mantas e selas, recolhidas por nossos Guardas Nacionais, além de um grande número de lanças (...). Eu creio haver alcançado meu objetivo que era dar-lhes bons golpes, conseguindo fazer-lhes mortos muitos deles, e feri-los.[73]

O desespero dos *maloneros* diante da incrível organização defensiva elaborada por Adolfo Alsina levou a situações em que os indígenas, quando localizados pelas tropas, partiam desesperadamente rumo às *tolderias*, abandonando gado, selas, armas, cativas e roupas.[74] Eles sabiam que os embates com as tropas armadas com fuzis Remington eram amplamente desfavoráveis.

Segundo o comandante militar de Junin, que também participou da repressão do dia 12 de dezembro, acima citada,

> o resultado desta jornada (...) foi, em primeiro lugar, dar uma lição severa aos selvagens do deserto, capitaneados por um de seus mais famosos caciques como o é Pincén, deixando no campo, por parte

---

72 SHE, 03/09/1876.
73 SHE, 12/12/1876.
74 SHE, 14 e 15/12/1876, por exemplo.

do invasor, como quarenta mortos, a maior parte de seus arreios, lanças e infinidades de feridos, os quais não puderam ser recolhidos.[75]

Os militares constataram que os indígenas, finalmente, encontravam-se em desvantagem, em seus próprios terrenos. Não conseguiam *malonear* nem organizar suficientemente os *lanzas* para sitiar determinados pontos do sistema defensivo. A trincheira, apesar de intensamente criticada por grande parte dos políticos e dos militares da geração pós-Guerra do Paraguai, foi uma forma extremamente eficaz para frear os avanços indígenas.

Diante da vala intransponível aos cavalos, a única estratégia possível era a construção de pontes. Os indígenas não dominavam estas técnicas específicas, não dispunham de tempo para tais construções e tampouco os pampas forneciam troncos suficientemente grandes. Então, os indígenas adotaram uma opção cara, apesar de momentaneamente eficaz: para ultrapassar o fosso, levavam uma centena de ovelhas, que eram lançadas mortas, na vala, até formarem uma pilha de corpos que permitisse a passagem. O problema estava no retorno. Para conseguirem localizar a ponte, os indígenas queimavam o terreno próximo às ovelhas para poderem se guiar, mas a fumaça alertava também os militares *criollos*.

O genocídio indígena.
As Campanhas do Deserto (1877-1885)

O último ano do ministério de Adolfo Alsina foi marcado pela construção dos quase quatrocentos quilômetros de trincheira e pela ofensiva e prontidão dos militares para responder a *malones*. As expedições vingativas passaram a se tornar mais rápidas, maiores e quase sempre bem-sucedidas, alcançando os invasores, aprisionando-os juntamente com familiares, confiscando o gado e queimando as *tolderias*.

Este foi o caso da repressão comandada pelo Gal. Racedo em represália ao assassinato de sete soldados, no final de 1876. Ao saber do ocorrido, o general enviou o sargento Fidel G. Guevara com a incumbência de perseguir e prender os invasores, fato concretizado em janeiro de 1877. Segundo Racedo, o mais relevante desta e de tantas outras expedições punitivas semelhante foi que

---

75 SHE, 14/12/1876.

> "o triunfo nos toldos dos selvagens, é no meu conceito de grande valor, pois o castigo foi recebido imediatamente após consumarem o crime, e em seus próprios domínios, o que carrega uma influência moral imensa".[76]

Visando quebrar a moral e a confiança dos caciques, os militares empreenderam, a partir da virada de 1876 para 1877, uma campanha dirigida especificamente ao combate aos líderes indígenas, atingindo, obviamente, também o alvo secundário dos militares: os *caciquillos, capitanejos* e *lanzas*.

A estratégia utilizada foi aquela perpetrada pelos indígenas durante séculos e duramente criticada por ser "bárbara" e "traiçoeira": ataques surpresa à noite ou no início da manhã.

A principal estratégia adotada pelos grupos expedicionários foi o ataque no final da madrugada, procurando alcançar as *tolderias* enquanto os indígenas dormiam, evitando a defesa. Em 1877, foram inúmeros os relatórios comunicando vitórias lançando mão desta estratégia,[77] bem como apresentando sangrentas lutas. As antigas perseguições para resgate de gado roubado se transformaram gradativamente em combates visando debilitar a força política e econômica dos caciques. Qualquer pequeno *malón* deveria ser reprimido com o máximo da força, com a convocação de dezenas de militares e o enfrentamento armado, objetivando a prisão dos indígenas, atirando para matar em caso de resistência.

Foi o caso do acontecido em 27 de junho de 1877, quando o comandante do forte, de Bahía Blanca, escreveu ao comandante militar local, Daniel Cerri, informando o desenrolar dos combates com setenta indígenas invasores. Perseguidos pelos militares dos fortes Defensor Argentino e Nueva Roma, eles foram vencidos, com saldo de três mortos e oito feridos.[78] Em 16 de julho, enquanto regressava de um ataque aos *toldos* de Juan Chico, o comandante-em-chefe da fronteira de Mendoza, Luis Tejedor, cruzou com cinquenta *maloneros* que retornavam com 500 cabeças-de-gado roubadas. Do embate, resultaram cinco mortes de indígenas,

---

76 SHE, 05/01/1877.

77 Como exemplo, pode-se citar as campanhas de novembro contra Catriel (SHE, 14/11/1877) e Pincén (SHE, 20/11/1877).

78 SHE, 27/06/1877.

que se somaram aos seis que haviam morrido nos *toldos*.[79] No dia 27 de julho, o combate foi contra dezesseis *lanzas* de Catriel. Após o combate, havia um morto e três presos.[80] Três dias depois, Racedo encontrou trinta indígenas próximos a Santa Catalina. Combateu-os com o resultado de quatro mortos.

Estes poucos e não muito confiáveis números trazidos pelos militares são o suficiente para que se possa compreender um pouco da mudança de estratégia e de objetivos dos militares. Até o avanço de Alsina, de 1876, os comandantes, distantes das zonas das *tolderias*, raramente conseguiam alcançar os *maloneros*. Os enfrentamentos armados, resultando em morte de indígenas, permaneciam circunscritos a momentos e a embates específicos. Com a conquista territorial e o aumento da distância entre a fronteira e as zonas pecuaristas, os indígenas se viram em uma situação extremamente desfavorável, conseguindo roubar menor quantidade de gado e enfrentando repressões muito mais duras.

Em agosto de 1877, os pampas perderam um de seus principais líderes. Paghitruz Guor – conhecido entre os *criollos* por seu nome cristão, Mariano Rosas –, aos 59 anos, morreu de causas naturais. Não viveu para ver a derrota dos Ranquel, tendo sido, como ocorreu com o antigo cacique das Salinas Grandes, um dos poucos a não morrer nas mãos dos militares *criollos*.

Seu irmão Epumer assumiu uma curta liderança sobre os Ranquel, em um momento no qual viviam sob intensa pressão, decorrente da violência militar contra os caciques. Pouco antes da morte de Paghitruz, dois cativos fugiram e delataram informações importantes sobre os Ranquel: "(...) os índios estão muito pobres e roubam uns aos outros, mas Mariano Rosas não passa por essa circunstância (...), e que os índios aguardam os cristãos fazerem a guerra para se apoderarem dos campos".[81]

Se a realidade vivida pelos Ranquel, sustentados por rações governamentais, estava difícil e insegura, a situação nas *tolderias* dos caciques inimigos do Estado era ainda pior. Sem conseguir efetivar grandes *malones* por um ano, os indígenas certamente haviam abandonado o comércio de gado com o Chile e provavelmente não conseguiam nem a subsistência. Enfraquecidos, foram alvo fácil para os militares.

---

79   SHE, 16/07/1877.
80   SHE, 27/07/1877.
81   SHE, 12/07/1877.

Um relato de um *capitanejo* que abandonou Namuncurá no final do ano é esclarecedor sobre as condições de vida nas *tolderias* e o entendimento indígena sobre a movimentação *criolla*. Enquanto os cativos dos Ranquel afirmavam que estes sabiam que os militares os atacariam, o *capitanejo* forjou um termo apropriado para o caso, quando afirmou que "Namuncurá se retirou de seus toldos (...) porque lhe iam pegar com um *malón* **de cristãos**, segundo se dizia nas *tolderías* (...)".[82]

A fronteira foi mantida praticamente intocada entre setembro e novembro de 1877,[83] até que os militares atacaram, simultaneamente, Catriel e Pincén com estratégias semelhantes. Estas duas primeiras grandes expedições marcaram o início do que se chamou – recuperando a nomenclatura e simbologia criados por Juan Manoel de Rosas, em 1833 – de Campanhas do Deserto.

O relatório de 14 de novembro relata o avanço sobre Catriel utilizando a tática do ataque-surpresa, às 4h50 da manhã. Segundo o comandante, com esta ação,

> o pânico produzido nas massas selvagens foi completo (...), ao lançar os valentes esquadrões com seus (...) bem afiados sabres [que] causaram efeito aterrorizador nos filhos dos pampas. Todos aqueles que tentaram a sorte das armas, logo encontraram a morte (...). A coluna permaneceu vinte e quatro horas sobre o campo de combate, e teria estado por mais se tivesse sido possível encontrar como alimentar à massa de mulheres e crianças esfomeadas.[84]

O relato é claro. O ataque ocorreu ao final da madrugada, com o objetivo de aterrorizar com os sabres: massacrar. Os *lanzas* que ofereceram resistências foram mortos. Os indígenas que aproveitaram a confusão para fugir, foram caçados durante todo o dia seguinte, mas tanto Juan José quanto Marcelino Catriel conseguiram escapar, pois haviam mudado suas *tolderias* um dia antes para uma zona um pouco mais distante. Ao final das operações, os dois irmãos Catriel fugiram com aproximadamente 30 *lanzas*, mas viram seus indígenas serem dizimados. Foram

---

82   SHE, 15/12/1877, grifo nosso.
83   SHE, 31/10/1877.
84   SHE, 14/11/1877.

sete *capitanejos* e um número entre 100 e 150 *lanzas* mortos. Entre os presos, contaram-se 75 *lanzas* e 312 *chusma*. Se considerarmos que apenas uma ínfima parte dos indígenas conseguiu fugir, além do cacique e seu restrito grupo, chega-se ao número de 530 indivíduos atacados, com um quarto morto, o restante preso.

O relatório de 20 de novembro, que relatou as campanhas sobre Pincén, mostrou a utilização de estratégia de ataque semelhante. As tropas atacaram às 4h30 da manhã, mataram 80 indígenas e prenderam 169, inclusive o próprio Pincén,[85] então com mais de 70 anos. Aproximadamente 230 indígenas escaparam rumo às *tolderias* de Baigorrita. Como de costume, o gado vacum e equino foi levado para ser repartido pela tropa; entretanto este ataque, em especial, apresentou uma situação incrível e inusitada. "Nos toldos encontrei vários rebanhos de ovelhas, as fiz juntar, mas vendo a impossibilidade fazê-las marchar (...), mandei matá-las todas, a fim de tirar dos índios esse mantimento. Todos os rebanhos compunham um número de 1.200 ovelhas".[86]

Esta descrição evidencia como o objetivo não recaía sobre as posses dos indígenas, mas sim eram ataques contra suas existências livres e resistentes ao poder do Estado, com o resultado final sendo a conquista de territórios para a agropecuária *criolla* e a instalação de imigrantes brancos católicos.

---

[85] As informações sobre a vida de Pincén após a prisão não são muito precisas. Enviado à ilha de Martin Garcia, enfrentou uma epidemia de varíola, à qual sobreviveu. Na década de 1880 foi libertado e enviado a uma pequena propriedade, no sul da província de Buenos Aires, onde estavam reunidos alguns indígenas que seriam catequizados. Depois disso, não há mais notícias dele.

[86] SHE, 20/11/1877.

Pincén posa a Francisco "Perito" Moreno como bárbaro e como civilizado

A estratégia adotada por Conrado Villegas estava bem definida e era legitimada pela Lei nº 215, de 1867, que dizia que os indígenas que oferecessem resistência poderiam ser atacados para serem forçados a migrar para a margem sul do rio Negro e teriam seus bens expropriados pelo governo. Como, no caso, as ovelhas não poderiam ser levadas, foram sacrificadas no local para impedir que os poucos fugitivos conseguissem se alimentar.

Em 29 de dezembro de 1877, Adolfo Alsina morreu, legando um mandato marcado por um considerável avanço territorial e pela construção da famosa trincheira, instrumento eficaz para a separação física entre *criollos* e indígenas. Suas estratégias foram louvadas pelo Governador da Província de Buenos Aires, mas criticadas pelos militares da geração pós-Paraguai, para quem ele utilizava ainda de estratégias defensivas. Foi procurando aplacar os ânimos e concretizar o prometido em janeiro de 1877 – novo avanço após a execução da trincheira – que Alsina investiu, durante novembro, em expedições militares focadas sobre dois dos mais famosos caciques intermediários dos pampas, Juan José Catriel e Pincén, objetivando minar a organização política da resistência indígena. Seu falecimento levou um dos maiores expoentes da nova geração de militares ao mais alto cargo do Exército Argentino. Julio Argentino Roca assumiu o Ministério de Guerra e Marinha no início de janeiro de 1878, e logo promoveu mudanças fundamentais nas forças armadas e nas fronteiras objetivando encerrar o que se entendia como "o problema indígena".

Uma de suas primeiras ações foi transferir as tropas estacionadas em Províncias do Interior para as fronteiras indígenas dos pampas e do Chaco.[87] Paralelamente, licenciou a Guarda Nacional para que o Exército monopolizasse a defesa e a repressão,[88] em um movimento que também excluiu os *vecinos* – que haviam lutado durante séculos contra os indígenas – da glória da vitória, da partilha do gado e das terras conquistadas. Os *vecinos* se sentiram inicialmente aliviados da incumbência da defesa territorial, mas logo perceberam a extrema concentração de forças e o autoritarismo dos novos comandantes da fronteira. No final do ano, em carta proveniente da *Comisaria Rural de Bahía Blanca*, questionavam as atitudes dos militares, pois estes haviam confiscado para o Exército e para si próprios cavalos resgatados de *tolderias* atacadas e com marcas de proprietários de Bahía Blanca. Segundo a carta, ao reclamarem para os comandantes, sequer foram ouvidos.[89]

No período de transição de Alsina para Roca, os militares enviaram uma expedição para atacar Namuncurá nas Salinas Grandes. Lá chegando, encontraram apenas trinta e um indígenas, que imediatamente foram presos e informaram que o cacique havia fugido com sua família e dez *lanzas* rumo ao rio Colorado. O comandante, Daniel Cerri, afirmou ter

> feito quanto humanamente foi possível para executar ao seu propósito (...) de exterminar completamente aquela famosa tribo do cacique geral Namuncurá, que há não muito tempo, no apogeu de seu poder,

---

87   SHE, 09/01/1878.

88   SHE, 10/01/1878.

89   SHE, 14/12/1878.

> impunha condições de paz e custava aos campos de Buenos Aires um regresso de sangue e lágrimas, com suas vandálicas excursões.[90]

Os relatos dos comandantes militares das Campanhas do Deserto expressam a sede de vingança por séculos de *malones*. Segundo eles, as ações empreendidas por caciques como Namuncurá e Pincén mereciam apenas uma resposta: o extermínio físico ou cultural. Mas é a partir de 1877, que o discurso triunfalista e genocida atravessou todas as incursões militares, ficando gravado nos relatórios militares guardados no *Servicio Histórico del Ejército*.

Após a eliminação de Pincén e Catriel, Namuncurá tornou-se o principal alvo das expedições militares. Além daquela referida entre dezembro e janeiro, ocorreram outras três, em julho, outubro e novembro de 1878. Em nenhuma destas oportunidades o cacique foi preso, porém a cada nova investida do Exército, ele era obrigado a fugir mais para sudoeste (Patagônia e Andes), assistindo lentamente à morte e à prisão de seus indígenas.[91] Após a expedição de outubro, o CM Conrado Villegas escreveu ao ICGA, Luis Maria Campos, questionando como proceder com os 45 *lanzas* e 21 *chusma* de Namuncurá presos. A resposta de Campos é esclarecedora para a compreensão do processo de desintegração sócio-cultural empreendido sobre os indígenas presos, pois,

> destinarei os índios de lança que sejam úteis, ao Batalhão 6 de Linha, por 6 anos; os que não, à Ilha de Martin Garcia, colocando à disposição da Senhora Presidente da Sociedade de Beneficência (...) as mulheres e meninas restantes.[92]

Quem seriam os tais indígenas "úteis"? Certamente, os *lanzas* que se mostrassem menos arredios. Com larga experiência de guerra e grandes conhecimentos

---

90   SHE, 16/01/1878.

91   Tanto o túmulo quanto os arquivos pessoais de Calfucurá foram localizados, em 1879, pelas tropas expedicionárias das Campanhas do Deserto, e Estanislao Zeballos recolheu o crânio de Calfucurá, levando-o a La Plata, para catalogação e depósito no museu local.

92   SHE, 27/10/1878.

dos pampas, estes homens foram utilizados pelos militares como guias – os chamados *baqueanos* – para levá-los a locais desconhecidos pelos *criollos*. Já os *lanzas* tidos como "indomáveis" tinham como destino a prisão na ilha Martin Garcia, local onde foram confinados às centenas à mercê de recorrentes epidemias. Por fim, crianças e mulheres ficaram sob a tutela das cidadãs modelo da *Sociedad de Beneficencia* para serem educadas nos costumes civilizados e entrarem no mercado de trabalho como mão de obra doméstica.[93]

Cemitério indígena profanado durante as Campanhas do Deserto, c. 1883

---

93 Impressionam as semelhanças entre dois períodos históricos com o intervalo de um século, na Argentina. Em 1878, sob o comando dos militares, as crianças e as mulheres dos inimigos indígenas foram enviados à *Sociedad de Beneficencia*. Um século depois, durante a última ditadura militar, os filhos dos opositores do regime presos e/ou assassinados foram entregues a famílias de oficiais das forças armadas para, assim como os indígenas do século XIX, serem mantidos longe da má influência dos pais, tornando-se ordeiros e civilizados. Em ambos os períodos históricos, a extrema violência diante dos inimigos veio acompanhada de um movimento que procurou enfocar as crianças, transformadas em alvo da caridade e da civilidade argentinas. Aos inimigos, a espada; a seus filhos, a cruz e a educação civilizada.

Praticamente ao mesmo tempo em que Conrado Villegas atacava Namuncurá, em novembro, tropas sob o comando do Cel. Vinter atacaram os remanescentes de Catriel. Mais uma vez, o cacique Juan José escapou, mas em mais um duro baque, seu irmão Marcelino foi preso[94] e enviado a Martin Garcia[95] enquanto sua *chusma* e parte dos *lanzas* eram enviados às fazendas canavieiras de Tucumá.[96] Poucos dias depois, o cacique Juan José se rendeu, em Bahía Blanca.

Caciques Juan José e Marcelino Catriel

---

94 Preso na ilha de Martin Garcia, Marcelino Catriel sobreviveu à epidemia de varíola que assolava o local, tendo sido libertado em data imprecisa, na segunda metade da década de 1880. Após recusar a sedentarização em uma região no extremo sul dos pampas, transformou-se em arrendatário do Estado na região em que antigamente estava assentado, próximo à vila de Azul. Neste local, viveu até a década de 1910, como criador de ovelhas.

95 SHE, 19/11/1878.

96 SHE, 09/12/1878.

Pode-se considerar que os Ranquel, sob a tutela franciscana até aquele momento, estavam a salvo das expedições militares. Em julho de 1878, com o tratado de 1872 para expirar, o Ministro Roca abriu negociações com Epumer e Baigorrita. Destas, resultou um novo acordo:

> *Sua Excelência, o Senhor Ministro da Guerra, General* D. Júlio A. Roca, compreendendo que os expressos caciques e tribos reconhecem e atacam como membros e habitantes da República a Soberania Nacional de seu Governo, convém o seguinte:
> Art. 1º Fica consentido que haverá para sempre paz e amizade entre os povos cristãos da República Argentina e as tribos ranquelinas que, por este convenio, prometem fiel obediência ao governo e fidelidade à Nação de que fazem parte, e o governo, por sua parte, lhes concede proteção paternal.
> Art. 5º – O governo nacional determina aos dois caciques principais acima mencionados [Epumer e Baigorria], para repartir entre todos os caciques, capitanejos e tribos que compreendem este tratado, (2.000) duas mil éguas, a cada três meses, para sua subsistência.
> Art. 6º – (…) Tanto os cativos quanto os cristãos malfeitores devem ser entregues ao forte mais próximo do lugar de onde se encontrem (…).
> Art. 7º – O cacique Epumer Rosas, o cacique Manuel Baigorria, e os demais caciques nomeados neste tratado [Epumer Chico, Huenchugner, Cayupan, Yanquetruz Gusman], darão toda proteção e amparo aos sacerdotes missionários que forem Terra Adentro, com o objetivo de propagar o cristianismo entre os índios ou libertar cativos. O governo castigará severamente a todo cacique, capitanejo ou índio que não lhes tribute o devido respeito.
> Art. 11º – Fica formalmente estipulado que se um ou alguns índios dos que entram neste tratado, fizerem malón sobre qualquer ponto da fronteira ou cometerem roubo ou assassinato sobre os bens ou pessoas (…), ficará por este só fato desgastada a paz com o cacique e a tribo a que pertençam ditos malfeitores; e portanto suspensos os soldos e racionamentos designados ao cacique e tribo responsável, até que faça efetiva a devolução do roubado e o castigo dos

criminosos. Em todo roubo ou assassinato que se cometa por índio sobre cristão ou por cristão sobre índios, as partes acusadas serão presas e asseguradas e resultando criminosas serão castigadas, de acordo com as leis do país (...).

Art. 13º – Em caso de guerra exterior ou invasão de estrangeiros ou mapuches, todos os caciques ou tribos se comprometem a prestar decidido apoio ao governo argentino; bem entendido que serão muito severamente perseguidos e castigados como traidores da pátria os caciques e tribos que em algum momento se saiba haver tido relação ou conivências com *o inimigo* (...).[97]

O texto do tratado, negociado pelos clérigos era, naquelas circunstâncias, positivo aos indígenas, pois oferecia animais. Nota-se que o governo inseriu e reiterou as possibilidades de rompimento do tratado, caso houvesse *malón*. Sob a alegação de enviar o tratado de paz aos caciques, o Cel. Racedo se dirigiu às *tolderias* de Epumer e Baigorrita. A descrição do comandante mostra a estratégia utilizada, baseado na premissa de que na guerra vale tudo:

No dia 17, ao amanhecer, cheguei a 'Leubucó', residência antiga, mas recentemente abandonada pelo Cacique Epumer e sua tribo. Aqui tomei um segundo prisioneiro, o qual confirmou a notícia de que tinha, ou seja, que havíamos sido reconhecidos e que a indiarada, depois de haver escondido muito longe suas famílias e gado, estava se reunido em 'Potigue' com objetivo de hostilizar-nos tenazmente. Com este objetivo, escrevi aos Caciques Epumer e Baigorrita, fazendo-lhes crer que minha ida ali era com o objetivo de regularizar e formalizar um novo tratado de paz (...). Minha ideia, que felizmente se realizou, era que as cartas mandadas distraíssem parte da atenção que os selvagens me dedicavam e, enquanto em seus habituais debates tratavam a respeito do que haviam de se decidir, eu com

---

[97] Tratado de paz entre o Ten. Cel. Manuel José Olascoaga e os caciques Epumer Rosas e Manuel Baigorrita *apud* WALTHER, Juan Carlos. *La Conquista del Desierto*. Buenos Aires: Círculo Militar, 1964, p. 815-818.

a força sob minhas ordens, poderia abatê-los quando apontasse o dia seguinte. Assim o fiz e no dia 18 às 4 da manhã estive em Potigue.[98]

Com uma sórdida traição, Roca e Racedo enganaram os caciques Ranquel para atacá-los desprevenidos. Alertados por Namuncurá, os líderes indígenas conseguiram fugir e acompanharam o antigo chefe das Salinas Grandes em sua longa jornada rumo ao Neuquén.

Assim como haviam feito com as *tolderias* de Pincén, os militares procuraram acabar com as possibilidades de subsistência dos Ranquel. Encontrando as *tolderias* abandonadas, confiscaram éguas, ovelhas, cabras e vacas.[99] Não satisfeitos, bombardearam tudo o que restou, matando 10 *lanzas*, levando mais 2 *capitanejos* e 24 *lanzas* presos, junto de 161 *chusma*, em um total de 187 indígenas.[100]

Insatisfeitos com a fuga de Epumer e Baigorrita, os militares organizaram uma expedição, entre dezembro de 1878 e janeiro de 1879. Desta vez, o irmão do mítico Paghitruz Guor não conseguiu escapar, sendo preso com mais de 260 indígenas. Orgulhoso em seu relatório, o CM afirmou que

> os índios escreveram com o sangue o preço da audácia (…). As forças, bem montadas como iam, empreenderam uma tenaz perseguição, seguindo os rastros que em sua fuga deixavam, e quando os índios as descobriram, soltavam os filhos e as bolsas de água que levavam e, apavorados só atinavam a fugir e escapar-se cada um como lhe era possível (…). Posso assegurar a V.S. que os Ranquel desapareceram de seus esconderijos, e que agora, em sua maior parte, estão do outro lado do rio Negro.[101]

---

98   SHE, 11/12/1878.
99   Do mesmo modo como aconteceu com Calfucurá, restos mortais de Paghitruz Guor foram recolhidos em Leuvucó, em 1878, e enviados por Estanislao Zeballos ao Museu de Ciências Naturais de La Plata. Pela luta persistente dos pouquíssimos Ranquel que ainda habitam os territórios da antiga Colônia Emílio Mitre, seu crânio foi novamente sepultado em Leuvucó, em junho de 2001, mais de um século após ter sido tomado pelas tropas do Gal. Racedo.
100 SHE, 19 e 24/12/1878.
101 SHE, 05/02/1879.

Com a prisão de Epumer[102] alguns poucos Ranquel resistiram ao lado de Baigorrita, aliado a Namuncurá na desesperada fuga ao Neuquén, rumo ao frio e há meses ou anos de deslocamentos constantes, enquanto os militares se voltaram novamente sobre os pouco mais de 230 fugitivos de Pincén. Segundo o comandante Clodomiro Vilar, os indígenas resistiram além do normal, o que lhes resultou em 43 mortos e 190 presos (42 *lanzas* e 148 *chusma*).

Os Ranquel sobreviventes foram surpreendidos e traídos por Roca. Desde fevereiro de 1878 o novo ministro se mostrava arredio aos gastos com caciques. Enquanto negociava o (falso) tratado com Epumer e Baigorrita, o ministro se irritou com o CM de Patagones, por ter enviado rações ao cacique Saygueque – como exigia o tratado –, sem a prévia autorização de Buenos Aires.[103] Não foi neste momento que as relações foram rompidas com o líder *manzanero*, mas a reação de Roca à execução ordinária do tratado pelo comandante de Patagones exemplifica a forma pela qual o novo ministro e seus comandantes acreditavam dever se dar as relações com os líderes indígenas, mesmo com aqueles historicamente aliados ao governo. As rações eram vistas como gastos desnecessários, visto que o governo se apoderava das passagens dos Andes, não temia a organização militar de Saygueque e tampouco precisava de seu apoio como contra-peso ao poder bélico dos caciques dos pampas.

Entre o tratado de paz e o ataque aos Ranquel, Julio A. Roca enviou o Projeto de Lei nº 947 ao Congresso. Seu objetivo era executar a Lei nº 215, de 1867, levando a linha fronteiriça até os rios Negro e Neuquén. Argumentando a favor dos elevados gastos militares solicitados excepcionalmente ao Congresso Nacional, o ministro afirmou:

> O velho sistema das ocupações sucessivas, legado pela conquista, obriga-nos a diminuir as forças nacionais em uma extensão longuíssima e aberta a todas as incursões do selvagem, e tem demonstrado ser impotente para garantir a vida e a fortuna dos povos fronteiriços.

---

102 Epumer foi enviado à prisão da ilha de Martin Garcia e sobreviveu à epidemia de varíola. Em 1883, foi libertado e enviado para trabalhar, simbólica e humilhantemente, como *gaucho* na *estancia* do senador Cambaceres, onde morreu pouco depois.

103 SHE, 18/02/1878.

É necessário abandoná-lo de uma vez e ir diretamente buscar o índio em seu esconderijo, para submetê-lo ou expulsá-lo, opondo em seguida não uma vala aberta na terra pela mão do homem, mas a grande e insuperável barreira do rio Negro, profundo e navegável em toda sua extensão, desde o Oceano até os Andes (...).

Em meados do século passado, já os reis da Espanha aceitaram como um principio de defesa militar o que hoje em dia chegou a converter-se em uma verdade evidente e comprovada pela dolorosa experiência (...), com a destruição constante da primeira fonte de nossa riqueza rural e a perda de numerosas vidas e de tesouros em quantidade (...)

Até nosso próprio decoro como povo viril a submeter o quanto antes, pela razão ou pela força, a um punhado de selvagens que destroem nossa principal riqueza e nos impedem de ocupar definitivamente, em nome da lei e do progresso e de nossa própria segurança, os territórios mais ricos e férteis da República (...).

A primeira linha atual (...) abraça uma extensão de trezentas léguas geográficas, e a segunda linha (...) mede cento e sessenta léguas (...), que custam à Nação (...) $ 2.361,99 por ano (...), pois é possível com 6.174 soldados, guardar completamente todos e cada um dos pontos que podem ser atacados pelos selvagens (...).

Entretanto, a fronteira no Rio Negro estará bem guarnecida por dois mil homens, e mesmo por mil e quinhentos (...). A natureza do terreno árido e seco que caracteriza a zona compreendida entre o Colorado e o Negro (...), e a profundidade das águas (...) facilitam admiravelmente a defesa (...).

Calculando, pois, sobre dois mil homens, que é o máximo das forças necessárias para a defesa desta linha, resultará um gasto ao ano de 692.394 pesos fortes, que dará uma diferença anual em favor do Tesouro Nacional de 1.666.805 pesos fortes.

Entretanto há, sobre esta mesma economia, o incremento considerável que tomará a riqueza pública (...), a população poderá estender-se sobre vastas planícies e os criadores multiplicar-se-ão consideravelmente sob a proteção da Nação, que só então poderá chamar-se com verdade dona absoluta dos pampas argentinos.

No terreno de quinze mil léguas que se trata de conquistar, (...) pode-se estimar a população indígena que a ocupa em vinte mil almas, em cujo número poderão ser contados de mil e oitocentos a dois mil homens de lança, que se dedicam indistintamente à guerra e ao roubo, que para eles são sinônimos de trabalho.

Os Ranquel, famosos nos pampas por serem os mais valentes, se encontram reduzidos na atualidade a menos de seiscentas lanças, em consequência de haverem se apresentado grupos numerosos aos chefes de fronteira (…). O Ministro atual da Guerra percorreu pessoalmente esses lugares e pode assegurar que não poderiam ser melhores para o gado e mesmo para a colonização (…).

O outro grupo araucano que habita esta região e que é o mais considerável, é a tribo de Namuncurá, notavelmente diminuída (…), formando algo parecido a um acampamento árabe em marcha através do deserto (…).

Restam ainda outros agrupamentos desta raça, a mais viril de toda a América do Sul, e uma das mais avançadas, depois dos Incas (…), e se submeterão facilmente com a condição de que se lhes deixe em posse das terras (…). Como se vê, os pampas estão muito longe de se encontrarem cobertos de tribos selvagens, e estas ocupam lugares determinados e precisos.

Seu número é insignificante, em relação ao poder e aos meios de que dispõe a Nação. Temos seis mil soldados armados com os últimos inventos modernos da guerra, para opor a dois mil índios que não têm outra defesa que a dispersão, nem outras armas além da lança primitiva e, entretanto, lhes prestigiamos com a iniciativa, idealizando fortificações, como se fôssemos um povo pusilânime, contra um punhado de bárbaros.

A importância política desta operação se encontra ao alcance de todos. Não há argentino que não compreenda, nestes momentos agredidos pelas pretensões chilenas, que devemos tomar posse real e efetiva da Patagônia (…).

A ocupação do Rio Negro não oferece em si mesma nenhuma dificuldade, mas antes de levá-la a cabo é necessário expulsar os índios do deserto que se trata de conquistar, para não deixar um só inimigo na retaguarda, submetendo-os pela perseguição ou pela força, ou empurrando-os ao sul daquela barreira (…), não se explica como permanecemos em perpétuo alarme e tensão, vendo arrasarem nossos campos, destruírem nossa riqueza, incendiarem povoados e até sitiar cidades em toda a parte sul da República, sem nos apressar a extirpar o mal pela raiz e destruir esses ninhos de bandoleiros que o deserto protege e mantém (...).

Temos esbanjado nosso dinheiro e nosso sangue em lutas para nos constituirmos e não há explicação para termos permanecido em perpétuo alarme e perturbação, vendo arrasarem nossos campos, destruírem nossa riqueza, incendiarem povoados e até sitiar cidades em toda a parte sul da República, sem nos movermos para extirpar o mal pela raiz e destruir a estes ninhos de bandoleiros que o deserto incuba e mantém.

Enunciados assim os grandes propósitos deste pensamento, e os meios mais indispensáveis que requerem sua realização, o Poder Executivo deve acrescentar, para concluir, que crê justo e conveniente destinar oportunamente aos primitivos possuidores do solo, uma parte dos territórios que ficarão dentro da nova linha de ocupação, (...) reservar para os índios amigos, e aos que adiante se submetam, uma área (...) onde se poderão concentrar depois em populações agrícolas.[104]

No discurso de Roca ao Congresso, consolida-se a maturidade de um projeto gestado durante décadas nas *comandancias militares* do sul da Argentina. Para convencer o Congresso e justificar as campanhas militares, o MGyM apresentou a expansão territorial rumo ao rio Negro como uma missão e um objetivo claro desde o período colonial, salientando que um pequeno número de indígenas dominava uma vasta área, supostamente parte do território do Estado Argentino, levando o terror às zonas já ocupadas pelos *criollos*. Apresentando dados estatísticos, demográficos, geográficos e financeiros, o ministro procurou salientar como recursos seriam poupados com a realização das campanhas militares e quais seriam os inúmeros avanços para a economia e para a sociedade argentinas, destacando as potencialidades do terreno a ser ocupado, as ameaças externas – chilenas – e o futuro grandioso à frente.

---

104 Mensage y proyecto del Señor MGyM, Gal. D. Julio A. Roca, sobre la traslación de la frontera sur á los Ríos Negro y Neuquén, *apud* WALTHER, Juan Carlos. *La Conquista del Desierto, op. cit.*, p. 804-809.

Para Roca, a submissão ou expulsão dos indígenas para além do rio Negro era uma tarefa que não poderia aguardar. A antiga estratégia militar de Alsina – a chamada *zanja* – foi novamente criticada por sobrevalorizar a capacidade bélica dos caciques e de seu *"punhado de lanças"*, responsáveis pela destruição da pecuária argentina. Os caciques que ofereciam menor resistência – os que povoavam os Andes – eram considerados os pacíficos em virtude do convívio com a *"raça europeia"* e estariam fadados ao desaparecimento racial. No discurso do ministro, nota-se a supressão definitiva da interlocução política proposta aos caciques. Aos indígenas, não se destinava mais negociação, apenas conflito e submissão. Não eram mais aliados nem inimigos, apenas remanescentes de um passado, condenado a desaparecer e dar lugar a um novo futuro, grandioso e europeu.

Em janeiro de 1879, foi instituída a *Gobernación de la Patagonia*,[105] com capital em Viedma, na margem sul do rio Negro, tendo o Cel. Álvaro Barros como o primeiro governador. Entre os decretos que regulam a organização da ocupação daquele novo território argentino, destacam-se dois: o de 13 e o 14 de janeiro, instituindo um *intendente de índios*, responsável por administrar, receber e distribuir as rações aos indígenas que seriam sedentarizados naquela região. Para esta função, foi nomeado o Sargento Major D. Antonio Recalde.[106] A ocupação daqueles territórios, apesar de não estar concretizada, já era inquestionável.

Segundo Juan Carlos Walther, em *La Conquista del Desierto* – obra na qual repete o discurso dos militares do século XIX – a paz finalmente reinava sobre os pampas. Em suas palavras,

> embora as tropas nacionais tenham rendido lamentáveis tributos de sangue, esse sacrifício não foi estéril em virtude do grande êxito que já se vislumbrava, pois foi cumprida com sucesso a primeira fase do plano do ministro da Guerra. O caminho ao rio Negro estava quase ativo com o seguro aniquilamento de uma raça de selvagens, verdadeiro empecilho ao progresso da Nação, que havia custado às

---

[105] SHE, 16/01/1879.
[106] *Idem.*

populações do sul do país um rastro de sangue e lágrimas com suas covardes e vandálicas agressões.[107]

Para concretizar o desejado avanço territorial até os rios Negro e Neuquén, aprovados pela Lei nº 947, de 04/10/1878, o Exército elaborou um plano militar imortalizado sob o título de Campanhas do Deserto, caracterizado como a formalização da posse sobre territórios nos quais o Exército incursionava desde 1877 e nos quais já havia assassinado, preso ou expulsado a imensa maioria dos indígenas.

Roca enviou ao Congresso as memórias do MGyM de 1878, pouco antes de partir para o comando em campo das tropas que ocupariam o território. No texto, exteriorizou a felicidade pela conquista e pela imensa força obtida junto a políticos e militares, explicitando também as principais linhas-mestras do pensamento dos comandantes que assumiram a fronteira durante e após a Guerra do Paraguai. Para eles, havia chegado a hora de acabar com os *malones*, os tratados e os indígenas. Os caciques não eram reconhecidos como interlocutores políticos nem como parceiros militares, mas como um mal a ser extirpado da República Argentina:

> Estou satisfeito ao anunciar que a operação prévia – a expulsão e submetimento dos índios dos pampas – (…) aquela que era considerada como a operação mais difícil, superior às nossas forças (…), se realizou com um êxito surpreendente no espaço de sete meses (…). Por Rio Cuarto, Frayle Muerto e Ichilin eram sentidas, também, invasões que penetravam as linhas [de defesa] do sul e recaíam sobre os povoados sem defesa e desprevenidos, espalhando o terror e a intranquilidade, pela vida e pela propriedade, até em lugares mais seguros e afastados.
> Foi nestas circunstancias que se iniciou a Campanha (…). De julho até janeiro foram levadas a cabo 35 operações (…), sem que nenhuma tenha experimentado a menor oposição (…), levando as armas da Nação até os últimos rincões dos pampas, aprisionando, destruindo ou dispersando, aqui a um soberbo cacique, ali uma tribo inteira (…). Esta é nossa escola prática, e a dura lição onde se formaram

---

107 WALTHER, Juan Carlos. *La Conquista del Desierto, op. cit.*, p. 583.

> aguerridos soldados (...), que destruíram por completo as numerosas tribos de Namuncurá, Epumer Rosas, Baygorrita e Pincén (...). Notem a cifra de cristãos resgatados ao degradante e cruel cativeiro do selvagem. Se esta guerra não houvesse tido outro objetivo, estava plenamente justificada por este (...). Se a escravidão do bárbaro pelo homem civilizado, do negro da Guiné pelo representante mais imbuído da civilização moderna é uma perversão das leis morais, o que não será invertendo-se estes papéis? Quem já ouviu alguma vez o relato dos sofrimentos e martírios de infelizes cativos escravos de um índio (...), sendo o abuso (...) constante das mulheres, não pode recordá-los sem espanto e horror (...).
> O governo se encontrava com um grande número de índios prisioneiros e resolveu, com uns fazer colônias e, com a maior parte, distribuir entre a boas famílias desta cidade, considerando que este é o meio mais rápido para civilizá-los (...). Dos jovens úteis para o serviço das armas, (...) surpreende como em poucos meses se fazem soldados (...). A Tucumã (...), [foram enviados] alguns para o trabalho nos engenhos de açúcar (...). Com a tribo de Catriel, formaram-se formaram duas colônias às margens do rio Negro (...).[108]

Plenamente satisfeito com a execução das campanhas preliminares e anunciando sua ida aos pampas para a concretização da ocupação do rio Negro nas chamadas Campanhas do Deserto, Roca destacou as principais conquistas das expedições militares de 1878. Procurando defender as ações e os gastos militares, o MGyM alertou para o resgate dos cativos, sem se ater aos eventuais vínculos pessoais, familiares e afetivos entre cativos e indígenas – inimaginável para quem entendia os nativos como inferiores. Procurando realizar paralelos entre a situação *"degradante"* dos cativos com a dos escravos negros, salientou a heroica missão de resgate e a concretização das ações do Exército, "aprisionando, destruindo ou dispersando, aqui a um soberbo cacique, ali uma tribo inteira", em especial "as numerosas tribos de Namuncurá, Epumer Rosas, Baygorrita e Pincén".

---

108   Manuscrito de Julio A. Roca do informe das Campanhas do Deserto aos Deputados e Senadores. Archivo General de la Nación, Sala VII, Fondo Roca, Leg. 155 (1383), Doc. 448.

Depreende-se deste discurso o entendimento que a nova geração de militares tinha da participação indígena na sociedade argentina, permitindo que vivessem, apenas, se submetidos à força. Para os novos comandantes, não havia negociação nem contemporização com os *"selvagens bárbaros"*: aos *lanzas* era destinado o serviço militar obrigatório; aos homens economicamente ativos eram designados os trabalhos nos engenhos açucareiros em Tucumã; às suas mulheres e crianças, o destino era o trabalho doméstico em Buenos Aires; e para algumas famílias – aquelas dos *caciques amigos* – reservaram pequenas porções de terra, onde sob a tutela de clérigos e militares, deveriam abandonar suas características familiares, sociais, religiosas e de trabalho para se transformarem em pequenos produtores agrários, sedentarizados e católicos.

Enganam-se os que atribuem somente a Julio Argentino Roca a elaboração da estratégia ofensiva e genocida, pois ideias, imagens e conceitos foram sendo construídos e passaram a integrar o imaginário social de parte significativa da sociedade argentina a respeito dos indígenas. Pode-se remontar a *La Araucana*,[109] de D. Alonso de Ercilla y Zuñiga, de 1569: a construção de uma imagem dos araucanos como indomáveis guerreiros, imagem esta esmaecida apenas no século XIX – com a construção do Estado burguês, suas lutas políticas e seus projetos nacionais –, quando se cristalizou a concepção dos indígenas de origem araucana como exteriores à Argentina e desmerecedores das terras que ocupavam e, ainda assim, guerreiros indomáveis a quem não cabia oferecer a civilização.

A partir da sistematização da oposição civilização e barbárie, por Sarmiento, em 1845, certos conceitos e concepções de Argentina se fixaram, especialmente sobre as elites adeptas do liberalismo, e os militares da geração que começou a assumir os postos de comando no final da década de 1860 e no começo da de 1870. Tratava-se da negação do indígena como interlocutor e da elaboração de estratégias de aniquilamento e genocídio. Neste sentido, a mensagem enviada por Nicolás Avellaneda, Presidente da Argentina, às tropas que se dirigiam às campanhas militares de 1879, é exemplar:

> O país agradecido lhes reconhece esta dupla glória. Depois de muitos anos, a guerra contra o índio sai do terreno das façanhas obscuras, e

---

109   ERCILLA Y ZUÑIGA, Alonso de. *La Araucana*. Santiago: Nacimiento, 1933.

> há por trás de vós todo um povo que dá vivas aos vencedores (...). Pelos rastros das expedições se encaminharão, em breve, os empreendimentos, a recolher o fruto de vossas vitórias, abrindo novas fontes de riqueza nacional ao amparo de vossas armas. Nunca fora mais fecunda a missão do exército argentino. Soldados do Exército Expedicionário: O governo está satisfeito com vossa conduta, e logo ficará assegurado o êxito final (...).[110]

Em linhas gerais, o plano elaborado pelo ministro Julio Argentino Roca consistiu na concentração de 6.000 soldados na linha fronteiriça.[111] A 1ª Divisão partiu de Azul com destino à ilha de Choele Choel. Liderada pelo MGyM em pessoa, coordenada pelos CMs Conrado Villegas, Lorenzo Vintter, Teodoro García e Daniel Cerri, reuniu 1.338 soldados e 95 oficiais. A estes militares, Roca se dirigiu, em 26 de abril de 1879, com as seguintes palavras:

> Soldados do Exército Expedicionário ao Rio Negro (...)
> Para o assombro de todos os nossos cidadãos, em pouco tempo fizestes desaparecer as numerosas tribos dos pampas, que se faziam crer invencíveis, pelo pavor que o deserto nos inspirava, e que eram como um legado fatal que as gerações argentinas teriam ainda que transmitir umas às outras, por séculos.
> Quando a onda humana invadir a estes desolados campos, que ontem eram o cenário para correrias destruidoras e sanguinárias, para convertê-los em empórios de riqueza e em povoados florescentes, em que milhões de homens possam viver ricos e felizes; quando isto

---

110 Mensagem do Presidente Nicolás Avellaneda ao Exército Expedicionário, *apud* WALTHER, Juan Carlos. *La Conquista del Desierto, op. cit.*, p. 582.

111 Não foi localizada documentação militar produzida entre abril e agosto de 1879 – referente às chamadas Campanhas do Deserto – no *Servicio Histórico del Ejército* nem no *Archivo General de la Nación* – o que leva a crer que estão no restrito arquivo do Estado-Maior do Exército. Juan Carlos Walther teve acesso a estes documentos. Como os dados por ele apresentados, referentes aos períodos em que há documentos no *Servicio Histórico del Ejército* para fazer a confrontação, são condizentes com o material militar levantado, levou-se em consideração sua narrativa para a aquisição dos dados básicos.

ocorrer, estimarão então o verdadeiro valor e mérito de vossos esforços. Extinguindo estes ninhos de piratas terrestres e tomando posse real da vasta região que os abriga, abristes e dilatastes os horizontes da pátria (...), traçando (...) com vossas baionetas, um raio imenso para seu desenvolvimento e grandeza futura (...).
Os Estados Unidos do Norte, uma das mais poderosas nações da terra, não puderam até agora, solucionar a questão dos índios (...): vós ireis resolvê-la no outro extremo da América com um ínfimo esforço de vosso valor (...).
Nesta campanha não se arma vosso braço para ferir compatriotas e irmãos extraviados pelas paixões políticas, ou para escravizar e arruinar povos ou conquistar territórios das nações vizinhas. Se arma para algo maior e mais nobre; para combater pela segurança e engrandecimento da Pátria, pela vida e fortuna de milhares de argentinos e, ainda, pela redenção desses mesmos selvagens que, por tantos anos liberados a seus próprios instintos, pesaram como um flagelo na riqueza e bem-estar da República (...).
Dentro de três meses estará tudo concluído. Mas a República não termina no rio Negro: mais além acampam numerosos enxames de selvagens, que são uma ameaça para o futuro e aos quais é necessário submeter às leis e usos da nação, transformando-os em populações cristãs (...).
Sei que entre eles há caudilhos valentes e animosos, que preparam suas lanças preferindo sucumbir a renunciar vida de pilhagem. Lá iremos, ainda que se ocultem nos vales mais profundos dos Andes ou se refugiem nos confins da Patagônia.[112]

O tom triunfalista adotado por Roca em seu discurso aos militares é impactante. Sem a obrigação dos rodeios e da polidez de um discurso ao Congresso, o ministro explicitou o objetivo das campanhas: *"fizestes desaparecer as numerosas tribos dos pampas, que se faziam crer invencíveis"*. O objetivo era claro e foi saudado pelo MGyM: ocupar os territórios, liquidar com os indígenas e encaminhar a Argentina

---

112   Mensagem do MGyM, Julio A. Roca, ao Exército Expedicionário, antes da saída das tropas, *apud* WALTHER, Juan Carlos. *La Conquista del Desierto, op. cit.*, p. 587-591.

para um futuro de farturas com uma paz eterna. Projetava-se, para breve, ultrapassar os Estados Unidos, *"uma das mais poderosas nações da terra"*, mas incapazes de acabar com o problema indígena como a Argentina fazia.

Para Roca, chegara a hora de ultrapassar, definitivamente, a dicotomia de Sarmiento. A original "civilização e barbárie", que havia sido transformada em "civilização ou barbárie" na década anterior, agora estava reduzida ao essencial: a "civilização". Para o ministros, poucos passos separavam a Argentina do rol das potências mundiais, faltando apenas que ele, Julio Argentino Roca, fosse eleito presidente.

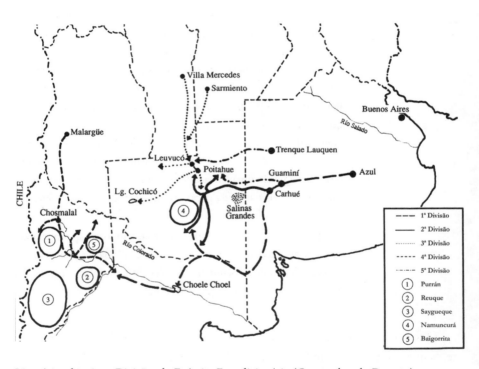

Itinerários das cinco Divisões do Exército Expedicionário (Campanhas do Deserto)

Indígenas e *criollos* 265

Chegada do Exército Expedicionário ao rio NegroAo centro, destacam-se o MGyM, Julio A. Roca, e seu assistente, Manuel Olascoaga

As tropas avançaram por 140 léguas (aproximadamente 700 quilômetros) até alcançarem, em 24 de maio de 1879, o rio Negro e a objetivada ilha, praticamente um mês depois e sem encontrar resistência indígena.

A 2ª Divisão, sob o comando de Nicolás Levalle, auxiliado por Clodomiro Villar, Máximo Bedoya e pelo cacique Tripailao, possuía um total de 402 soldados e 49 oficiais. Saindo de Carhué, seu objetivo era um local conhecido como Traru-Lauquen,[113] passando por Leuvucó e pelas Salinas Grandes, certificando-se do despovoamento destas zonas. A expedição foi considerada concluída também no próprio dia 24 de maio, quando chegou ao destino final. Lá encontrou, segundo Walther, o arquivo pessoal de Namuncurá enterrado e semi-destruído pela chuva. Nos enfrentamentos, *capitanejos* morreram, havendo a prisão da maior parte da *chusma*.

A 3ª Divisão era comandada por Eduardo Racedo, com o apoio de *índios amigos* presos em 1878, contando com um total de 1.256 soldados e 96 oficiais. Partiu de

---

113 Em Traru Lauquen atualmente se encontra a cidade de General Acha, Prov. La Pampa.

Villa Mercedes, na Província de San Luis, para varrer os territórios dos Ranquel e se instalar em Poitahue, local próximo a Leuvucó. Durante seu caminho, as tropas perseguiram Baigorrita, que mais uma vez escapou deixando para trás sete *capitanejos*, vinte e dois *lanzas* e 500 *chusma*, aproximadamente.

Missionários salesianos guardam *chusma* capturada pela 1ª Divisão do Exército Expedicionário, 1879

A 4ª Divisão era liderada por Napoleón Uriburu, auxiliado por tropas regulares e alguns guardas nacionais, partindo de Malargüe, em Mendoza, para Chosmalal, nos Andes do Neuquén, passando por territórios até então desconhecidos. Entre seus objetivos estava o de frear o avanço dos indígenas fugitivos dos pampas e o de contatar os caciques Purrán e Saygueque, convidando-os a um *parlamento* com Roca, em Choele Choel.

Fortin Chosmalal, nas proximidades do rio Neuquén. Nota-se sua posição estratégica, guardando o leito do rio, defendido por morro escarpado

Uriburu enviou correspondência convocando Purrán. Este propôs outro local, levantando suspeitas nos militares, que supuseram se tratar de uma armadilha e marcharam sobre suas *tolderias*. Na interpretação de Walther,

> foram muitas as vezes em que se permaneceu em vigília e com o gado pronto a ser montado, porque os indígenas inimigos espreitavam a todo o momento, aguardando a oportunidade para exterminar as tropas nacionais que 'invadiam' suas terras.[114]

Após vinte dias, Uriburu recebeu nova carta de Purrán, e novamente desconfiou, mas não conseguiu localizá-lo para prendê-lo. Mesmo assim, a leva de indígenas que fugiam das demais Divisões do Exército – então varrendo os pampas de norte a sul – e rumavam ao Neuquén, era impressionante, sendo alvo fácil às tropas instaladas nos vales das serras anteriores aos Andes. Foram presos e rapidamente

---

114 WALTHER, Juan Carlos. *La Conquista del Desierto, op. cit.*, p. 614.

enviados ao fortin de Chosmalal, onde uma epidemia de varíola mataria grande parte deles.

Entre os fugitivos estava o último cacique Ranquel livre, Baigorrita. Após perder a grande maioria de seus indígenas como consequência de seguidos e incansáveis ataques nos pampas, o cacique rumava ao Neuquén, mas em 15 de julho, enfrentou duro combate. Conseguiu fugir do cerco utilizando rifles contrabandeados e ferindo dois oficiais, mas esta ação surpreendente apenas postergou seu fim para o dia seguinte quando, em novo enfrentamento, foi cercado, resistindo com apenas cinco indígenas. Defendendo até o último instante sua liberdade, autonomia e poder, resistiu duramente com os últimos remanescentes do que outrora foi uma populosa companhia indígena, até que todos foram mortos, juntando-se aos mais de mil que já haviam sucumbido às tropas da 4ª Divisão.

Antes de narrar as atividades da 5ª e última Divisão, cabe uma breve observação acerca do uso de armas de fogo pelos indígenas. Em 19 de janeiro de 1877, houve a primeira notícia de indígenas comprando armas de fogo, e isto começou a preocupar os militares. Até antes das Campanhas, os indígenas se mantiveram vinculados a estratégias, hierarquias e armas tradicionais, símbolos de poder para aquelas sociedades. Em suas estruturas sociais, não cabia o uso da arma de fogo, pois uma das bases era a coragem vinculada ao uso da lança. Com o desenrolar das Campanhas e a aproximação de militares explicitamente interessados em sua remoção, submissão ou extermínio, tornou-se imprescindível a adoção de armamento mais letal. Os comandantes militares notaram este interesse e começaram a se preocupar, mas não tiveram tempo para elaborar estratégias repressivas ao tráfico de armas, pois em poucos meses os indígenas haviam sido praticamente liquidados e não ofereciam mais risco, com ou sem rifles,[115] adaptando-se novamente às estratégias do inimigo.

O Cel. Hilário Lagos foi o comandante da 5ª Divisão do Exército Expedicionário. Suas tropas saíram de Guaminí e Trenque Lauquen com destino ao centro dos pampas, a terra dos ranquels, encontrando em seu caminho perto de mais de 700 indígenas rumando ao Neuquén. A maioria acabou presa.

---

[115] Para acompanhar a aproximação dos indígenas com as armas de fogo, em especial os rifles Remington, e notar as novas estratégias defensivas, ver: SHE 19/01/77, 13 e 19/02/1879, 29/05/1880, 31/08 e 14/10/1882.

Os caciques em geral optaram, desde 1877, pela fuga rumo ao Neuquén.[116] Geralmente, os primeiros indígenas a serem presos eram a *chusma*, à qual os *lanzas* tentavam, infrutiferamente, resgatar,[117] acabando presos ou mortos nestas desesperadas lutas pela liberdade. Aqueles que restavam livres, não ultrapassavam cinquenta indivíduos que, sem famílias nem cavalos, vagavam sem rumo, seguindo a direção sul, procurando encontrar outros indígenas pelo caminho ao Neuquén e ao Chile.[118]

Em agosto de 1879, estava concretizado o novo avanço da fronteira *criolla*: o rio Negro. A Argentina, segundo os políticos e militares, havia resgatado 15.000 léguas[119] das mãos dos indígenas e podia passar a visar os derradeiros territórios livres, ao sul do rio Neuquén, abrigo do fugitivo Namuncurá, do sublevado Purrán e do pacífico Saygueque. Este último cacique, extremamente preocupado com o avanço de tropas e indígenas sobre seus territórios, escreveu ao Ten. Cel. Uriburu para reafirmar sua opção pela paz. O governo, que buscava naquela época um cacique fiel para ajudar na contenção aos pampeanos fugitivos, procurou se aproximar dele. Encurralado pelas tropas e pressionado por seus antigos parceiros comerciais, ele reconheceu a autoridade nacional e foi nomeado *Gobernador del País de las Manzanas* no último grande tratado de paz entre o governo e um cacique.

Ao final do ano de 1879, o então Ministro da Guerra e Marinha, Julio Argentino Roca, enviou um relatório das Campanhas do Deserto à Câmara dos Deputados e ao Senado. O texto original se perdeu, mas alguns dados podem ser obtidos no livro do Coronel Juan Carlos Walther. Finalizadas as campanhas de 1879, os dados apresentados pelo ministério são os seguintes:

6 caciques principais presos;
1 cacique principal morto;

---

[116] Dezenas de relatórios produzidos pelos militares entre 1877 e 1881 confirmam a opção indígena pela fuga rumo ao Neuquén. Estes, podem ser encontrados no *Servicio Histórico del Ejército* sob a chancela de *Campaña contra los índios*.

[117] Por exemplo, SHE, 19/02/1879.

[118] Por exemplo, SHE, 19/03/1879.

[119] A cifra de 15.000 léguas foi imortalizada pelo livro *La Conquista de Quince Mil Léguas*, escrito por Estanislao Zeballos quando este percorreu os pampas como convidado especial das tropas que perseguiam os caciques nas campanhas preliminares de 1878.

1.271 indígenas *de lanza* prisioneiros;
1.313 indígenas *de lanza* mortos;
10.513 indígenas *de chusma* presos;
1.049 indígenas rendidos.

São dados imprecisos, principalmente os relativos a indígenas mortos, pois desconsideram a quantidade dos *chusma* assassinados, por exemplo. Além dos corpos que puderam ser contabilizados pelos militares nos campos de batalha, houve um número incontável de feridos e fugitivos, que provavelmente vieram a morrer longe dos burocratas contabilistas do Exército. Somem-se a estes, as vítimas das epidemias transmitidas pelos militares, os indígenas que morreram ao serem transferidos a pé do Neuquén a Tucumã, no inverno, em percurso de mais de mil e trezentos quilômetros, e os mortos em revoltas e tentativas de fuga das prisões.

A estes números deve-se adicionar os apresentados por Roca nas memórias do Ministério de Guerra y Marina referentes ao ano de 1878[120] e, portanto, às campanhas preliminares:

4 caciques principais presos;
64 *capitanejos* presos;
1.161 indígenas *de lanza* presos;
4.863 indígenas *de chusma* presos;
25 caciques ou *capitanejos* mortos;
732 indígenas de *lanza* mortos;
6.959 indígenas *de chusma* mortos;
331 cativos resgatados.

Na soma final, contam-se:

10 caciques principais presos;
1 cacique principal morto;

---

120 Manuscrito de Julio A. Roca do informe das Campanhas do Deserto aos Deputados e Senadores. Archivo General de la Nación (AGN), Sala VII, Fondo Roca, Leg. 155 (1383), Doc. 448.

2.496 indígenas *de lanza* ou *capitanejos* presos;
2.045 indígenas *de lanza* mortos;
16.425 indígenas *de chusma* presos ou rendidos;
6.959 indígenas *de chusma* mortos.

Se tomarmos em consideração apenas os números referentes às campanhas preliminares, nota-se a precisão dos dados fornecidos por Roca ao Congresso, quando da aprovação da Lei de ocupação do rio Negro, cujo discurso foi citado. Naquela oportunidade, o MGyM afirmou que "a população indígena que a ocupa em vinte mil almas, em cujo número poderão ser contados de mil e oitocentos a dois mil homens de lança". Os números levantados pelas campanhas preliminares se aproximam destes levantados por Roca, pois contabilizam 13.759 indígenas, sendo 1.893 *lanzas*.

Quando somados os números das campanhas preliminares com os estimados durante as Campanhas do Deserto, o total aumenta. Segundo as contas de Roca, são 27.936 indígenas, o que nos leva a constatar que praticamente um terço (9.005) dos nativos que enfrentou o Exército e pôde ser contabilizado, morreu. Os militares, no entanto, ainda estavam insatisfeitos. Diante do que entenderam como um sucesso, viram que podiam concretizar o último grande avanço, rumo ao Estreito de Magalhães, seguindo a indicação de Roca, acima citada:

> a República não termina no rio Negro: mais além acampam numerosos enxames de selvagens, que são uma ameaça (...). Sei que entre eles há caudilhos valentes e animosos, que preparam suas lanças preferindo sucumbir a renunciar vida de pilhagem. Lá iremos, ainda que se ocultem nos vales mais profundos dos Andes ou se refugiem nos confins da Patagônia.

Após a eleição e posse de Roca como Presidente, em outubro de 1880, Benjamin Victorica assumiu o MGyM e pequenos agrupamentos militares continuaram percorrendo os pampas com o intuito de localizar os últimos indígenas livres e escondidos. O ano seguinte foi marcado pelas tentativas de organização dos territórios recém-conquistados, pelo envio de milhares de indígenas a Tucumã, Entre Rios e interior de Buenos Aires[121] e pelas incipientes tentativas de estabelecimento de colônias militares indígenas.[122] Apenas pequenas operações militares foram conduzidas, pois os comandantes estavam montando a nova linha de fronteira – *fortines* na região pampeana e fortes nas margens dos rios Negro e Neuquén – e estabelecendo as ligações telegráficas.

Principais pontos referentes à operação de rescaldo

Apesar do avanço da fronteira e da constante vigilância, os militares não conseguiram evitar uma invasão na região do *fortin* Puan, na antiga linha defensiva de Alsina. Apesar do envio de tropas repressoras, parece que os comandantes esqueceram como combater *malones,* e os invasores conseguiram seguir até o Neuquén.[123] Porém, este tipo de ação foi a exceção, e não a regra, pois o número de invasões

---

121 SHE, 30/10/1880, 29/01/1881 e 21/02/1881.

122 SHE, 09/09/1880.

123 SHE, 09/10/1881.

indígenas, que havia caído drasticamente com a trincheira de Alsina, aproximou-se do zero com a transposição da fronteira aos rios Negro e Neuquén.

Talvez este pequeno *malón* possa ser considerado como o precursor da última grande invasão indígena na Argentina. Em janeiro de 1882, mais de mil *lanzas* reunidos por Namuncurá, Reuque Curá e Saygueque atacaram o *fortin 1ª División*, sobre o rio Negro, sem muito sucesso.[124] O primeiro ainda sustentava alguma força política diante dos demais caciques e era parente do segundo que também, sob pressão do governo chileno que avançava sobre a Araucania, procurava colaborar para formar um grande movimento de resistência ao avanço *criollo* sobre os Andes. Por fim, resta a dúvida quanto aos motivos que levaram Saygueque a abandonar o tradicional discurso pacifista e pró-Argentina dos *manzaneros* e aderir à aliança indígena.

Assim como os demais grandes caciques dos pampas, Saygueque também tinha acesso às informações provenientes de Buenos Aires, conhecendo as constantes traições dos portenhos, em especial a sobre Juan José Catriel em 1876, e a que ficou mais conhecida, sobre os Ranquel, em 1878. Desconfiando do governo, o líder das *manzanas* acompanhou, também, os relatos dos indígenas refugiados dos pampas e, por fim, assistiu à chegada da expedição de Francisco "Perito" Moreno.[125] Sabia, portanto, que sua região estava mapeada e que qualquer deslize mínimo seria o suficiente para justificar um ataque proveniente de tropas que estavam estacionadas relativamente perto, no rio Limay.

É bastante provável que Saygueque também já soubesse dos novos planos dos militares. Enquanto o *malón* atacava o *fortin*, o comandante Conrado Villegas avançou em direção do lago Nahuel Huapi e ocupou o rio Agrio.[126] Nos meses

---

124 SHE, 07/01/1882.

125 Francisco Moreno recebeu o apelido de "Perito" devido a seus longos e complexos estudos de geografia, geologia, zoologia e botânica. Em 1875, alcançou o rio Negro, de lá foi ao rio Limay, partindo então para o reconhecimento da área do lago Nahuel Huapi – atual Bariloche – onde estavam as *tolderias* de Saygueque. Em 1879, empreendeu uma segunda viagem, refazendo o trajeto empreendido na década de 1830 por Robert FitzRoy e Charles Darwin até o Estreito de Magalhães para, de lá, partir a nova expedição ao lago Nahuel Huapi. Em suas viagens, recolheu uma coleção impressionante de fósseis, rochas e plantas, às quais foram a base para a fundação do Museu de Ciências Naturais de La Plata – para onde Estanislao Zeballos levou os crânios de Calfucurá e Paghitruz Guor. Atualmente, este é o quarto maior museu deste tipo no mundo.

126 SHE, 28/03/1882.

posteriores, o avanço continuou até que Namuncurá e Reuque Curá procuraram negociar a paz em novembro de 1882. Frustradas as tentativas de acerto com o governo, os caciques sabiam que as opções restantes eram a resistência armada e entrincheirada nos Andes.

Segundo o ICGA, o comandante Villegas organizou desde abril de 1882 uma expedição para atacar as *tolderias* do Neuquén.[127] As tropas partiram em outubro para tentar prender os três caciques que resistiam, não conseguiram alcançá-los, mas prenderam centenas e mataram um número incontável de indígenas.

A Patagônia era praticamente despovoada e extremamente seca, servindo de base militar para as expedições sobre os rios Limay, Neuquén e Chubut, além do lago Nahuel Huapi. Naquele ano, o comandante Vintter ocupou algumas instalações militares espanholas abandonadas desde o século XVI[128] e procurou submeter os poucos Tehuelche que viviam nas proximidades – um total de 52 indígenas – para depois partir em expedição ao rio Chubut procurando localizar o caminho que levava até o cacique Saygueque.[129]

Em outubro, Vintter voltou a escrever a Buenos Aires. Realizado o levantamento geográfico da área entre a costa atlântica e o rio Chubut, o comandante finalmente partiu para o norte, esperando encontrar resistências indígenas e levando consigo praticamente todos os trinta soldados que estavam no local.[130]

Pouco tempo depois, o Ten. Cel. Lino O. de Roa, também percorreu o rio Chubut, a partir do norte. Em seu relatório, o comandante militar elogiou a região e elaborou planos, procurando elencar as potencialidades econômicas do local:

> Os vales (...) desta região são excelentes para abrigar estabelecimentos para a criação de gado (...). Os arroios (...) oferecem paragens propícias a pequenas colônias agrícola-pastoris (...). É-me altamente gratificante recomendar (...) ao infatigável e ativo súdito de Sua

---

127 SHE, 05/04/1882.

128 Neste mesmo local, em junho de 1884, chegaram os primeiros colonos que iniciaram a povoação *criolla* do local onde hoje se situa Puerto Deseado.

129 SHE, 21/07/1883.

130 SHE, 03/10/1883.

> Majestade Britânica, o cidadão advogado Mr. William Andrews, que continuará acompanhando esta pequena expedição (…).[131]

A expedição de Lino Roa foi a primeira a alcançar o lago Nahuel Huapi utilizando um barco. Durante estas campanhas, classificadas de rescaldo, os militares cercaram e sufocaram os indígenas de Reuque Curá e Namuncurá. Enquanto o primeiro retornou ao Chile, onde seus parentes passavam por graves problemas em decorrência da chamada *Conquista del Arauco*, o segundo procurou resistir enquanto pôde, sucumbindo à pressão em 24 de março de 1884. Após sete anos de constantes e infindáveis fugas, aquele que foi o cacique chefe da Confederação de Salinas Grandes teve que se render com seus últimos *capitanejos*, *lanzas* e familiares.[132]

---

[131] SHE, 30/10/1883.

[132] A rendição de Namuncurá foi intermediada pelo missionário salesiano Domingo Milanesio, desde abril de 1883. Após atravessar aproximadamente 500 quilômetros, desde as serras do Neuquén até o rio Negro, chegaram ao forte Gal. Roca, 9 *capitanejos*, 137 *lanzas* e 185 da *chusma*. Namuncurá aproveitou uma nova lei, de 24 de março de 1884, que destinava pequenas porções de terras aos caciques que se rendessem, para solicitar a tal doação. Viajou a Buenos Aires para negociar, foi apresentado a Roca e Zeballos, que prometeram entregar-lhe uma légua próxima ao rio Negro. Quatro anos depois, isto ainda não havia sido oficializado pelo Legislativo e os antigos salineros já haviam sido transferidos duas vezes de local, forçando o cacique a retornar à capital federal. Apenas em 1894 foi formalizada a lei nº 3092 que regulamentava a entrega de terras aos indígenas. A Namuncurá ficou estabelecido um terreno de oito léguas, das quais apenas três foram realmente entregues, em um local denominado San Ignácio, na Província do Neuquén, em terras muito diferentes daquelas em que viveu durante toda a vida, onde morreu em 31 de julho de 1908, aos 97 anos. Seu filho caçula, Ceferino, foi estudar em internato salesiano, em Buenos Aires, de onde partiu para Roma, visando o sacerdócio, não alcançado, pois faleceu de tuberculose, em 1905.

O cacique Namuncurá (sentado), acompanhado de familiares, dentre os quais, seu filho Ceferino, ajoelhado à frente

Ao governo, restava submeter à força o último grande cacique argentino, Valentin Saygueque, o antigo *Gobernador del país de las manzanas*. Em junho de 1884, Vintter solicitou o envio de mil cavalos para que pudesse concretizar o último avanço,[133] pedido atendido pelo Comandante do Estado-Maior do Exército. O objetivo era claro, os militares sabiam que estava próximo e não pretendiam esperar mais.

---

133   SHE, 26/06/1884.

Cacique Saygueque posa para foto trajando roupas civilizadas

Em outubro foram criadas as *gobernaciones* de La Pampa, Río Negro, Neuquén, Chubut, Santa Cruz e Tierra del Fuego, através da Lei nº 1532. O governo não havia ainda concretizado a submissão do último cacique e a conquista dos últimos territórios oficialmente não ocupados por forças argentinas, mas já legislava sobre eles.

Saygueque era uma questão de tempo, pois tanto ele quanto Inacayal haviam sido localizados em agosto, quando receberam alguns *regalos* do comandante Amaro Arias,[1] situação aprovada pelo MGyM Benjamin Victorica, mas criticada pelo Comandante do Estado-Maior do Exército, Joaquin Viejo Bueno.[2]

Inacayal seguiu o modelo de Namuncurá e se rendeu às tropas, em outubro.[134] Porém, diante da evidente segregação familiar e do envio dos homens guerreiros a Buenos Aires, o cacique se sublevou juntamente com outros, menos de um mês após aceitar a tutela governamental.[135] De nada adiantou a revolta, pois o Exército, naquele momento, ocupava o Neuquén e empurrava Saygueque rumo ao desconhecido.

Diante da rendição e prisão generalizadas e da falta de opções de sobrevivência, o cacique, seus *capitanejos*, *lanzas* e *chusma* se entregaram no primeiro dia de 1885, marcando o final das resistências indígenas na Argentina e o final do processo de consolidação do Estado Nacional iniciado, em 1852, com a vitória Unitária sobre os Federalistas de Juan Manuel de Rosas.

Segundo o comandante Vintter, era o fim do domínio da barbárie sobre a civilização:

> É altamente satisfatório e cabe-me a honra de manifestar ao Superior Governo e ao país, por intermédio de V.S., que desapareceu para sempre, no sul da República, toda limitação fronteiriça com o selvagem.
> O antigo dominador dos pampas, o conhecido Namuncurá, de longa tradição, se apresentou com os restos de seus aguerridos guerreiros e famílias, acatando as leis do país em março do ano que acaba de terminar, e se encontra hoje assentado em Chimpay, alojamento desta Linha militar, entregue por completo às práticas da vida civilizada. O cacique Saihueque, cacique eminentemente prestigioso por seu poder entre todas as tribos assentadas entre o rio Collón-Curá, afluente do Limay (...), acaba de efetuar sua apresentação voluntária (...).
> Na sequência, posso afirmar a V.S. que hoje não resta tribo nenhuma nos campos que não se encontre reduzida voluntária ou forçosamente; e se algum número de índios ainda restar, estes se encontram isolados, errantes, sem formar agrupamento que mereça ter-se em

---

134 SHE, 03/10/1884.

135 SHE, 02 e 12/11/1884.

consideração, e estranhos por completo à obediência de qualquer caudilho (...).

As aspirações do governo e do país se realizaram em menos de uma década. No Sul da República não existem já, dentro de seu território, fronteiras humilhantes impostas à civilização pelas lanças dos selvagens. Concluiu-se para sempre, nesta parte, a guerra secular que, contra o índio, teve seu principio nas imediações dessa capital, no ano de 1535.[136]

Campanhas do Deserto: etnocídio ou genocídio?

Retomando a definição de Pierre Clastres para etnocídio e genocídio, entende-se que

> essas duas atitudes distinguem-se quanto à natureza do tratamento reservado à diferença. O espírito, se se pode dizer, genocida quer pura e simplesmente negá-la. Exterminam-se os outros porque eles são absolutamente maus. O etnocida, em contrapartida, admite a relatividade do mal na diferença: os outros são maus, mas pode-se melhorá-los obrigando-os a se transformar até que se tornem, se possível, idênticos ao modelo que lhes é proposto, que lhes é imposto.[137]

Uma longa e provavelmente eterna controvérsia na Argentina gira em torno deste tema. Teriam sido os indígenas do sul exterminados ou civilizados? Teriam sido as Campanhas do Deserto ações etnocidas ou genocidas?

Marcela Tamagnini, como já afirmado, tem um importante trabalho que procura resgatar as relações entre os Ranquel e os demais indígenas dos pampas, bem

---

136 Gal. Vintter ao Estado-Mayor do Exército. 20/02/1885, *apud* WALTHER, Juan Carlos. *La Conquista del Desierto, op. cit.*, p. 742-744.

137 CLASTRES, Pierre. "Do etnocídio", in *Arqueologia da violência – pesquisas de antropologia política*. São Paulo: Cosac Naify, 2004, p. 83.

como com os missionários franciscanos de Rio Cuarto. Entretanto, é importante ressaltar que para ela, "se durante quase um século, os tratados foram construídos como símbolo da possibilidade de convivência entre as sociedades, a partir da década de 1870, se faz iminente a 'solução final': o etnocídio (Clastres)".[138] A partir do mesmo autor, Pierre Clastres, é possível outra interpretação para a chamada "solução final": se tomada a Argentina como um todo, o ocorrido foi um etnocídio, mas analisando-se a especificidade da fronteira sul, configura-se um genocídio, marcado pelo extermínio sistemático, programado e executado pelo Estado.

Já para a pesquisadora espanhola Mónica Quijada, "ao longo de setenta e oito anos, se sucederam campanhas militares contra essas populações [indígenas]. Entretanto, os números não parecem avalizar a ideia de que existiu realmente um 'extermínio', se se aplica este conceito à existência física da população aborígine: durante o período mencionado (1821-1899), foram mortos 12.335 indígenas de uma população calculada inicialmente em 200.000, segundo as contabilizações mais recentes. Sobre a população restante, amplamente majoritária, se aplicaram as medidas assimilacionistas (...). Os mesmos cálculos dão como resultado um total de 4.213 vítimas da violência indígena contra povoados e forças militares no período 1820-1882".[139]

A comparação entre os números apresentados por Quijada[140] e os dados fornecidos pelos arquivos militares mostram uma incoerência na pesquisa da autora espanhola. Ela se baseou em estatísticas referentes ao total de indígenas na Argentina no período (os 200.000) para comparar com o total de mortos (12.335), concentrados especificamente na fronteira sul. Quando focados os dados referentes a esta região, chegamos a um número de indígenas por volta de 30.000 com 11.609 mortos – ainda segundo Sarasola. Já os dados apresentados pelos militares apresentam 9.005 indígenas mortos apenas nas Campanhas do Deserto de 1878-1879. Somando-se a

---

138 TAMAGNINI, Marcela; ZAVALA, Graciana Pérez. "El debilitamiento de los ranqueles", *op. cit.*, p. 132-133.

139 QUIJADA, Mónica. "Indígenas: violencia, tierras y ciudadanía". In: QUIJADA, Mónica; BERNAND, Carmen. *Homogeneidad y Nación, con un estudio de caso: Argentina, siglos XIX y XX*. Madrid: CSIC, 2000, p. 91.

140 Os dados levantados por Mónica Quijada foram recolhidos de *Nuestros paisanos, los índios*, de Carlos Martinez Sarasola.

aproximadamente 3.000 indígenas mortos durante as expedições de Juan Manuel de Rosas em 1833, alcançam-se a marca de 12.000, acrescidos de um número incalculado de mortos nas repressões aos *malones*, nas expedições militares e nas batalhas entre *criollos*, auxiliadas pelos caciques, durante este meio século.

A este número, ainda deve ser acrescido o dos mortos após serem feridos – não contabilizados –, bem como aqueles vítimas de epidemias, ou que morreram durante as transferências às colônias militares, a Tucumã, a Buenos Aires ou a Córdoba, além dos que estiveram presos até o fim da vida. Em relação à fronteira sul, a estatística indica que, ao menos 50% dos indígenas foram mortos nas ou em decorrência das Campanhas do Deserto. Este dado, se tomado burocrática e estatisticamente, pode ser considerado extermínio ou genocídio, tendo em vista que nunca estas ações conseguem eliminar a totalidade do inimigo, apesar deste ser seu objetivo.

Mais importante do que a análise de dados questionáveis originados de relatórios militares, que podiam sobre ou subvalorizar a quantidade de indígenas mortos em decorrência de interesses e circunstâncias particulares, é possível notar a estratégia genocida dos militares argentinos a partir dos discursos do MGyM, Julio Argentino Roca, e do presidente, Nicolás Avellaneda. O número mínimo de indígenas vivendo atualmente nos pampas e na Patagônia também corrobora a tese de que houve uma política genocida localizada: naquela região, como disse Roca, um *"punhado de índios selvagens"* era a oposição, podendo, portanto ser exterminada.

No norte da Argentina, onde estavam os outros 170.000 indígenas contabilizados por Sarasola, as políticas genocidas eram impraticáveis. No sul, eram exequíveis, e assim o foram, pois a relativa homogeneidade étnica entre dois lados distintos da fronteira permitiu a definição clara de quem era o inimigo. As disputas pelas terras e a oposição sistemática ao Estado levaram à elaboração de teorias racistas e à construção de imaginários sociais que justificavam a opção genocida, permitindo a pacificação e a ocupação dos pampas a partir de um projeto nacional civilizatório que supunha a imigração em massa para o *branqueamento* nacional. Em pouco mais do que uma década, o sul da Argentina foi ocupado e civilizado à baioneta.

Apesar de terem deixado de participar ativamente das articulações políticas argentinas, os caciques perceberam, em meados da década de 1870, estarem fadados às resistências armadas, à submissão ou ao extermínio. Até mesmo aqueles caciques alinhados há décadas com os políticos de Buenos Aires, como Catriel e Coliqueo, foram convencidos pela força dos fatos apresentados por Namuncurá e Pincén.

Saygueque, inicialmente poupado da ira civilizatória do Exército, notou que não teria espaço na nova definição social, política e racial da Argentina. Os caciques, alijados da política, mantiveram-se bem informados e atentos aos planos governamentais. Sabiam que a derrota do projeto de Urquiza, em 1861, marcara para sempre seu destino e que a vitória *criolla* em San Carlos era precursora da conclusão de um movimento contínuo e incansável de três séculos e meio de ocupação de seus territórios. Tentaram colaborar para sobreviver, tentaram resistir, mas foram liquidados. Atualmente, alguns poucos restaram, fragmentos nostálgicos de um poder indígena que até o último quartel do século XIX foi soberano, autônomo e livre na Argentina.

Conclusão

"La revista del río Negro por el Gal. Julio A. Roca y su ejército", óleo s/ tela de Juan Manuel Blanes

Os indígenas do sul viveram com o Estado argentino três décadas de tensas relações, confrontos de interesses e veementes lutas políticas. Entre a queda do governo de Juan Manuel de Rosas, em 1852, e a prisão do último cacique livre, Valentín Saygueque, em janeiro de 1885, foi discutido, defendido e aplicado um projeto nacional pressupondo a submissão de elites locais, a inserção de trabalhadores rurais ao mercado de trabalho e o desaparecimento dos indígenas dos pampas.

Elaborado pelos liberais unitários portenhos na oposição a Juan Manuel de Rosas, o foco do projeto recaiu sobre os territórios inexplorados dos pampas, da Patagônia e da Terra do Fogo, considerados os mais férteis e livres das arraigadas elites provinciais que, por sua vez, assumiram os governos em nome da participação no programa modernizador.

O projeto, pretendendo centralizar a força político-econômica em Buenos Aires restringindo o poder das elites provinciais, não foi facilmente aceito, enfrentando as resistências dos governadores reunidos em torno de Justo José de Urquiza e dos caudilhos.

Buenos Aires era vista como o centro político, com a função de comandar a Argentina à modernidade. Esta tarefa exigia a expansão da exploração da agropecuária, então a maior potencialidade econômica local, e os pampas passaram a ser definidos como o território propício para a concretização do projeto fundado em certas exigências, como vastos terrenos, restrita mão de obra e segurança garantida para a produção. Nesta época, noticiava-se que outros países, como os EUA., a Rússia e o Brasil, partiam para a ocupação dos últimos territórios livres circunvizinhos, e as elites liberais *criollas*, em estado de alerta, pretendiam se precaver da possível ocupação dos seus espaços pelo vizinho Chile.

Notando rapidamente o sentido dos projetos e do expansionismo proveniente de Buenos Aires, encontravam-se os indígenas — os ocupantes originários dos pampas –, que resistiram em todas as frentes consideradas possíveis, aliando-se aos políticos provinciais contrários a estes planos – como Urquiza e os caudilhos –, oferecendo ferrenhas defesas diante do avanço da expansão territorial e impossibilitando a prosperidade da pecuária nos campos do sul.

Estes indígenas se aproximaram culturalmente dos *criollos*, passando a contar com o cavalo e o comércio de gado roubado – vendido nas províncias do Interior e no Chile. Sua centralização política em grandes cacicados levou à consolidação do poder nas mãos de alguns poucos e importantes líderes de grandes confederações – como Juan Calfucurá, comandante de Salinas Grandes, e Paghitruz Guor, líder de Leuvucó – sem, no entanto, impedir que outros caciques menos poderosos também negociassem e lutassem contra o Estado em busca de reconhecimento e participação política.

As alianças entre os grupos argentinos em luta pelo poder central foram tênues ou profundas, momentâneas ou programáticas, contudo levaram à definição dos grupos *criollos* como os vencedores. Estes, construíram imagens dos caciques situados em oposição a determinados grupos, mas próximos de outros, caso das ligações entre Catriel e Buenos Aires e Calbán e a Confederação.

Entretanto, a união entre os líderes indígenas e os caudilhos não se deu somente como efeito de um pacto de oposição aos projetos liberais e Unitários dos políticos de Buenos Aires, pois as elites rurais das províncias de Santa Fé, Entre Rios, Córdoba, San Luis e Mendoza eram distintas das portenhas e sua tradição comercial-portuária. Tradicionalmente vinculados ao modo de vida *gaucho*, alguns políticos do Interior, de tradição federalista, enxergaram os indígenas como parceiros comerciais com problemas e dilemas próximos.

Da aproximação cultural e econômica entre os *criollos* do Interior e os indígenas, surgiu outra, de caráter político, intensificada devido à oposição Unitária liberal aos caudilhos e ao expansionismo rumo aos territórios indígenas. Os caciques acompanharam os meandros da política *criolla*, conheceram os distintos projetos e se aliaram a aqueles que lhes ofereciam melhores condições de sobrevivência e um maior reconhecimento político e econômico.

Aos Unitários, não interessavam os braços dos indígenas, mas suas terras. Suas alianças com os caciques objetivavam apenas lançar mão do uso dos *índios amigos* como barreiras aos ataques dos *índios bárbaros*. Buenos Aires, principal pólo pecuarista, tornou-se o alvo preferencial dos *malones* por ser inimiga declarada dos caudilhos e dos caciques. As relações entre as partes foram marcadas por tensões, invasões, raptos e mortes, gerando expedições vingativas de ambos os lados. A violência indígena alimentou o imaginário social portenho construindo o indígena como impossível de pacificação e empecilho à modernização e à civilização – como imortalizado nas obras de Blanes, Della Valle e Rugendas, por exemplo.

A conquista do Estado pelos liberais portenhos, em 1862, possibilitou a concretização do projeto político que se opunha aos caudilhos e aos caciques, levando às campanhas de perseguição aos caudilhos do Interior, à instalação de novos governos liberais e à gestão de programas expansionistas supondo a supressão dos indígenas dos pampas. A vitória portenha sobre Urquiza transformou, definitivamente, o projeto original de Sarmiento, que passou de "civilização e barbárie", para "civilização ou barbárie".

Com a Guerra do Paraguai houve a ascensão de uma nova geração de militares no comando da fronteira ao sul, pois os principais comandantes encontravam-se no *front* da Tríplice Aliança. Estes novos chefes não baseavam suas ações somente em teorias militares, mas também na prática cotidiana e na vivência com os *malones* indígenas. Elaboraram, então, uma nova estratégia para combater os indígenas, cientes da reduzida quantidade de guerreiros indígenas, da rusticidade das armas, da destreza ofensiva e da inoperância defensiva. Pretendendo a conquista dos territórios do sul, estabeleceram novas relações suprimindo a negociação política, ancorados na ideia de superioridade da civilização ocidental e suas armas.

Os caciques constataram o novo projeto *criollo* e procuraram responder a ele centralizando suas ações ofensivas e defensivas com o intuito de conter os avanços. Desta maneira, possibilitaram às forças políticas concentradas em Calfucurá e Paghitruz Guor condições para frear os avanços do Exército. Mesmo parecendo paradoxal diante de tal situação, foram estes dois caciques praticamente os únicos, em todo o século XIX, na Argentina, a morrerem, em suas *tolderias*, de causas naturais e livres. Chefes de grandes confederações indígenas, foram os ícones de um período de apogeu indígena na Argentina e seus falecimentos, na década de 1870, coincidiram com o rápido declínio do poder indígena. Estes caciques cristalizaram seus poderes pessoais e de suas confederações indígenas, defendendo territórios e culturas, sendo capazes de negociar a paz e comandar a guerra, assumindo, por décadas, não apenas a responsabilidade pela manutenção da autonomia indígena na Argentina, mas também a aceitação de algumas características da sociedade ocidental, entendidas por eles como positivas.

Calfucurá e Paghitruz Guor imaginavam uma relação política com o Estado supondo a manutenção de suas autonomias territoriais e culturais, e a assimilação de técnicas de trabalho e conquistas materiais provenientes da sociedade *criolla*. Entretanto, isto se tornou impossível quando do retorno do Exército vindo do Paraguai, equipado com as mais modernas tecnologias de guerra e um número impressionante de veteranos, alterando definitivamente as relações fronteiriças.

Diferentemente do que é repetido pela historiografia, constata-se que não foi Julio Argentino Roca o único responsável pela opção genocida no sul argentino, mas tão somente seu executor, após alcançar o mais alto posto hierárquico da República. Comandou e executou um projeto programado há décadas, e assim fez com que seu nome entrasse para a história. Depois de ocupar com suas tropas o rio Negro, obteve base de sustentação e legitimidade para edificar sua imagem de estadista necessária à construção do panteão de heróis nacionais, alimentada por uma eficiente campanha eleitoral, repetida à exaustão.

O discurso genocida foi gestado por políticos e militares portenhos durante as décadas de tensas e intensas relações com os caciques do sul. Os projetos expansionistas foram fundamentados na supressão dos indígenas e resultaram, após anos de discussões, em um modelo exterminador, encontrando orientações em certas experiências de Benito Machado, Álvaro Barros, Adolfo Alsina e do próprio Julio A. Roca.

Estes militares mantiveram-se vinculados aos anseios das elites Unitárias liberais – comerciais e pecuaristas –, interessada na pacificação dos pampas, no aumento da produção, na expansão territorial e na utilização de imigrantes europeus para o *clareamento* racial e a consolidação de hábitos da civilização ocidental na Argentina. A execução destes projetos exigia a utilização da máquina de guerra estatal, diferentemente de outros locais da América, onde a estratégia foi diferente e o extermínio indígena esteve a cargo, fundamentalmente, dos colonos das fronteiras agrícolas, em movimento descompassado com projetos assimilacionistas nacionais.

As Campanhas do Deserto de 1878 a 1885 compuseram o derradeiro passo na transformação do projeto de Sarmiento, passando finalmente de "civilização ou barbárie" a "apenas civilização". As ações genocidas do Exército argentino, naqueles anos, basearam-se em um projeto que supunha a submissão forçada dos indígenas. Para os guerreiros indígenas, a rendição e a sedentarização eram inconcebíveis, e a resistência pela vida autônoma passou a ser a única via possível, por meio de defesas contínuas até o esgotamento.

Os indígenas vivenciaram os sequestros, pelo Estado, de suas mulheres, crianças, idosos e enfermos. Presos e enviados a projetos etnocidas-civilizadores, eles morreram no trajeto ou nas prisões infestadas de epidemias, foram assimilados como mão de obra barata, rural ou doméstica, ou adotados, no caso das crianças, pela burguesia portenha, para serem educados para a ordem civilizatória.

Em toda a América, uma política de Estado levou à evangelização etnocida, miscigenando-se indígenas e *criollos*. Nos locais em que a força político-militar indígena freou os avanços das fronteiras agrícolas e impediu a execução de projetos etnocidas, as resistências conseguiram manter a posse da terra por muitas gerações, até sofrer os efeitos da política de extermínio – caso da Argentina, no final do século XIX – e seu ímpeto expansionista.

A presença atuante da força política indígena, suas capacidades de enfrentamentos e de invocar alianças, mostraram o tamanho de uma força que somente poderia ser aniquilada pelo extermínio. O Estado argentino não estava mais interessado em integração de culturas diferentes à nação, pois desejava a nação com a marca dos vencedores políticos e militares, subordinando os demais povos. Não se tratava de um Estado que visava compor com as diferentes forças, mas que somente era capaz de viver admitindo os que professavam a mesma crença, investindo na repressão e na religião para a defesa de projetos civilizadores.

O cacique Manuel Namuncurá, com uniforme militar, entre seus filhos Julián e Ceferino, 1905

Derrotados com seus aliados *criollos* e traídos pelos grupos vencedores, os indígenas se submeteram às premissas do Estado liberal burguês do final do século XIX, fundamentadas na uniformização cultural, social e racial. Nos Norte e no Noroeste da Argentina, o contingente populacional indígena era demasiado grande, sendo necessário ceder e partir para políticas de longo prazo de assimilação e etnocídio, propiciando a expansão da mão de obra barata. No sul, onde alguns líderes mantiveram desesperadas resistências, o Estado decidiu liquidá-los. A meta das Campanhas do Deserto não era o confinamento e envio dos homens a Tucumã e das mulheres e crianças a Buenos Aires, mas seu desaparecimento. O programa político Unitário e liberal enfrentou aqueles que se atreveram a resistir, e se tornou genocida, pressupondo a supressão física dos indígenas do sul.

Bibliografia

ACADEMIA NACIONAL DE HISTÓRIA. *Congreso Nacional de la Conquista del Desierto*. Buenos Aires: Academia Nacional de História, 1982.

ALSINA, Adolfo. *La nueva línea de fronteras*. Buenos Aires: Eudeba, 1977.

APPELBAUM, Nancy P.; MACPHERSON, Anne S.; ROSEMBLATT, Karin Alejandra. *Race & Nation in Modern Latin America*. Chapel Hill/Londres: The University of North Carolina Press, 2003.

AUZA, Néstor Tomás. *Lucio Mansilla: la confederación*. S/local: Plus Ultra, 1978.

AVENDAÑO, Santiago. *Memorias del ex-cautivo Santiago Avendaño*. Buenos Aires: El Elefante Blanco, 1999.

_____. *Usos y costumbres de los indios de la Pampa*. Buenos Aires: El Elefante Blanco, 2000.

BACZKO, Bronislaw. "Imaginação Social". In: *Encicliopedia Einaud*, volume 5. Lisboa: Imprensa Nacional – Casa da Moeda, 1985.

BAIGORRIA, Manuel. *Memórias*. Buenos Aires: Solar/Hachette, 1975.

BARROS, Álvaro. *Indios, frontera y seguridad interior*. Buenos Aires: Solar, 1975.

BARSKY, Osvaldo; GELMAN, Jorge. *Historia del Agro Argentino. Desde la Conquista hasta fines del siglo XIX*. Buenos Aires: Mondatori, 2001.

BECHIS, Martha. "Fuerzas indígenas en la política criolla del siglo XIX". In: GOLDMAN, Noemí; SALVATORE, Ricardo (comp). *Caudillismos rioplatenses: nuevas miradas a un viejo problema*, 2ª ed. Buenos Aires: Eudeba, 2005.

_____. *Interethnic relations during the period of Nation-State formation in Chile and Argentina: from sovereign to ethnic.* Tese, 1984.

_____. "Instrumentos para el estudio de las relaciones interetnicas en el periodo formativo y de consolidación de Estados Nacionales". In: HIDALGO, C.; TAMAGNO, L. *Etnicidad e identidad.* Buenos Aires: CEAL, 1992.

_____. "Las manipulaciones de Rosas em la Araucania". In: *Primer Encuentro Argentino-Chileno de Estudios Históricos.* Mendoza, 1995.

_____. "La vida social de las biografías: Juan Calfucurá 'líder total' de una sociedad sin estado". In: SAOTO, Ruth (comp). *El método biográfico. La reconstrucción de la sociedad a partir del testimonio de los actores.* Belgrano: Editorial de Belgrano, 1999.

_____. "Los lideratos políticos en el área araucano-pampeana en el siglo XIX ¿Autoridad o poder?". In: *CD Etnohistoria.* Buenos Aires: NAYA, 2003.

_____. "Matrimonio y política en la génesis de dos parcialidades Mapuche durante el siglo XIX". In: *Memoria Americana. Cuadernos de Etnohistoria, N° 3.* Buenos Aires, 1994.

_____. "The last step in the process of 'Araucanization of the Pampa', 1810-1880: attempts of ethnic ideologization and 'nationalism' among the Mapuche and araucanized pampean aborigines". In: BRIONES, Claudia; LANATA, José Luis. *Archaeological and anthropological perspectives on the Native Peoples of Pampa, Patagonia, and Tierra del Fuego to the Nineteenth Century.* Westport/Londres: Bergin & Garvey, 2002.

BENGOA, Jose. *Historia de los antiguos mapuches del sur.* Santiago: Catalonia, s/ data.

BERNAL, Irma. *Rosas y los indios.* Concepción del Uruguay: Búsqueda del Ayllu, 1997.

BETHELL, Leslie (org.). *História da América Latina,* vols. 3, 4 e 5. São Paulo: Edusp/Imesp/Funag, 2001/2002.

BLENGINO, Vanni. *La zanja de la Patagonia. Los nuevos conquistadores: militares, científicos, sacerdotes y escritores*. Buenos Aires: Fondo de Cultura Económica, 2005.

BOCCARA, Guillaume. "Mestizaje, nuevas identidades y plurietnicidad en América (siglos XVI – XX)". In: *CD Etnohistoria*. Buenos Aires: NAYA, 2003.

BOSCHÍN, María Teresa. "Indigenous history of Northwest Patagonia: regional identities during the Seventeenth and Eighteenth Centuries". In: BRIONES, Claudia; LANATA, José Luis. *Archaeological and anthropological perspectives on the Native Peoples of Pampa, Patagonia, and Tierra del Fuego to the Nineteenth Century*. Westport/Londres: Bergin & Garvey, 2002.

BOUCHARD, Gerard. *Génesis de las naciones y culturas del Nuevo Mundo*. México: Fondo de Cultura, 2003.

BRIONES, Claudia; LANATA, José Luis (ed.). *Archaeological and Anthropological perspectives on the native peoples of Pampa, Patagonia, and Tierra del Fuego to the Nineteenth Century*. Westport: Bergin & Garvey, 2002.

CANSANELLO, Oreste Carlos. "Ciudadano/vecino". In: GOLDMAN, Noemí (ed.). *Lenguaje y revolución: conceptos políticos clave en el Río de la Plata, 1780-1850*. Buenos Aires: Prometeo, 2008.

CASTORIADIS, Cornelius. *A instituição imaginária da sociedade*. Rio de Janeiro: Paz e Terra, 1982.

CAPELATO, Maria Helena Rolim; DUTRA, Eliana Regina de Freitas. "Representação política. O reconhecimento de um conceito na historiografia brasileira". In: CARDOSO, Ciro Flamarion; MALERBA, Jurandir (orgs). *Representações*. Campinas: Papirus, 2000.

CHARTIER, Roger. *A história cultural: entre práticas e representações*. Lisboa: Difel, s/data. Tradução de Maria Manuela Galhardo.

CHIARAMONTE, José Carlos. *Cidades, províncias, estados: origens da nação argentina (1800-1846)*. São Paulo: Hucitec, 2010.

CLASTRES, Pierre. *Crônica dos índios Guayaki: o que sabem os Ache, caçadores nômades do Paraguai*. Rio de Janeiro: Ed. 34, 1995. Tradução: Tânia Stolze Lima e Janice Caiafa.

_____. "Do etnocídio". In: *Arqueologia da violência – pesquisas de antropologia política*. São Paulo: Cosac Naify, 2004.

CHANADY, Amaryll. *Latin American identity and constructions of difference*. Minneapolis, University of Minnesota, 1994.

CUNHA, Manuela Carneiro da. *História dos índios no Brasil*. São Paulo: Fapesp/Companhia das Letras, 1992.

DE LA FUENTE, Ariel. *Los hijos de Facundo: caudillos y montoneras en la Provincia de La Rioja durante el proceso de formación del Estado Nacional Argentino (1853-1870)*. Buenos Aires: Prometeo, 2007.

DELRIO, Walter Mario. "Entre el 'malón' y la 'reserva'. Itinerários de la población aborigen norpatagónica (1882-1899)". In: *CD Etnohistoria*. Buenos Aires: NAYA, 2003.

DELRIO, Walter Mario. *Memorias de expropiación: sometimiento e incorporación indígena en la Patagonia (1872-1943)*. Bernal: Universidad Nacional de Quilmes, 2005.

DICCIONARIO MAPUCHE-ESPAÑOL/ESPAÑOL-MAPUCHE. Buenos Aires: Guadal, 2003.

DONGHI, Tulio Halperín. "A economia e a sociedade na América Espanhola do pós--independência". In: BETHELL, Leslie (org.). *História da América Latina. Volume III – Da independência até 1870*. São Paulo: Edusp/Imesp/Funag, 2001.

_____. (org.) *História Argentina*. Buenos Aires: Paidos, s/ data.

_____. *Proyecto y construcción de una nación (1846-1880)*. Buenos Aires: Espasa Calpe/Ariel, 1995.

DORATIOTO, Francisco. *Maldita guerra: nova história da Guerra do Paraguai*. São Paulo: Companhia das Letras, 2002.

DURÁN, Juan Guillermo. *El Padre Jorge Maria Salvaire y la familia Lazos de Villa Nueva: un episodio de cautivos en Leubucó y Salinas Grandes en los orígenes de la Basílica de Luyán (1866-1875)*. Buenos Aires: Paulinas, 1998.

_____. *En los toldos de Catriel e Railef: la obra misionera del Padre Jorge María Salvaire en Azul y Bragado, 1874-1876*. Buenos Aires: Universidad Católica Argentina, 2002.

EBELOT, Alfredo. *La pampa*. Buenos Aires: Taurus, 2002.

ERCILLA Y ZUÑIGA, Alonso de. *La Araucana*. Santiago: Nacimiento, 1933.

FERNANDEZ C., Jorge. *Historia de los indios ranqueles: orígenes, elevación y caída del cacicazgo ranquelino en la Pampa Central, siglos XVIII y XIX*. Buenos Aires: Instituto Nacional de Antropología y Pensamiento Latino, 1998.

FERRER, Christian. "Gastronomia e anarquismo – vestígios de viagens à Patagônia trapeiro". In: *Verve – Revista do Nu-Sol*, nº 3, 2003.

FLORES GALINDO, Alberto. *Buscando un Inca*. Lima: Instituto de Apoyo Agrario, 1987.

FOUCAULT, Michel. "1984 – outros espaços". In: *Estética: literatura e pintura, música e cinema*. Rio de Janeiro: Forense, 2004. Tradução: Inês Autran Dourado Barbosa.

_____. *História da sexualidade*, vol. 1. Rio de Janeiro: Graal, 1977.

FRANCO, Stella Maris Scatena. *Peregrinas de outrora: viajantes latino-americanas no século XIX*. Florianópolis: Ed. Mulheres, 2008.

GAGLIARDI, José Mauro. *O indígena e a República*. São Paulo: Hucitec/Edusp, 1989.

GALLO, Ezequiel; CONDE, Roberto Cortés. *Argentina: La República Conservadora*. Buenos Aires: Paidos, s/ data.

GARAVAGLIA, Juan Carlos. "The crisis and transformations of invaded societies: the La Plata basin (1535-1650)". In: SALOMON, Frank; SCHWARTZ, Stuart B. (eds.).

The Cambridge History of the Native Peoples of the Americas, Volume III – South America, Part 2. Cambridge: Cambridge University Press, 1999.

GAUDIANO, Pedro. *La evangelización de los indios ranqueles. Interpretación pastoral de las cartas de las Misiones de Río IV entre Fr. Marcos Donati y Fr. Moisés Alvarez (1874-1880)*. Buenos Aires: Universidad Católica Argentina, 1995.

GELMAN, Jorge. *Campesinos y estancieros: una región del rio de la Plata a fines de la época colonial*. Buenos Aires: Editorial los libros del Riel, 1997.

_____. *Rosas, estanciero. Gobierno y expansión ganadera*. Buenos Aires: Capital Intelectual, 2005.

_____. "Un gigante con pies de barro. Rosas y los pobladores de la campaña". In: GOLDMAN, Noemí; SALVATORE, Ricardo (comp). *Caudillismos rioplatenses: nuevas miradas a un viejo problema*, 2ª ed. Buenos Aires: Eudeba, 2005.

GERAB, Kátia; RESENDE, Maria Angélica Campos. *A rebelião de Tupac Amaru. Luta e resistência no Peru do século XVIII*. São Paulo: Brasiliense, 1987.

GIRARDET, Raoul. *A História Cultural: entre práticas e representações*. Lisboa: Bertrand Brasil/Difel, s/ data.

GOLDMAN, Noemí; SALVATORE, Ricardo (comp). *Caudillismos rioplatenses: nuevas miradas a un viejo problema*, 2ª ed. Buenos Aires: Eudeba, 2005.

GOLDMAN, Noemí (ed.). *Lenguaje y revolución: conceptos políticos clave en el Río de la Plata, 1780-1850*. Buenos Aires: Prometeo, 2008.

GONZÁLEZ BERNALDO DE QUIRÓS, Pilar. *Civilidad y política en los origines de la nación argentina: las sociabilidades en Buenos Aires, 1829-1862*. Buenos Aires: FCE, 2001.

GONZÁLEZ COLL, Maria Mercedes. *Problemática de la cultura de contacto en la frontera sur – enfoque etnohistórico*. Bahía Blanca: Universidad Nacional del Sur, 1994.

GOROSTEGUI TORRES, Haydée de. *Argentina: La organización nacional*. Buenos Aires: Paidos, s/ data.

GUTIÉRREZ, Horácio "Fronteiras indígenas e identidades chilenas no século XIX". In: GUTIÉRREZ, Horacio; NAXARA, Márcia R. C.; LOPES, Maria Aparecida de S. (orgs.) *Fronteiras: paisagens, personagens, identidades*. São Paulo: Olho d'água, 2003.

GUTIÉRREZ, Horacio; NAXARA, Márcia R. C.; LOPES, Maria Aparecida de S. (orgs.) *Fronteiras: paisagens, personagens, identidades*. São Paulo: Olho d'água, 2003.

HALL, Stuart. *Identidade cultural*. São Paulo: Fundação Memorial da América Latina, 1997.

HOBSBAWN, Eric. "Não basta a história de identidade". In: *Sobre História*. São Paulo: Companhia das Letras, 2000.

HURTADO, Eduardo; BERTORELLO, Susana. "El Estado y la frontera sur de Córdoba" in *Memoria Latinoamericana*. Rio Cuarto: UNRC, ano IV, nº 3, 1999.

HUX, Meinrado. *Caciques borogas y araucanos*. Buenos Aires: Marymar, 1992.

_____. *Caciques huiliches y salineros*. Buenos Aires: Marymar, 1991.

_____. *Caciques pampa-ranqueles*. Buenos Aires: El Elefante Blanco, 1999.

_____. *Caciques pehuelches*. Buenos Aires: Marymar, 1991.

_____. *Caciques puelches, pampas y serranos*. Buenos Aires: El Elefante Blanco, 1999.

_____. *Coliqueo, el indio amigo de Los Toldos*. Buenos Aires: Eudeba, 1980.

INSTITUTO NACIONAL DE ASUNTOS INDÍGENAS. *Jornadas de historia y cultura ranquelina*. Buenos Aires: Instituto Nacional de Asuntos Indígenas, 1998.

IVANOV, Paola. "A invenção da 'cultura tradicional' na África – etnologia e a concepção dos acervos etnográficos". In: JUNGE, Peter (org.) *Arte da África: obras-primas do Museu Etnológico de Berlim*. Rio de Janeiro/Brasília/São Paulo: Instituto Goethe/Banco do Brasil, 2004. Tradução: George Bernard Sperber.

IX JORNADAS INTERESCUELAS Y DEPARTAMENTOS DE HISTORIA. *CD Interescuelas*. Córdoba, UNC, 2003.

JONES, Kristine. "Calfucura and Namuncura: Nation builders of the Pampas". In: EWELL, Judith; BEEZLEY, William (org.). *The Human Tradition in Latin America*. Wilmington: s/ editora, 1989.

_____. "Comparative ethnohistory and the southern cone". In: *Latin American Research Review*. Austin: University of Texas, n° 29:1, 1994.

_____. *Conflict and Adaptation in the Argentine Pampas, 1750-1880*. Chicago: University of Chicago, 1984.

_____. "Nineteenth-Century travel accounts of Argentina". In: *Ethnohistory*. 33: 2, 1986.

_____. "Warfare, Reorganization, and Readaptation at the Margins of Spanish Rule: The Southern Margin (1573-1882)". In: SALOMON, Frank; SCHWARTZ, Stuart B. (eds.) *The Cambridge history of the native peoples of the Americas, Volume III – South America, Part 2*. Cambridge: Cambridge University Press, 1999.

JONG, Ingrid de. "Crisis y continuidades en el espacio fronterizo cordillerano a partir de la ocupación militar del río Negro: un análisis de informes de expedición del Cnel. Manuel Olascoaga (1876-1883)". In: *CD Etnohistória*. Buenos Aires: NAYA, 2003.

_____. "Indio, nación y soberania en la cordillera norpatagónica: fronteras de la inclusión y la exclusión en el discurso de Manuel José Olascoaga". In: NACUZZI, Lídia R. (comp.). *Funcionarios, diplomáticos, guerreros. Miradas hacia el otro en las fronteras de pampa y patagonia (siglos XVIII y XIX)*. Buenos Aires: Sociedad Argentina de Antropología, 2002.

JULLIARD, Jacques. "Política". In: LE GOFF, Jacques; NORA, Pierre. *História: novas abordagens*. Tradução de Henrique Mesquita. Rio de Janeiro: Francisco Alves, 1976.

JUNQUEIRA, Carmen. *Antropologia indígena: uma introdução*. São Paulo: Educ, 1999.

KARASCH, Mary. "Catequese e cativeiro. Política indigenista em Goiás: 1780-1889". In: CUNHA, Manuela Carneiro da (org.). *História dos índios no Brasil*. São Paulo: Fapesp/SMC-SP/Companhia das Letras, 1992.

KNAUSS, Paulo (org.). *Oeste americano. Quatro ensaios de história dos Estados Unidos da América de Frederick Jackson Turner*. Niterói: EdUff, 2004.

LAGARDE, Jorge Luis Rojas. *Malones y comercio de ganado con Chile, siglo XIX*. Buenos Aires: El Elefante Blanco, 2004.

LAZZARI, Axel. *"¡Vivan los indios argentinos!". Análise das estratégias discursivas de etnicização/Nacionalização dos ranqueles em uma situação de fronteira*. Tese (doutorado em Antropologia Social). Museu Nacional, UFRJ, Rio de Janeiro, 1996.

LE GOFF, Jacques. "Is politics still the backbone of History?". In: GILBERT, F. & GRAUBARD, S. R. (orgs). *Historical studies today*. Nova York: Norton, 1971.

LENTON, Diana I. "Los indígenas y el Congreso de la Nación (1880-1976)". In: NAYA (http://www.naya.org.ar/articulos/identi09.htm).

LEÓN SOLÍS, Leonardo. "Las invasiones indígenas contra las localidades fronterizas de Buenos Aires, Cuyo y Chile, 1700-1800". In: *Boletin Americanista*, 1986, nº XXVIII, Barcelona.

LEVAGGI, Abelardo. *Paz en la frontera. Historia de las relaciones diplomáticas con las comunidades indígenas en la Argentina (siglos XVI-XIX)*. Buenos Aires: Universidad del Museo Social Argentino, 2001.

LODESERTO, Alicia; TAMAGNINI, Marcela. "Cultura material a partir de la documentación de frontera. Síntesis y perspectivas". In: *Primeras Jornadas de Investigación Científica del Departamento de Historia*. Rio Cuarto: UNRC, 1999.

LOPES, Maria Aparecida de S. "Frederick Jackson Turner e o lugar da fronteira na América". In: GUTIÉRREZ, Horacio; NAXARA, Márcia R. C.; LOPES, Maria Aparecida de S. (orgs.) *Fronteiras: paisagens, personagens, identidades*. São Paulo: Olho d'água, 2003.

LUSARETTA, Pilar de. *Cinco dandys porteños*. Buenos Aires: Peña Lillo/Continente, 1999.

LYNCH, John. "As Repúblicas do Prata da independência à Guerra do Paraguai". In: BETHELL, Leslie (org.). *História da América Latina*, vol. III. São Paulo: Edusp/Imesp; Brasília: Fundação Alexandre Gusmão, 2001.

MANDRINI, Raúl. *Los araucanos de las pampas en el siglo XIX*. Buenos Aires: Centro Editor de América Latina, 1984.

_____. "Una frontera permeable: los indígenas pampeanos y el mundo rioplatense en el siglo XVIII". In: GUTIÉRREZ, Horacio; NAXARA, Márcia R. C.; LOPES, Maria Aparecida de S. (orgs.) *Fronteiras: paisagens, personagens, identidades*. São Paulo: Olho d'água, 2003.

MANDRINI, Raúl; ORTELLI, Sara. "Las fronteras del sur". In: MANDRINI, Raúl (ed.). *Vivir entre dos mundos: las fronteras del sur de la Argentina, siglos XVIII y XIX*. Buenos Aires: Taurus, 2006.

MANDRINI, Raúl; ORTELLI, Sara. *Volver al país de los araucanos*. Buenos Aires: Sudamericana, 1992.

MANSILLA, Lucio Victorio. *Entre nos. Causeries de jueves*. Buenos Aires: Elefante blanco, 2000.

_____. *Estudios morales: el diario de mi vida*. Buenos Aires: Perfil/Bitácora, 1998.

_____. *Mis memorias*. Buenos Aires: El Ateneo, 1978.

_____. *Mosaico: charlas inéditas*. Buenos Aires: Biblos/Literaturas, 1997.

_____. *Una excursión a los índios ranqueles*. Madri: Ediciones de Cultura Hispánica, 1993.

MARINIDE DIAZ ZORITA, Milna. *El avance de la frontera. Vías de circulación: las rastrilladas*. Santa Rosa: Universidad Nacional de La Pampa, 1979.

MASES, Enrique Hugo. *Estado y cuestión indígena. El destino final de los indios sometidos en el sur del territorio (1878-1910)*. Buenos Aires: Prometeo, 2002.

MAYO, Carlos A. *Estancia y sociedad en la Pampa, 1740-1820*. Buenos Aires: Biblos, 1995.

MEDEIROS, R. P. "Bárbaras guerras: povos indígenas nos conflitos e alianças pela conquista do sertão nordestino colonial". In: *Anais do XXIII Simpósio Nacional de História: História: História: guerra e paz*. Londrina: Editorial Mídia, 2005.

MONTEIRO, John Manuel. *Negros da terra: índios e bandeirantes nas origens de São Paulo*. São Paulo: Companhia das Letras, 1994.

MOREIRA, Luiz Felipe Viel. *Os setores populares frente ao desenvolvimento do capitalismo na província de Córdoba (1861-1914)*. Tese (doutorado em História Social). FFLCH, USP, São Paulo, 1999.

MOREIRA NETO, Carlos de Araújo. *Índios da Amazônia: de maioria a minoria (1750-1850)*. Petrópolis: Vozes, 1988.

MORENO, Eduardo V. *Reminiscencias del Perito Moreno*. Buenos Aires: El Elefante Blanco, 1999.

MUSTERS, George Chasworth. *Vida entre los patagones*. Buenos Aires: El Elefante Blanco, 1997.

NACUZZI, Lídia R. "Francisco de Viedma, un 'cacique blanco' en tierra de indios". In: *idem* (comp). *Funcionários, diplomáticos, guerreros. Miradas hacia el outro en las fronteras de pampa y patagonia (siglos XVIII y XIX)*. Buenos Aires: Sociedad Argentina de Antropología, 2002.

_____. *Funcionarios, diplomáticos, guerreros. Miradas hacia el otro en las fronteras de pampa y patagonia (siglos XVIII y XIX)*. Buenos Aires: Sociedad Argentina de Antropología, 2002.

_____. "Social strategies in a situation of interethnic contact: the Fort del Carmén, Río Negro, case study" in BRIONES, Claudia & LANATA, José Luis. *Archaeological and anthropological perspectives on the Native Peoples of Pampa, Patagonia, and Tierra del Fuego to the Nineteenth Century*. Westport/Londres: Bergin & Garvey, 2002.

NEWTON, Jorge. *El General Roca, conquistador del Desierto*. Buenos Aires: Claridad, 1966.

NAYA – Noticias de Antropología y Arqueología. *CD Etnohistoria*. Buenos Aires: NAYA, 2003.

NÉSPOLO, Eugenia A. "El cautiverio en la frontera bonaerense" in *CD Etnohistoria*. Buenos Aires: NAYA, 2003.

NICOLETTI, María Andrea; NAVARRO FLORIA, Pedro. "Building an image of the indian people from Patagonia during the Eighteenth and Nineteenth Centuries: science and Christening". In: BRIONES, Claudia; LANATA, José Luis. *Archaeological and anthropological perspectives on the Native Peoples of Pampa, Patagonia, and Tierra del Fuego to the Nineteenth Century*. Westport/Londres: Bergin & Garvey, 2002.

OLASCOAGA, Manuel. *Estudio topográfico de la Pampa y Río Negro*. Buenos Aires: Eudeba, 1974.

OLMEDO, Ernesto. "Los relatos militares de la frontera". In: *Primeras Jornadas de Investigación Científica del Departamento de História*. Rio Cuardo: UNRC, 1999.

OPERÉ, Fernando. *Historias de la frontera: el cautiverio en la América Hispánica*. Buenos Aires: Fondo de Cultura Económica, 2001.

PALERMO, Miguel Angel. "Mapuches, Pampas y mercados coloniales". In: *CD Etnohistoria*. Buenos Aires: NAYA, 2003.

PAMPLONA, Marco A.; MÄDER, Maria Elisa (org.). Revoluções de independências e nacionalismos nas Américas: região do Prata e Chile. São Paulo: Paz e Terra, 2007.

PERO, Alejandra. "The Tehuelche of Patagonia as cronichled by travelers and explorers in the Nineteenth Century". In: BRIONES, Claudia; LANATA, José Luis (ed.). Archaeological and Anthropological perspectives on the native peoples of Pampa, Patagonia, and Tierra del Fuego to the Nineteenth Century. Westport: Bergin & Garvey, 2002.

PINTO RODRIGUEZ, Jorge. *De la inclusión a la exclusión: la formación del estado, la nación y el pueblo mapuche*. Santiago: Universidad de Santiago de Chile, 2000.

PODUJE, Maria Inés (coord.). *Memorias de las jornadas ranquelinas*. Buenos Aires: Instituto Nacional de Asuntos Indígenas, 1998.

POPOLIZIO, Enrique. *Vida de Lucio V. Mansilla*. Buenos Aires: Pomaire, 1985.

PRADO, Maria Ligia Coelho. "Para ler o Facundo de Sarmiento". In: *América Latina no Século XIX: tramas, telas e textos*. São Paulo/Bauru: Edusp/Edusc, 1999.

PRATT, Mary Louise. *Os olhos do Império: relatos de viagem e transculturação*. Bauru: Edusc, 1999. Tradução: Jézio Hernani Bonfim Gutierre.

QUIJADA, Mónica. "Indígenas: violencia, tierras y ciudadanía". In: QUIJADA, Mónica; BERNAND, Carmen. *Homogeneidad y Nación, con un estudio de caso: Argentina, siglos XIX y XX*. Madrid: CSIC, 2000.

RATTO, Silvia. "¿Finanzas públicas o negocios privados? El sistema de racionamiento del negocio pacífico de índios en la época de Rosas". In: GOLDMAN, Noemí; SALVATORE, Ricardo (comp). *Caudillismos rioplatenses: nuevas miradas a un viejo problema*. Buenos Aires: Eudeba, 2005, 2ª ed.

REICHEL, Heloisa Jochims. "A participação dos indígenas na construção do Estado argentino (1810-1852)". *Projeto História*, São Paulo, vol. 31, 2005.

_____. *Contribuição para o estudo da formação social capitalista na América Latina: o caso da Campanha de Buenos Aires 1830-1840*. Tese (doutorado em História Social). FFLCH, USP, São Paulo, 1989.

_____. "Personagens fronteiriços em tempos de guerra – a região platina (1811-1820)". In: GUTIÉRREZ, Horacio; NAXARA, Márcia R. C.; LOPES, Maria Aparecida de S. (orgs.) *Fronteiras: paisagens, personagens, identidades*. São Paulo: Olho d'água, 2003.

RIBEIRO, Darcy. *Kadiwéu: ensaios etnológicos sobre o saber, o azar e a beleza*. Petrópolis: Vozes, 1980.

_____. *Os índios e a civilização*. Rio de Janeiro: Civilização Brasileira, 1970.

RIVERA, Mario A. "Prehistory of the Southern Cone". In: SALOMON, Frank; SCHWARTZ, Stuart B. (eds.) *The Cambridge history of the native peoples of the Americas, Volume III – South America, Part 2*. Cambridge: Cambridge University Press, 1999.

ROSTWOROWSKI DE DIEZ CANSECO, María. *Estructuras andinas del poder. Ideología religiosa y política*. Lima: Instituto de Estudios Peruanos, 1983.

_____. *Los señoríos indígenas de Lima y Canta*. Lima: Instituto de Estudios Peruanos, 1978.

ROTKER, Susana. *Cautivas. Olvidos y memoria en la Argentina*. Buenos Aires: Ariel, 1999.

ROULET, Florencia. "Guerra y diplomacia en la frontera de Mendoza: la política indígena del Comandante José Francisco de Amigorena (1779-1799)". In: NACUZZI, Lídia R. (comp). *Funcionários, diplomáticos, guerreros. Miradas hacia el otro en las fronteras de pampa y patagonia (siglos XVIII y XIX)*. Buenos Aires: Sociedad Argentina de Antropología, 2002.

SAEGER, James Schofield. "Warfare, reorganization and readaptation at the margins of Spanish Rule – The Chaco and Paraguay (1573 – 1882)". In: SALOMON, Frank; SCHWARTZ, Stuart B. (eds.) *The Cambridge history of the native peoples of the Americas, Volume III – South America, Part 2*. Cambridge: Cambridge University Press, 1999.

SALOMON, Frank & SCHWARTZ, Stuart B. (eds.) *The Cambridge History of the Native Peoples of the Americas, Volume III – South America, Part 1*. Cambridge: Cambridge University Press, 1999.

SAFFORD, Frank. "Política, ideologia e sociedade na América Espanhola do pós--independência". In: BETHELL, Leslie (org.). *História da América Latina. Volume III – Da independência até 1870*. São Paulo: Edusp/Imesp/Funag, 2001.

SALOMON, Frank; SCHWARTZ, Stuart B. (eds.) *The Cambridge history of the native peoples of the Americas, Volume III – South America, Part 2*. Cambridge: Cambridge University Press, 1999.

SALOMON, Frank. "The making and reading of native South American historical sources". In: SALOMON, Frank; SCHWARTZ, Stuart B. (eds.) *The Cambridge history of the native peoples of the Americas, Volume III – South America, Part 2*. Cambridge: Cambridge University Press, 1999.

SARASOLA, Carlos Martinez. *Los hijos de la tierra*. Buenos Aires: Emecé, 2001.

_____. *Nuestros paisanos, los indios. Vida, historia y destino de las comunidades indígenas en la Argentina*. Buenos Aires: Emecé, 1999.

SARMIENTO, Domingo Faustino. *Conflicto y armonía de las razas en América*. Buenos Aires: Mariano Moreno, 1900.

_____. *Facundo ou civilização e barbárie*. Petrópolis: Vozes, 1997. Tradução: Jaime A. Clasen.

_____. *Recuerdos de provincia*. Buenos Aires: Loscala, 1995.

SCHWARCZ, Lilia Moritz. *O espetáculo das raças*. São Paulo: Companhia das Letras, 1993.

SERRES GUIRALDES, Alfredo M. *La estrategia del General Roca*. Buenos Aires: Pleamar, 1979.

STERN, Steve J. "Introducción". In: *idem* (comp) *Resistencia, rebelión y conciencia campesina en los Andes (siglos XVIII al XX)*. Lima: Instituto de Estudios Peruanos, 1990.

SOSA, Norma. *Mujeres indígenas de la Pampa y la Patagonia*. Buenos Aires: Emecé, 2001.

SULÉ, Jorge Oscar. *Rosas y sus relaciones con los indios*. Buenos Aires: Corregidor, 2007.

SVAMPA, Maristela: *El dilema argentino: civilización o barbarie*. Buenos Aires: El Cielo por asalto, s/ data.

TAMAGNINI, Marcela. "Cartas de frontera: el discurso de la alteridad". In: *Revista de la Universidad Nacional de Rio Cuarto*, N° 15 (1-2). Rio Cuarto: Imprenta de la UNRC, 1995.

_____. *Cartas de frontera. Los documentos del conflicto interetnico*. Rio Cuarto: Universidad Nacional de Rio Cuarto, 1995.

_____. "Choque interétnico y construcción de la hegemonía. 1862-1880". In: *Revista de Investigación Histórica y Sociología*. Rio Cuarto: UNRC, ano IV, n° 3, 1999.

_____.; ZAVALA, Graciana Pérez. "El debilitamiento de los ranqueles: el tratado de paz de 1872 y los conflictos intraétnicos". In: NACUZZI, Lídia R. (comp). *Funcionários, diplomáticos, guerreros. Miradas hacia el otro en las fronteras de pampa y patagonia (siglos XVIII y XIX)*. Buenos Aires: Sociedad Argentina de Antropología, 2002.

_____. "Fragmentación, equilibrio político y relaciones interétnicas (1851-1862). La frontera de Río Cuarto". In: *Segundas jornadas de investigación en arqueología y etnohistoria del centro-oeste del país*. Río Cuarto: UNRC, 1995.

_____. *Fricción interétnica en la frontera de Río Cuarto, siglo XIX: el discurso ranquel atraves de la correspondencia de frontera*. Rio Cuarto: UNRC, 1990.

_____. "Invasiones ranqueles y montoneras provinciales. La frontera del Río Cuarto hacia 1863". In: *IV Jornadas de Investigadores en Arqueología y Etnohistoria del Centro Oeste del país*. Rio Cuarto: UNRC, 2003.

_____. "La frontera del Rio Cuarto: espacio de la distancia y la mediación social". In: *CD Etnohistoria*. Buenos Aires: NAYA, 2003

TERNAVASIO, Marcela. *La Revolución del voto. Política y elecciones en Buenos Aires, 1810-1850*. Buenos Aires: Siglo XXI, 2002.

TERUEL, Ana A. "El borde occidental del Chaco argentino. Políticas de sometimiento indígena e integración al estado nación. Segunda mitad del siglo XIX". In: *CD Etnohistoria*. Buenos Aires: NAYA, 2003

THURNER, Mark. *From two Republics to one divided – contradictions of nationmaking in Andean Peru*. Durham/Londres: Duke University Press, 1997.

TODOROV, Tzván. *Nós e os outros. A reflexão francesa e a diversidade humana*. Rio de Janeiro: Zahar, 1993.

TUCK, Richard. "História do pensamento político". In: BURKE, Peter (org.). *A escrita da História: novas perspectivas*. São Paulo: Editora da Unesp, 1992.

VEZUB, Julio. *Indios y soldados: las fotografías de Carlos Encina y Edgardo Moreno durante la "Conquista del Desierto"*. Buenos Aires: Elefante blanco, 2002.

_____. *Valentín Saygüeque y la Governación Indígena de las Manzanas: poder y etnicidad en la Patagonia Septentrional (1860-1881)*. Buenos Aires: Prometeo, 2009.

VILLALOBOS, Sergio. *La vida fronteriza en Chile*. Madri: Mapfre, 1992.

VIÑAS, David: *Indios, ejercito y frontera*. Buenos Aires: Siglo Veintiuno, 1983.

WALTHER, Juan Carlos. *La conquista del Desierto*. Buenos Aires: Círculo Militar, 1964.

ZAVALA, Graciana Pérez. "Aportes para el estúdio de los tratados de paz. Categorias de análisis y su aplicación em el tratado de paz de 1870". In: HARRINGTON, C.; PRIETO, O. (eds.) *Primeras Jornadas de Investigación Científica del Departamento de Historia*. Rio Cuarto: Departamento de Imprenta y publicaciones de la UNRC, 2000.

ZAVALA, Graciana Pérez; TAMAGNINI, Marcela. "Incidencia de los tratados de paz en el desarrollo de las relaciones interétnicas en la frontera sur (Pcia. de Córdoba) en el período 1850-1880". In: BATTCOCK, C.; DAVILO, B.; GERMAIN, M.; GOTTA, C.; MANAVELLA, A; MUGICA, M. L. (coords.). *Espacio, memória e identidad*. Rosário: UNR, s/ data.

ZEBALLOS, Estanislao S. *Callvucurá, Paine, Relmu*. Buenos Aires: El Elefante Blanco, 1998.

_____. *La conquista de quince mil leguas. Estudio sobre la traslación de la frontera sur de la República al río Negro*. Buenos Aires: Taurus, 2002.

_____. *Viaje al país de los araucanos*. Buenos Aires: El Elefante Blanco, 1998.

Lista de mapas

Capítulo I

Pág. 37 – Principais zonas indígenas no século XVI. Fonte: JONES, K. J."Warfare, Reorganization, and Readaptation at the Margins of Spanish Rule: The Southern Margin (1573-1882)". In: SALOMON, Frank; SCHWARTZ, Stuart B. (editors) *The Cambridge history of the native peoples of the Americas, Volume III – South America, Part 2*. Cambridge: Cambridge University Press, 1999, p. 142.

Pág. 41 – Divisão administrativa do Vice-Reino do Rio da Prata. Fonte: SARASOLA, C. M. *Nuestros paisanos, los indios. Vida, historia y destino de las comunidades indígenas en la Argentina*. Buenos Aires: Emecé, 1999, p. 136.

Pág. 50 – Fronteira sul espanhola, no século XVIII, e principais zonas indígenas. Fonte: JONES, K. J., *op. cit.*, p. 158.

Pág. 53 – Avanços da fronteira entre 1744 e 1776 em direção ao Rio Salado. Fonte: SARASOLA, C. M., *op. cit.*, p. 134.

Pág. 54 – Linha de *fortines* de Buenos Aires em 1781. Fonte: SARASOLA, C. M., *op. cit.*, p. 138

Pág 65 – Rota da primeira expedição do Cel. Garcia, em 1810. Fonte: SARASOLA, C. M., *op. cit.*, p. 162.

Pág 71 – Regiões indígenas e *malones* na fronteira sul, meados do século XIX. Fonte: JONES, K. J., *op. cit.*, p. 170.

Capítulo II

Pág. 83 – Localização dos principais pontos citados no capítulo. Mapa elaborado por James Humberto Zomighani Júnior para este livro.

Pág. 101 – Avanços e retrocessos da linha fronteiriça entre 1833 e 1855. Fonte: JONES, K. J., *op. cit.*, p. 171.

Capítulo III

Pág. 140 – Localização dos principais pontos citados no capítulo. Mapa elaborado por James Humberto Zomighani Júnior para este livro.

Pág. 179 – Principais avanços na linha de fronteira entre 1852 e 1870. Fonte: SARASOLA, C. M., *op. cit.*, p. 263. (adaptado)

Capítulo IV

Pág. 222 – Localização dos principais pontos citados no capítulo. Mapa elaborado por James Humberto Zomighani Júnior para este livro.

Pág. 235 – Avanços da fronteira entre 1860 e 1876, incluindo a trincheira (*zanja*) de Alsina. Fonte: SARASOLA, C. M., *op. cit.*, p. 263.

Pág. 264 – Itinerários das cinco Divisões do Exército Expedicionário (Campanhas do Deserto). Fonte: SARASOLA, C. M., *op. cit.*, p. 281.

Pág. 272 – Localização dos principais pontos referentes à operação rescaldo. Mapa elaborado por James Humberto Zomighani Júnior para este livro.

Agradecimentos

Este livro é o resultado de três anos de pesquisa, entre 2003 e 2005, para a obtenção do título de Mestre em História Social pela USP. Neste tempo, antes e depois, contei e continuo contando com o apoio de pessoas especiais.

Acompanhando atenciosa, criteriosa e pacientemente os anos envolvidos nesta pesquisa, a Leka sempre foi o porto seguro nas horas de angústia, pressão e cansaço. Seu carinho, suporte – durante duas longas viagens à Argentina – e, principalmente, seu amor, proporcionaram que estes anos transcorressem de maneira muito mais prazerosa e tranquila. Cuidadosa, ajudou-me na difícil tarefa de conciliar a pesquisa e a vida, trazendo alegrias indescritíveis e três filhos amados – Manuela, em 2008, Felipe, em 2011, e um novo a caminho.

Meus pais, Edson e Dodi, tem um papel central, que ultrapassa aquele geralmente atribuídos aos pais. Proporcionaram momentos inesquecíveis de aprendizado e crítica, para a academia e para a vida, desde sempre, trazendo inquietudes, polêmicas e muito aprendizado. Os contatos diários – com experiências, conversações e vivências tão intensas – com um cientista político e uma antropóloga marcaram minhas opções pessoais de uma forma tão profunda, que talvez tenha conseguido compreender somente ao completar esta fase da vida.

Em uma inesquecível aula da disciplina História da América Independente I, em 2001, tive o primeiro contato com as relações entre indígenas e *crillos* na Argentina e, naquele momento, compreendi que havia identificado o tema que eu gostaria de pesquisar. A instigante professora, Maria Ligia Prado, logo se tornou a atenciosa, crítica e criteriosa orientadora que me acompanha desde então. Aberta e interessada, soube sempre aliar a paixão pelos temas latino-americanos, ao fino rigor acadêmico, e a um carinho e atenção que apenas grandes pessoas podem oferecer.

Nesta década de pesquisas, convivi com pessoas e colegas incríveis, atentos, dispostos a ajudar e a tentar entender caminhos cada vez mais inusitados que fui abrindo. Para a pesquisa que gerou este livro, foram essenciais os diálogos com o

Grupo de Estudos de América Latina, no qual pude conviver com Amon, Camilo, Eduardo, Fernando, Gabriela, Marisa, Marqui, Mary, Rafael, Renata, Sílvia, Stella, Tânia, Tereza e Vitória. Depois, já no Projeto Temático Fapesp "Cultura e política nas Américas: circulação de ideias e configuração de identidades (séculos XIX e XX)", participei de interessantes discussões, em que observações e dúvidas foram vitais para a abertura de novos questionamentos. Nesta nova fase, Tereza, Carla, Flavio e Romilda se mostraram amigos e colegas inesquecíveis, com os quais o diálogo e as trocas foram incalculáveis.

Esta pesquisa somente foi possível por conta de pequenas e grandes ajudas de pesquisadores e professores dispostos a apresentar caminhos, compartilhar experiências e conhecimentos. Ao Prof. Dr. Luiz Felipe Viel Moreira, agradeço pela precisão nas sugestões referentes à Argentina, em especial, a cidade de Río Cuarto. Na Argentina, sou especialmente grato à imensa ajuda, durante minhas idas e depois à distância, de Marcela Tamagnini e Graciana Pérez Zavala, em Río Cuarto, e Martha Bechis e Christian Ferrer, em Buenos Aires. A todos os pesquisadores do TEFROS, abertos ao diálogo, meu sincero agradecimento.

Aos atenciosos e interessados funcionários do *Archivo Histórico de Córdoba*, aos surpresos integrantes do *Servicio Histórico del Ejército*, e aos tão ocupados funcionários do *Archivo General de la Nación*, meus sinceros agradecimentos.

Companheiros de angústias e experiências, os amigos historiadores souberam medir a aproximação e o distanciamento, sempre prontos a ajudar. Ciça, Danilo, Gláucia, Larissa e Maíra, se juntaram ao Marco – colega de décadas – apaixonado pelas histórias da história: muito obrigado. Ao inesquecível Carlão, um saudoso abraço.

Interessados e atenciosos, sempre dispostos a ajudar de todas as formas possíveis, Fabio e Pati, Bena e Fernarda, Fê e Fabia, ReLu, Rapha e Di ajudaram, nestes muitos anos, a conciliar a pesquisa com a vida, proporcionando momentos incríveis.

A todos que apoiaram e se interessaram; aos que ocuparam seu curto tempo em viagens à Argentina – em especial, Fábio Paschoal – vasculhando sebos e livrarias; à Martha Gambini, leitora atenta, cuidadosa e criteriosa, querida amiga; ao Ricardo Ping, ao Luiz; e ao pessoal do Colégio Equipe – para onde voltei logo após a defesa deste mestrado – que teve paciência e ofereceu inesquecíveis ajudas quando foi preciso compatibilizar a pesquisa com a docência, em especial à Eliane Yambanis, orientadora de monografia, agora amiga e colega. A meus alunos, que nem imaginam o quanto suas dúvidas e inquietações podem abrir caminhos interessantes na compreensão do professor.

O Exame de Qualificação e a banca de defesa da Tese foram momentos de troca inesquecíveis. Os comentários, questionamentos, críticas e contribuições recebidos foram cruciais para o desenrolar da pesquisa e seus desdobramentos futuros. Agradeço às Profas. Dras. Gabriela Pellegrino Soares e Maria Helena Pereira Toledo Machado, do Departamento de História da USP, e ao Prof. Dr. José Luis Bendicho Beired, do Departamento de História da Unesp, campus Assis.

Esta publicação contou com as inestimáveis ajudas de três pessoas que se prontificaram a colaborar em suas especialidades: Bernardo Passetti, meu irmão e designer gráfico, pela edição das imagens; James Humberto Zomighani Jr., amigo, pesquisador e cartógrafo, que ajudou na elaboração de mapas específicos, pensados para ajudar o leitor a compreender espacialmente as negociações e conflitos analisados; e o colega historiador Valdir Donizete dos Santos Jr., na tradução dos documentos do castelhano para o português.

Agradeço à Fapesp – Fundação de Amparo à Pesquisa do Estado de São Paulo, pela bolsa de mestrado concedida, sem a qual a dedicação para realização desta pesquisa teria sido impossível.

Por fim, agradeço ao Departamento de História da FFLCH/USP, onde passei doze anos – desde a Graduação até o Doutoramento – pude estabelecer excelentes diálogos e recebi incontáveis apoios. Graças a seu programa de apoio a publicações – Série Teses – foi possível transformar a dissertação neste livro.

ESTA OBRA FOI PUBLICADA NO OUTONO DE 2012 PELA GRÁFICA VIDA & CONSCIÊNCIA. NO CORPO DO TEXTO FOI UTILIZADA A FONTE ADOBE GARAMOND PRO EM CORPO 10,5 E ENTRELINHA DE 15 PONTOS.